浙江省普通高校"十三五"新形态教材

网店视觉营销

（第 2 版）

朱林婷　张枝军　主编

北京理工大学出版社
BEIJING INSTITUTE OF TECHNOLOGY PRESS

内 容 简 介

本书以企业电子商务工作流程为基础，以企业实际工作内容为题材进行编写。内容安排由浅入深、循序渐进。讲解了网店视觉营销的基本理论，网店营销内容图像化、视觉化的基本技能与方法；讲解了以营销为基本目标的网店商品图像信息制作与编辑的方法与技巧，把网店营销方式、商品图像制作技术、网店视觉美化有机地结合起来，集营销、技术与美学于一体，以 Photoshop CS6 为主要软件工具，展开本书内容的编写。主要内容包括：电子商务与网络消费、网店视觉营销、视觉营销的心理学原理、网店视觉的构成要素、网店视觉的整体规划与设计、网店促销文案的视觉化、网店商品主图的设计方法、网店商品促销海报的设计方法、网店商品详情图的设计方法、商品多角度展示图设计、商品细节展示图设计、商品使用功能场景图设计、商品参数尺码图设计、商品售后信息图设计、网店商品动态展示图的设计方法等内容。

本书图文并茂、层次分明、重点突出、内容翔实、步骤清晰、通俗易懂，可以作为电子商务、市场营销、国际贸易、移动商务、数字媒体、计算机应用、动漫设计等专业涉及网店视觉营销、网店商品图像信息制作、网店视觉设计等相关专业必修课程与专业选修课程的教学用书或参考书，也可以作为网店美工、修图员、网店运营岗位人员、个体从业人员的自学与培训用书。

版权专有　侵权必究

图书在版编目（CIP）数据

网店视觉营销／朱林婷，张枝军主编 . —2 版. —北京：北京理工大学出版社，2022.12
ISBN 978 – 7 – 5763 – 2035 – 0

Ⅰ.①网… Ⅱ.①朱… ②张… Ⅲ.①网店 – 网络营销　Ⅳ.①F713.365.2

中国版本图书馆 CIP 数据核字（2022）第 254698 号

出版发行 /	北京理工大学出版社有限责任公司
社　　址 /	北京市海淀区中关村南大街 5 号
邮　　编 /	100081
电　　话 /	（010）68914775（总编室）
	（010）82562903（教材售后服务热线）
	（010）68944723（其他图书服务热线）
网　　址 /	http://www.bitpress.com.cn
经　　销 /	全国各地新华书店
印　　刷 /	三河市天利华印刷装订有限公司
开　　本 /	787 毫米 × 1092 毫米　1/16
印　　张 /	17.5
字　　数 /	375 千字
版　　次 /	2022 年 12 月第 2 版　2022 年 12 月第 1 次印刷
定　　价 /	49.80 元

责任编辑／施胜娟
文案编辑／施胜娟
责任校对／周瑞红
责任印制／李志强

图书出现印装质量问题，请拨打售后服务热线，本社负责调换

前　　言

互联网作为一种思维、一种手段、一种模式已经全面融入国民经济的各个领域，商品交易、商业服务等企业商务活动的信息化、网络化、智慧化已经是一种不可逆转的发展趋势。众所周知，凡是开展网络销售（包括移动领域）其首要工作就是商品信息的数字化。目前，静态图像与动态图像是描述商品数字化信息的主要手段，而商品数字化信息的品质直接影响网上销售商品的点击率与转化率，由此网络平台的视觉营销概念因时而生，视觉营销也成为一个比较流行的词汇。视觉营销的根本目标就是促进商品的销售，不管是实体店范围的视觉营销，还是网店范围的视觉营销，其目的、理念、原理是一致的，但两者的技术手段、实现方法、表现形式是不一样的。随着线上线下的进一步融合，视觉营销必定走向统一，预计将来会需要大量的既懂得线上视觉营销策划与实施，又懂得线下视觉营销策划与实施的复合型人才。

本书的编写思想是以实际工作应用为出发点，大量结合企业工作，以企业工作任务为主要内容构建内容体系，在总体结构上力求做到由浅入深、循序渐进，理论与实践并重，突出实践操作技能；以简明的语言和清晰的图示以及精选的工作项目来描述完成具体工作的操作方法、过程和要点，并将实际工作中处理编辑图像、营销实践、视觉设计的基本思想贯穿于每个具体的工作项目中，让学习者能通过本书内容的训练提高实战水平。本书所用的图像处理软件为Adobe 公司出品的 Photoshop CS6 版本，学习本书的读者需要有一定的 Photoshop 软件基础。

本书图文并茂、层次分明、重点突出、内容翔实、步骤清晰、通俗易懂，可以作为各类院校电子商务、市场营销、国际贸易、数字媒体、计算机应用等专业涉及网店商品图像信息制作、网店视觉设计等相关专业必修课与专业选修课的教学用书，也可以作为网店美工、网店运营岗位人员、个体从业人员的自学与培训用书。

本书共分为 10 个学习单元，由浙江商业职业技术学院朱林婷副教授和张枝军教授编写。自第 1 版出版以来，深受教师和学习者欢迎，很多学校将其选为教材。《网店视觉营销（第 2 版）》在第 1 版的基础上进行了修订：一是根据行业需求和软件变化更新了部分内容和数据，及时反映了行业发展和岗位变化，体现新知识、新技术、新方法；二是在每个学习单元增加了拓展阅读内容，将思政元素融入知识学习与专业技能训练，凸显新时代精神和核心价值观；三是配套了微课资源，便于学生提前预习或课后复习。由于编者水平有限，书中难免有不足之处，欢迎广大读者批评指正。

编　者

目 录

学习单元一 电子商务与网络消费 （001）

1.1 电子商务概况 （001）
    1.1.1 电子商务的概念与内涵 （001）
    1.1.2 电子商务的应用范围与构成要素 （002）
    1.1.3 电子商务系统的功能 （003）
    1.1.4 电子商务交易模式的类别 （005）
    1.1.5 电子商务的营销方式 （007）

1.2 互联网时代的消费 （009）
    1.2.1 互联网时代的特征 （009）
    1.2.2 "互联网+"内涵与发展 （011）
    1.2.3 互联网对消费的影响 （014）
    1.2.4 互联网时代的消费特征 （014）

1.3 消费者的认知过程 （018）

1.4 网络消费者的类型 （022）

1.5 网络消费者的动机 （023）

1.6 网络消费者的购买过程 （023）

1.7 网络消费者购物的影响因素 （026）

拓展阅读 （027）

学习单元二 网店视觉营销 （030）

2.1 视觉营销的内涵 （030）

2.2 视觉营销的演变 （032）

2.3 视觉营销的分类 （034）

2.4 网店的视觉营销与类型 （034）

2.5 网店视觉营销的功能 （035）

2.6 网店视觉营销的实施原则 （036）

2.7 视觉营销在网店建设中的应用 （037）

2.8 网店视觉信息设计的内容 ·· (038)
　　2.8.1 文字设计 ··· (039)
　　2.8.2 图像设计 ··· (040)
　　2.8.3 色彩设计 ··· (040)
　　2.8.4 版式设计 ··· (041)
　　2.8.5 功能模块设计 ·· (041)
　　2.8.6 导航设计 ··· (042)
2.9 网店视觉信息设计的总体要求 ··· (043)
拓展阅读 ··· (045)

学习单元三　视觉营销的心理学原理 ·· (047)

3.1 视觉认知心理学相关知识 ··· (047)
　　3.1.1 认知心理学 ·· (047)
　　3.1.2 格式塔心理学 ·· (048)
　　3.1.3 视觉心理学 ·· (051)
3.2 视觉原理 ·· (052)
3.3 人视觉心理的产生 ·· (053)
3.4 视觉流程 ·· (054)
3.5 视觉营销对消费者购买决策的影响 ··· (054)
拓展阅读 ··· (055)

学习单元四　网店视觉的构成要素 ·· (059)

4.1 计算机视觉领域的构成要素 ··· (059)
4.2 静态平面视觉的构成要素 ··· (066)
　　4.2.1 视觉中的点 ·· (067)
　　4.2.2 视觉中的线 ·· (068)
　　4.2.3 视觉中的面 ·· (070)
　　4.2.4 视觉中的图案 ·· (072)
4.3 视觉中的色彩 ·· (073)
　　4.3.1 色彩基本知识 ·· (073)
　　4.3.2 色彩的性格属性 ·· (077)
　　4.3.3 色彩的视觉心理 ·· (079)
　　4.3.4 色彩视觉与营销 ·· (080)
4.4 视觉形式美的基本法则 ··· (081)
　　4.4.1 视觉形式美的内涵 ·· (081)
　　4.4.2 视觉形式美的构成法则 ·· (082)

拓展阅读 ……………………………………………………………………………… (084)

学习单元五　网店视觉营销的整体规划与设计 ……………………………………… (087)

5.1　网店视觉的用户体验设计 ………………………………………………………… (087)
  5.1.1　网店视觉与用户体验 ………………………………………………………… (087)
  5.1.2　网店用户体验的要素 ………………………………………………………… (091)
  5.1.3　提升流量的用户体验 ………………………………………………………… (094)

5.2　网店视觉营销与体验设计整体规划 ……………………………………………… (095)
  5.2.1　从目标消费者的角度确定网店定位 ………………………………………… (095)
  5.2.2　网店视觉营销规划要素 ……………………………………………………… (096)
  5.2.3　商品推荐与关联营销策划 …………………………………………………… (097)
  5.2.4　网店的视觉布局 ……………………………………………………………… (098)
  5.2.5　网店的视觉风格 ……………………………………………………………… (101)

5.3　网店配色 ……………………………………………………………………………… (104)
  5.3.1　网店配色基本原则 …………………………………………………………… (104)
  5.3.2　网店配色的方法 ……………………………………………………………… (105)
  5.3.3　常见的网店配色方案 ………………………………………………………… (109)

5.4　店铺 LOGO 设计 ……………………………………………………………………… (112)
  5.4.1　网店 LOGO 设计原则 ………………………………………………………… (112)
  5.4.2　网店 LOGO 设计与制作方法 ………………………………………………… (114)

5.5　网店店招设计 ………………………………………………………………………… (122)
  5.5.1　网店店招的设计原则 ………………………………………………………… (122)
  5.5.2　网店店招的设计与制作方法 ………………………………………………… (123)

5.6　网店 Banner 设计 …………………………………………………………………… (126)
  5.6.1　网店 Banner 设计原则 ……………………………………………………… (126)
  5.6.2　网店 Banner 设计与制作方法 ……………………………………………… (130)

5.7　提升转化率的用户体验优化策略 ………………………………………………… (134)

拓展阅读 ……………………………………………………………………………… (136)

学习单元六　网店促销文案的视觉化 ………………………………………………… (138)

6.1　文案字体的分类与常见类型 ……………………………………………………… (138)
6.2　文案字体的风格 ……………………………………………………………………… (140)
6.3　文案字体设计的一般规则 ………………………………………………………… (144)
6.4　网店促销文案的视觉化设计方法 ………………………………………………… (150)
  6.4.1　网店促销文案的视觉化设计方法（一） …………………………………… (150)
  6.4.2　网店促销文案的视觉化设计方法（二） …………………………………… (157)

拓展阅读 ·· (164)

学习单元七　网店商品主图的营销设计方法 ·· (165)

7.1　网店流量及其流量的构成 ·· (165)
7.2　网店商品主图的功能与作用 ··· (167)
7.3　网店商品主图的设计规范 ·· (169)
　　7.3.1　商品主图的设计规范 ··· (169)
　　7.3.2　商品主图的设计要点 ··· (170)
　　7.3.3　商品主图的构图方式 ··· (171)
7.4　网店商品主图与详情页主图的设计方法 ·· (173)
　　7.4.1　网店商品主图的设计 ··· (173)
　　7.4.2　网店商品详情页主图的设计 ·· (186)
拓展阅读 ·· (187)

学习单元八　网店商品促销海报的营销设计方法 ······································ (189)

8.1　网店商品促销海报设计的基本知识 ··· (189)
8.2　网店促销海报设计的表现手法 ·· (191)
8.3　网店促销海报的设计方法 ·· (196)
8.4　网店商品详情页促销引导海报的设计方法 ··· (201)
拓展阅读 ·· (210)

学习单元九　网店商品详情页的营销设计方法 ·· (212)

9.1　网店商品详情页设计的基本原则 ··· (212)
　　9.1.1　商品详情页的制作前准备 ··· (213)
　　9.1.2　消费者对商品详情页需求信息分析 ··· (215)
　　9.1.3　商品详情页主要信息内容 ··· (218)
9.2　商品详情页营销方式设计 ·· (219)
　　9.2.1　关联营销设置 ··· (219)
　　9.2.2　套餐搭配设置 ··· (221)
9.3　商品参数展示图的设计 ·· (222)
9.4　商品色码属性展示图的设计 ··· (223)
9.5　商品设计理念风格展示图的设计 ··· (223)
9.6　商品主体多角度展示图的设计 ·· (224)
9.7　商品使用状态展示图的设计 ··· (226)
9.8　商品细节展示图的设计 ·· (228)
9.9　商品功能性展示图的设计 ·· (230)

9.10	商品商家、品牌、售后等信息展示图的设计	(232)
9.11	商品评价提醒信息图设计	(233)
拓展阅读		(233)

学习单元十　网店商品动态图像展示设计方法 (235)

10.1	动态图像处理技术	(235)
	10.1.1　动态图像的特征	(235)
	10.1.2　动态图像的获取	(237)
	10.1.3　动态图像制作的相关概念	(237)
10.2	应用 Flash 技术的商品动态展示方法	(238)
	10.2.1　商品动态展示方法（一）	(239)
	10.2.2　商品动态展示方法（二）	(245)
	10.2.3　商品动态展示方法（三）	(251)
10.3	商品 360°动态展示方法	(256)
10.4	商品 GIF 动画展示方法	(259)
拓展阅读		(264)

参考文献 (266)

学习单元一

电子商务与网络消费

网络消费者的动机
与购买过程

1.1 电子商务概况

1.1.1 电子商务的概念与内涵

网店的视觉营销目标是面向各类网上销售业务的，直接指向电子商务，所以在学习网店视觉营销之前，必须先了解电子商务的整体状况。

电子商务是指在互联网（Internet）、企业内部网（Intranet）和增值网（VAN，Value Added Network）上以电子交易方式进行的交易活动和相关服务，是传统商业活动各环节的电子化、网络化与信息化，是利用互联网技术进行的商务活动的总称。电子商务是融计算机科学、市场营销学、管理学、经济学、法学和现代物流等领域于一体的综合性交叉学科。

电子商务通常是指在全球各地广泛的商业贸易活动中，在因特网开放的网络环境下，基于客户端/服务端应用方式，买卖双方不谋面地进行各种商贸活动，实现消费者的网上购物、商户之间的网上交易和在线电子支付以及各种商务活动、交易活动、金融活动和相关的综合服务活动的一种新型的商业运营模式。就电子商务系统而言，还包括电子货币交换、供应链管理、电子交易市场、网络营销、在线事务处理、电子数据交换（EDI）、存货管理、客户管理和自动数据收集系统等。在整个活动过程中，主要依赖互联网、外联网、电子邮件、数据库、电子目录和移动终端等信息技术。

关于电子商务的内涵，各国政府、学者、企业人士根据自己所处的地位和对电子商务参与的角度和程度的不同，给出了许多不同的定义。有专家学者把电子商务划分为广义的电子商务和狭义的电子商务两类。其中，广义的电子商务是指，使用包括 PC 电脑与移动手机在内的各种电子设备、终端设备从事的商务活动；狭义的电子商务是指，主要利用 Internet 从事商务或活动。无论是广义的还是狭义的电子商务，其内涵都包括两个方面：一是离不开互联网这个平台，没有了网络，就称不上为电子商务；二是通过互联网完成的是一种商务活动。对企业来讲，电子商务就是通过使用互联网等工具，使公司内部、政府、供应商、客户、合作伙伴和其他参与方之间，利用电子业务共享信息，管理和完成在商务活动、管理活动和消费活动中的各种交易，实现业务流程的电子化，配合企业内部的电子化生产管理系统，提高企业的生产、库存、流通和资金等各个环节的效率。

电子商务是一个不断发展的概念。IBM 公司于 1996 年提出了 Electronic Commerce（E-Commerce）的概念，到了 1997 年，该公司又提出了 Electronic Business（E-Business）的概念。但中国在引进这些概念的时候都翻译成电子商务，很多人对这两者的概念产生了混淆。事实上这两个概念及内容是有区别的，E-Commerce 应翻译成电子商业，有人将 E-Commerce 称为狭义的电子商务，将 E-Business 称为广义的电子商务。E-Commerce 是指实现整个贸易过程中各阶段贸易活动的电子化，E-Business 是利用网络实现所有商务活动业务流程的电子化。

电子商务是利用计算机技术、网络技术和远程通信技术，实现电子化、数字化、网络化和商务化的整个商务过程。

电子商务是以商务活动为主体，以互联网为基础，以电子化方式为手段，在法律许可范围内所进行的商务活动交易过程。

电子商务是运用数字信息技术，对企业的各项活动进行持续优化的过程。

1.1.2　电子商务的应用范围与构成要素

电子商务涵盖的范围很广，一般可分为企业对企业（Business-to-Business，B2B）、企业对消费者（Business-to-Consumer，B2C）、个人对消费者（Consumer-to-Consumer，C2C）、企业对政府（Business-to-Government，B2G）、线上对线下（Online to Offline）、商业机构对家庭消费（Business to Family）、供给方对需求方（Provide to Demand）、门店在线（O2P 商业模式）等多种模式，其中主要有企业对企业、企业对消费者两种模式。消费者对企业（Consumer-to-Business，C2B）也开始兴起，并被一些专家认为是电子商务的未来。随着我们国内互联网（包括手机端移动互联网）使用人数的增加，利用互联网进行网络购物并以银行卡付款的消费方式已日渐流行，市场份额在迅速增长，电子商务网站、电子商务平台也层出不穷。电子商务最常见的安全机制有 SSL（安全套接层协议）及 SET（安全电子交易协议）两种。

电子商务形成与交易的关联对象主要包括：交易平台、平台经营者、站内经营者三个方面。

（1）交易平台。第三方电子商务平台（以下简称第三方交易平台）是指在电子商务活动中为交易双方或多方提供交易撮合及相关服务的信息网络系统总和。

（2）平台经营者。第三方交易平台经营者（以下简称平台经营者）是指在工商行政管理部门登记注册并领取营业执照，从事第三方交易平台运营并为交易双方提供服务的自然人、法人和其他组织。

（3）站内经营者。第三方交易平台站内经营者（以下简称站内经营者）是指在电子商务交易平台上从事交易及有关服务活动的自然人、法人和其他组织。

电子商务的构成要素主要包括：商城、消费者、商品、物流、信息、资金。电子商务交易平台为消费者提供质优价廉的商品，吸引消费者购买的同时促使更多商家的入驻。电子商务交易平台与物流环节建立紧密合作，为消费者的购买行为提供最终保障，是电商运营的硬性条件之一。也有学者提出电子商务由平台、电子商务用户、认证中心、配送中心、网上银行等要素组成。但是现在电子商务不断地影响着人们的日常生活，改变着人们的生活方式和观念，电子商务已经不仅仅是一个单纯的买卖交易活动的工具，而是一个以互联网为交易平台，同时运用电子信息技术来完成商品远程交易的综合性系统和活动。对于电子商务的业务流程来讲，它的构成包括以下八个要素。

（1）资金。无论什么样的商务模式，资金是无法缺少的一个关键要素，在评价一个商业模式究竟是优是劣的时候，投资回报率也是一个相当重要的衡量指标。电子商务商品交易方式也是如此，无法离开资金的支持，而且电子商务平台硬件的投入更是需要大量的资金支持。

（2）运营人员。运营人员是从事电子商务技术支持以及管理运营的相关人员。而在这些人员当中首先包括的是负责电子商务系统的开发和维护工作的工程技术人员与软件设计人员，他们可以保证电子商务物理条件的实现，再就是那些能够发现社会需求的企业家、市场开发人员以及运营管理人员，正是因为有了这些人员与岗位的存在，才为电子商务的产生赋予了经济学意义，并且不断地根据社会与人的需求推进电子商务模式的创新。

（3）网络平台系统。电子商务是一种虚拟的商品交易形式，整个过程是离不开硬件系统的支持的。网络平台系统是电子商务的物理基础，电子商务中的各个相关交易的主体可以通过平台来发布和查询交易的相关信息，通过彼此的在线交流谈判最终达成交易，并且通过这个平台完成资金的支付与结算、商品的配送信息服务等工作。

（4）交易的商品。交易的商品就是电子商务平台中的交易内容，既可以是有形的产品也可以是无形的服务与有价值的信息。如果没有这些交易的内容，电子商务也就失去了它存在的意义。

（5）交易主体。交易主体是指依托于网络平台之后在电子商务中主动发布交易信息或者发起交易的制造商、经销商和提供服务与其他信息的商家或者个人，交易主体是电子商务系统中的商品、服务与信息等交易内容的提供者，是电子商务的推动者、活跃者和交易活动的发起人。

（6）交易客体。交易客体是指在电子商务过程中从网络平台上购买商品或者消费服务与信息的客户。交易客体与交易主体一样包含了个人、企业或组织，属于电子商务活动的一个环节，是电子商务企业实现利润与目标的源泉。

（7）支持服务机构。在电子商务活动流程中，支持服务机构是不可或缺的辅助机构。它可以分为以下几个部分，即金融支付、认证、信用服务、物流配送、网店运营、网店视觉设计等多种服务机构。这些支持服务机构就等同于电子商务的网络平台，它支持和保证了电子商务活动的正常进行。

（8）组织管理。商家为客户提供商品、信息与服务就会实施一系列的商务活动，而这些商务活动正是商家用来创造并实现自我价值的平台。平台上的商务活动由组织管理流程来进行保障，使得交易各方的满意度与契合度越来越深，使商务活动进入良性循环。

1.1.3　电子商务系统的功能

电子商务系统是保证以电子商务为基础的网上交易实现的体系。市场交易是由参与交易双方在平等、自由、互利的基础上进行的基于价值的交换。网上交易同样遵循上述原则。交易有两个有机组成部分：一是交易双方信息沟通；二是双方进行等价交换。在网上交易，其信息沟通是通过数字化的信息沟通渠道来实现的，一个首要条件是交易双方必须拥有相应的信息技术工具，才有可能利用基于信息技术的沟通渠道进行沟通。同时要保证能通过互联网进行交易，必须要求企业、组织和消费者连接到互联网，否则无法利用互联网进行交易。在网上进行交易，交易双方在空间上是分离的，为保证交易双方进行等价交换，必须提供相应的货物配送手段和支付结算手段。货物配送仍然依赖于传统的物流渠道，对于支付结算既可以利用传统手段，也可以利用先进的网上支付手段。此外，为保证企业、组织和消费者能够利用数字化沟通渠道，保证交易顺利地进行配送和支付，需要由专门提供这方面服务的中间商参与，即电子商务服务商。

一个完善的电子商务系统其功能势必是比较强大的，而且随着信息技术的发展，电子商务系统的功能将越来越完善。一般的电子商务系统可提供网上交易和管理等全过程的服务。因此，它具有广告宣传、咨询洽谈、网上订购、网上支付、电子账户、服务传递、意见征询、交易管理等各项功能。

1. 广告宣传

电子商务可凭借企业的 Web 服务器和客户的浏览，在互联网上发布各类商业信息。客户可借助网上的检索工具迅速地找到所需商品信息，而商家可利用网站主页（Home Page）和电子邮件（E-mail）在全球范围内做广告宣传。与以往的各类广告相比，网络上的广告成本最为低廉，而给顾客的信息量却最为丰富。

2. 咨询洽谈

电子商务可借助非实时的电子邮件、新闻组（News Group）和实时的讨论组（Chat）来了解市场和商品信息、洽谈交易事务，如有进一步的需求，还可用网上的白板会议（White Board Conference）来交流即时的商务图像信息。网上的咨询和洽谈能超越人们面对面洽谈的限制，提供多种方便的异地交谈形式。

3. 网上订购

电子商务可借助 Web 中的邮件交互传送实现网上的订购。网上的订购通常都是在产品介绍的页面上提供十分友好的订购提示信息和订购交互格式框。当客户填完订购单后，通常系统会回复确认信息单来保证订购信息的收悉。订购信息也可采用加密的方式，从而使客户和商家的商业信息不会泄露。

4. 网上支付

电子商务要成为一个完整的过程，网上支付是重要的环节。客户和商家之间可采用信用卡、支付宝等多种方式实施支付。在网上直接采用电子支付手段将可以节省交易费用。但电子支付将需要更为可靠的信息传输安全性，以防止欺骗、窃听、冒用等非法行为。

5. 电子账户

实现网上的电子支付必须要有互联网金融来支持，即银行或信用卡公司及保险公司等金融单位要为电子支付提供互联网金融服务。而电子账户管理是其基本的组成部分。信用卡号或银行账号都是电子账户的一种标志。其可信度需配以必要的技术措施加以保证，如数字凭证、数字签名、加密等手段的应用提供了电子账户操作的安全性。

6. 服务传递

对于已付款的商品交易订单应将其订购的货物尽快地传递到客户或者消费者的手中。而有些货物在本地，有些货物在异地，这就需要物流系统进行调配。

7. 意见征询

电子商务能十分方便地采用网页上的"选择""填空"等格式文件来收集用户对销售服务的反馈意见。这样就能使企业的市场运营形成一个封闭的回路。客户的反馈意见不仅能提高售后服务的水平，更能使企业获得改进产品、发现市场的商业机会。

8. 交易管理

电子商务整个交易的管理将涉及人、财、物多个方面，即企业和企业、企业和客户及企业内部等各方面的协调和管理。因此，交易管理是涉及商务活动全过程的管理。电子商务的发展，将会提供一个良好的交易管理的网络环境及多种多样的应用服务系统。这样就能保障电子商务获得更广泛的应用。

1.1.4 电子商务交易模式的类别

电子商务按照商业活动的运行方式，可以分为完全电子商务和非完全电子商务；按照商务活动的内容，电子商务主要包括间接电子商务（有形货物的电子订货和付款，仍然需要利用传统渠道如邮政服务和商业快递车送货）和直接电子商务（无形货物和服务，如某些计算机软件、娱乐产品的联机订购、付款和交付，或者是全球规模的信息服务）；按照开展电子交易的范围，电子商务可以分为区域化电子商务、远程国内电子商务、全球电子商务；按照使用网络的类型，电子商务可以分为基于专门增值网络的电子商务、基于互联网的电子商务、基于 Intranet 的电子商务、基于移动互联网的电子商务等；按照交易对象，电子商务可以分为企业对企业的电子商务（B2B），企业对消费者的电子商务（B2C），企业对政府的电子商务（B2G），消费者对政府的电子商务（C2G），消费者对消费者的电子商务（C2C），企业、消费者、代理商三者相互转化的电子商务（ABC），以消费者为中心的全新商业模式（C2B2S），以供需方为目标的新型电子商务（P2D），等等。

1. C2B2S（Customer to Business-Share）

C2B2S 模式是 C2B 模式的进一步延伸，该模式很好地解决了 C2B 模式中客户发布需求产品初期无法聚集庞大的客户群体而致使与邀约的商家交易失败的问题。全国首家采用该模式的平台是晴天乐客。

2. B2B（Business to Business）

B2B 模式是商家（泛指企业）对商家的电子商务，即企业与企业之间通过互联网进行产品、服务及信息的交换。通俗的说法是指进行电子商务交易的供需双方都是商家（或企业、公司），他们使用了 Internet 的技术或各种商务网络平台，完成商务交易的过程。这些过程包括：发布供求信息，订货及确认订货，支付过程，以及票据的签发、传送和接收，确定配送方案并监控配送过程等。

3. B2C（Business to Customer）

B2C 模式是中国最早产生的电子商务模式，如今的 B2C 电子商务网站非常多，比较大型的有天猫商城、京东商城、1 号店、亚马逊、苏宁易购、国美在线等。

4. C2C（Consumer to Consumer）

C2C 同 B2B、B2C 一样，都是电子商务的几种模式之一。不同的是 C2C 是用户对用户的模式，C2C 商务平台就是通过为买卖双方提供一个在线交易平台，使卖方可以主动提供商品上网拍卖，而买方可以自行选择商品进行竞价。

5. B2M（Business to Manager）

B2M 是相对于 B2B、B2C、C2C 的电子商务模式而言，是一种全新的电子商务模式。而这种电子商务相对于以上三种有着本质的不同，其根本的区别在于目标客户群的性质不同，前三者的目标客户群都是作为一种消费者的身份出现，而 B2M 所针对的客户群是该企业或者该产品的销售者或者为其工作者，而不是最终消费者。

6. B2G（Business to Government）

B2G 模式是企业与政府管理部门之间的电子商务，如政府采购、海关报税的平台、国税局和地税局报税的平台等。

7. M2C（Manager to Consumer）

M2C 是针对 B2M 的电子商务模式而出现的延伸概念。B2M 环节中，企业通过网络平台发布该企业的产品或者服务，职业经理人通过网络获取该企业的产品或者服务信息，并且为该企业提供产品销售或者提供企业服务，企业通过经理人的服务达到销售产品或者获得服务的目的。

8. O2O（Online to Offline）

O2O 是新兴的一种电子商务新商业模式，即将线下商务的机会与互联网结合在了一起，让互联网成为线下交易的前台。这样线下服务就可以用线上来揽客，消费者可以用线上来筛选服务，此外，成交还可以在线结算，从而很快达到规模。该模式最重要的特点是：推广效果可查，每笔交易可跟踪。如以美乐乐的 O2O 模式为例，其通过搜索引擎和社交平台建立海量网站入口，将在网络的一批家居网购消费者吸引到美乐乐家居网，进而引流到当地的美乐乐体验馆。线下体验馆则承担产品展示与体验以及部分的售后服务功能。

9. C2B（Customer to Business）

C2B 是电子商务模式的一种，即消费者对企业。最先由美国流行起来的 C2B 模式也许是一个值得关注的尝试。C2B 模式的核心，是通过聚合分散分布但数量庞大的用户形成一个强大的采购集团，以此来改变 B2C 模式中用户一对一出价的弱势地位，使之享受到以大批发商的价格买单件商品的利益。

10. P2D（Provide to Demand）

P2D 是一种全新的、涵盖范围更广泛的电子商务模式，强调的是供应方和需求方的多重身份，即在特定的电子商务平台中，每个参与个体的供应面和需求面都能得到充分满足，充分体现特定环境下的供给端报酬递增和需求端报酬递增。

11. B2B2C（Business to Business to Customers）

B2B2C 是一种新的网络通信销售方式。第一个 B 指广义的卖方（即成品、半成品、材料提供商等）；第二个 B 指交易平台，即提供卖方与买方的联系平台，同时提供优质的附加服务；C 即指买方。卖方不仅仅是公司，还可以包括个人，即一种逻辑上的买卖关系中的卖方。

12. B2T（Business to Team）

国际通称的 B2T，是继 B2B、B2C、C2C 后的又一种电子商务模式。B2T 即为一个团队向商家采购。团购 B2T，本来是"团体采购"的含义，而今，网络的普及让团购成了很多中国人参与的消费革命，进而使网络成为一种新的消费方式。所谓网络团购，就是互不认识的消费者，借助互联网的"网聚人的力量"来聚集资金，加大与商家的谈判能力，以求得最优的价格。尽管网络团购出现的时间不长，却已经成为在网民中流行的一种新型消费方式。据了解，网络团购的主力军是年龄25～35岁的年轻群体，在北京、上海、深圳等大城市十分普遍。

1.1.5　电子商务的营销方式

在信息网络时代，网络技术的应用改变了信息的分配和接收方式，改变了人们的工作、学习、生活、合作和交流的环境。企业也正在利用网络新技术的快速便车，促进企业飞速发展。电子商务营销是以互联网为媒体，以新的方式、方法和理念实施营销活动，更有效地促进个人和组织交易活动的实现。企业如何在潜力如此巨大的市场上开展网络营销、占领新兴市场，对企业来说既是机遇又是挑战。

关于电子商务营销的方式，在互联网Web1.0时代，常用的网络营销有：搜索引擎营销、电子邮件营销、即时通信营销、BBS营销、病毒式营销。但随着互联网发展到Web2.0时代，网络应用服务不断增多，网络营销方式也越来越丰富，这包括：博客营销、播客营销、RSS营销、SN营销、创意广告营销、口碑营销、体验营销、趣味营销、知识营销、整合营销、事件营销等。根据不同的电子商务平台以及不同企业的运作方式，从广义上讲，电子商务营销还可以分为：网络媒体广告营销，如门户网站广告、客户端软件广告等；SEM营销，如竞价排名、联盟广告等；EDM邮件营销，如内部邮件群发、第三方平台、数据库整合营销等；社区营销，如BBS推广（发帖和活动）、SNS等；CPS/代销法，如销售分成（如一起发、成果网、创盟等）；SEO营销，即搜索引擎优化；积分营销，如积分兑换、积分打折、积分购买等；DM目录营销，即传统单张目录，如麦考林、红孩子、凡客、PPG等；线下营销活动，如会展、体验店等；传统媒体营销，如电视电台、报纸杂志等。

实际上，电子商务的营销方式也是动态变迁的，其总体上应该包含：服务营销、体验营销、知识营销、情感营销、教育营销、差异化营销、直销、视觉营销、邮件营销等内容，其根本目的就是促进商品、服务的销售与推广。

1. 电子商务营销的特征

网络营销也产生于消费者价值观的变革：满足消费者的需求，是企业经营永恒的核心。利用电子商务这一科技制高点为消费者提供各种类型的服务，是取得未来竞争优势的重要途径。电子商务营销的基本特征如下：

公平性：在电子商务营销中，所有的企业都站在同一条起跑线上。公平性只是意味给不同的公司、不同的个人提供了平等的竞争机会，并不意味着财富分配上的平等。

虚拟性：由于互联使传统的空间概念发生了变化，出现了有别于实际地理空间的虚拟空间或虚拟社会。

对称性：在电子商务营销中，互联性使信息的非对称性大大减少。消费者可以从网上搜索自己想掌握的任何信息，并能得到有关专家的适时指导。

模糊性：由于互联使许多人们习以为常的边界变得模糊。其中，最显著的是企业边界的模糊、生产者和消费者的模糊、产品和服务的模糊。

复杂性：由于电子商务营销的模糊性，使经济活动变得扑朔迷离，难以分辨。

垄断性：电子商务营销的垄断是由创造性破坏形成的垄断，是短期存在的，因为新技术的不断出现，会使新的垄断者不断取代旧的垄断者。

多重性：在网络营销中，一项交易往往涉及多重买卖关系。

快捷性：由于互联，使经济活动产生了快速运行的特征，人们可以迅速搜索到所需要的任何信息，对市场做出即时反应。

正反馈性：在网络营销中，由于信息传递的快捷性，人们之间产生了频繁、迅速、剧烈的交互作用，从而形成不断强化的正反馈机制。

全球性：由于互联，超越了国界和地区的限制，使整个世界的经济活动都紧紧联系在一起。信息、货币、商品和服务的快速流动，大大促进了世界经济一体化的进程。

2. 电子商务营销的竞争优势

成本费用控制：开展网络营销给企业带来的最直接的竞争优势是企业成本费用的控制。网络营销采取的是新的营销管理模式。它通过互联网改造传统的企业营销管理组织结构与运作模式，并通过整合其他相关部门如生产部门、采购部门，实现企业成本费用最大限度的控制。利用互联网降低管理中交通、通信、人工、财务和办公室租金等成本费用，可最大限度地提高管理效益。许多人在网上创办企业也正是因为网上企业的管理成本比较低廉，才有可能独自创业和寻求发展机会。

让顾客满意：在激烈的市场竞争中，让顾客满意是最为重要的目标。利用互联网企业可以将自己的产品介绍、技术支持和订货情况等信息放到网上，顾客可以随时随地根据自己的需求有选择性地了解有关信息。这样克服了在为顾客提供服务时的时间和空间限制。

满足消费者个性化需求：网络营销是一种以消费者为导向，强调个性化的营销方式；网络营销具有企业和消费者的极强的互动性，从根本上提高消费者的满意度；网络营销能满足消费者对购物方便性的需求，省去了去商场购物的距离和时间的消耗，提高消费者的购物效率；由于网络营销能为企业节约巨额的促销和流通费用，使产品成本和价格的降低成为可能，可以实现以更低的价格购买。

3. 电子商务竞争原则的分析

个人市场原则：在网络营销中，可以借助于计算机和网络，适应个人的需要，有针对性地提供低成本、高质量的产品或服务。

适应性原则：由于互联性的存在，市场竞争在全球范围内进行，市场呈现出瞬息万变之势。公司产品能适应消费者不断变化的个人需要，公司行为要适应市场的急剧变化，企业组织要富于弹性，能适应市场的变化而伸缩自如。

价值链原则：一种产品的生产经营会有多个环节，每个环节都有可能增值。我们将其整体称作价值链。公司不应只着眼于价值链某个分支的增值，而应着眼于价值链的整合，着眼于整个价值链增值。

主流化原则：为了赢得市场最大份额而赠送第一代产品的做法被称为主流化原则。尽管企业最初建立数字产品和基础设施的费用很大，但继续扩张的成本却很小，由此产生了新的规模经济。

1.2 互联网时代的消费

1.2.1 互联网时代的特征

随着科学技术的进步，互联网的普及应用成为经济社会不可逆转的潮流，作为紧随世界脚步而动的大国，我国亦不可避免地着力推进建立互联网在公民日常生活中愈加重要的角色地位。互联网时代的全面来临预示着人们的生活受到互联网的极大影响，各行各业、各个领域都因互联网的介入得到不同程度的变革。

迄今为止，互联网的发展与变迁可以总结为以下三个历程：

（1）Web1.0，即门户时代。典型特点是信息展示，基本上是一个单向的互动。从1997年中国互联网正式进入商业时代，到2002年这段时间，代表产品有新浪、搜狐、网易等门户网站。

（2）Web2.0，即搜索/社交时代。典型特点是UGC（用户生产内容），实现了人与人之间双向的互动。方兴东创造了博客中国，开启了用户生成内容的时代，典型产品如新浪微博、人人网等。

（3）Web3.0，即大互联时代。典型特点是多对多交互，不仅包括人与人，还包括人机交互以及多个终端的交互。以智能手机为代表的移动互联网开端，在真正的物联网时代开始盛行。一开始仅仅是大互联时代的初期，真正的Web3.0时代一定是基于物联网、大数据和云计算的智能生活时代，实现了"每个个体、时刻联网、各取所需、实时互动"的状态，也是一个"以人为本"的互联网思维指引下的新商业文明时代。

对于目前互联网时代的消费现状，从追寻互联网对消费行为与消费观念的影响，最终形成基于互联网普及率提升而使用率随之提高的互联网消费特征。消费群体的理性选择将消费的发展趋向推到一个新的境界，形成了富有自身特征的互联网消费时代。

同时，企业为了实现其经营目标必定要随着时代潮流而动，在此基础上，结合互联网技术和先进市场营销理念而诞生的互联网营销，必须针对互联网时代的消费特征而进行自我创新。但时代是永恒变化发展的，过去的营销策略只适合于过去消费特征存在的情况，新出现的互联网消费特征亟需新的互联网营销策略与之相对应。

从世界及我国互联网发展的现实状况和未来趋势看，互联网时代呈现出与传统社会大不相同的新特征。

1. 互联网信息成为现代化建设极为重要的社会财富

对信息和信息技术的掌控能力成为政党能力、国家实力的重要组成部分。在互联网时代，信息将会变成一个重要的社会资源，将会成为经济社会发展所依赖的综合性要素、无形资产和社会财富，并逐渐成为决定性的因素。互联网时代的主要元素就是信息，通过计算机和互联网，信息技术的发展空前加快，人们了解信息、传递信息的渠道增多、速度变快，信息的及时性、有效性和双向互动性也变得更强。这就给人类社会政治、经济、文化等各个方面都带来新的深刻的变化。更为重要的是，在互联网时代，信息将成为重要的执政资源。信息的海量、开放、多元及互联网化互动传播，信息消费的平民化、大众化打破了信息垄断，改变了信息单向传播和单一话语权的局面，给执政党借助互联网开发和利用信息资源、改进执政方式、提高执政效率提供了难得的机遇。

2. 互联网社会成为现代社会的新形态

其一，互联网改变着现实社会结构。互联网生活成为现实生活的重要补充和延伸，虚拟社会具有了实体社会的功能。其二，互联网改变了社会阶层形态。由于互联网虚拟社会的出现，人们将依据各自在互联网社会所扮演的角色和对信息占有的程度，重新划分社会阶层，信息穷人和信息富人阶层成为互联网时代新的阶层形态，它直接影响到人们在互联网时代的财富积累和政治话语权。其三，互联网改变了人与社会的关系。网民较之现实社会公民身份具有更大的自由表达权、更大的发展空间、更多的自我表现机会。其四，互联网改变了人们之间的交往方式和人际关系。通过计算机和互联网，人们可以拥有一个新的公共或私人的生活领域，人们的生活方式出现了崭新的形式。互联网使人与人之间的沟通更加方便，使人与人之间的关系更为多样化，使世界的距离变得越来越小。虽然互联网交往有可能淡化现实社会的人际交往，增加人们的孤独感，但是互联网交往毕竟扩展了人们的交往范围和空间。

3. 互联网文化成为现代文化中崭新的文化形态

互联网加剧了各种思想文化的相互激荡，成为信息传播和知识扩散广泛、快捷的新载体，催生了互联网文化这一新的文化形态。互联网文化的诞生是人类文化的一大进步、一大创造，它的独特性、丰富性、便捷性、广域性、交互性、多媒体性都是其他任何文化形式都难以比拟的。互联网作为重要的文化生产、消费、服务和交流场所，精英文化与草根文化并存发展，这使人民群众的文化创造积极性在互联网时代得到极大迸发，文化权益将得到有效实现、发展和维护；互联网改变了传统信息的传播模式，为政府发展公益性文化事业、提供公共文化服务创造了新的空间；互联网文化产业作为重要的产业形态，为我们发展社会主义文化产业、增强文化产业的国际竞争力和综合实力，提供了巨大机遇和有利抓手；互联网作为最先进的文化传播工具，将有利于我们建立更为便捷、更为广泛的社会主义文化传播体系，对内有效增强社会主义文化的吸引力，对外有效加大文化交流，提升中华文化的国际影响力。

4. 互联网经济成为重要的经济形态

信息互联网化与经济全球化相互交织，推动着全球产业分工深化和经济结构调整，重塑着全球经济竞争格局。互联网时代，不仅电子商务和 IT 产业获得了巨大发展，而且互联网技术对传统产业进行了改造，互联网技术、信息技术与传统产业结合还将产生新的产业形态，互联网发展也催生了诸如"蓝海战略""长尾理论""微内容开发"等新的经济发展、管理理论。互联网经济将极大地改变传统经济的生产、流通方式，运行、管理方式和组织形态。互联网经济的价值并不在于它本身立即能给社会带来多少有形的财富和利润，而是在于它可以营造一个新的社会形态，为全体社会成员提高经济创造力提供一个平台，使整个社会能实现财富的迅速聚集和飞跃发展。互联网所代表的现代信息技术革命，带来了交换和市场体系的又一次革命。互联网经济就是这种革命的结果。互联网交换提高了交易的频率和速度。互联网经济是电子化的现代交换经济，是市场活动的互联网化，因此也可以说，互联网经济就是互联网化的市场经济。显然，互联网经济为我们党提高驾驭社会主义市场经济的能力提供了新的支点。我们要促进国民经济又好又快发展，就必须坚持实行以信息化带动工业化、以工业化促进现代化的方针，大力发展互联网经济，充分利用互联网技术、信息技术提升传统经济，创新经济和管理发展模式。

随着互联网时代的发展，互联网对消费者的消费习惯产生了重要影响，电子商务成为时代潮流，互联网产业不断壮大。由于互联网市场蕴含着无限的商机，所以互联网市场被越来越多的人重视。

1.2.2 "互联网+"内涵与发展

互联网思维，就是在互联网（包括移动互联网）、大数据、云计算等科技不断发展的背景下，对市场、用户、产品、企业价值链乃至对整个商业生态进行重新审视的思考方式。

最早提出互联网思维的是百度公司创始人李彦宏。在百度的一个大型活动上，李彦宏与传统产业的老板、企业家探讨发展问题时，首次提到"互联网思维"这个词。李彦宏认为企业家们今后要有互联网思维，可能企业家做的事情不是互联网，但思维方式要逐渐朝向互联网的方式去想问题。这种观念已经逐步被越来越多的企业家甚至企业以外的各行各业、各个领域的人所认可。但"互联网思维"这个词也演变成多种不同的解释。

互联网时代的思考方式，不局限在互联网产品、互联网企业。这里指的互联网，不单指桌面互联网或者移动互联网，而是泛互联网，因为未来的网络形态一定是跨越各种终端设备的，如台式机、笔记本、平板、手机、手表、眼镜等。

1. "互联网+"的内涵

"互联网+"是指在信息时代、知识社会的创新形态推动下由互联网发展的新业态，也是在知识社会创新2.0推动下由互联网形态演进、催生的经济社会发展新形态，是互联网思维的进一步实践的成果，它代表一种先进的生产力，推动经济形态不断地发生演变，从而带动社会经济实体的生命力，为改革、发展、创新提供广阔的网络平台。

"互联网+"代表一种新的社会形态，即充分发挥互联网在社会资源配置中的优化和集成作用，将互联网的创新成果深度融合于经济、社会各领域之中，提升全社会的创新力和生产力，形成更广泛的以互联网为基础设施和实现工具的经济发展新形态。

几十年来，"互联网+"已经改造及影响了多个行业，当前大众耳熟能详的电子商务、互联网金融、在线旅游、在线影视、在线房产等行业都是"互联网+"的杰作。

2014年11月，李克强总理出席首届世界互联网大会时指出，互联网是大众创业、万众创新的新工具。其中"大众创业、万众创新"正是此次政府工作报告中的重要主题，被称作中国经济提质增效升级的"新引擎"，可见其重要作用。

2015年3月，全国两会上，全国人大代表马化腾提交了《关于以"互联网+"为驱动，推进我国经济社会创新发展的建议》的议案，表达了对经济社会的创新提出了建议和看法。他呼吁，社会需要持续以"互联网+"为驱动，鼓励产业创新，促进跨界融合，惠及社会民生，推动我国经济和社会的创新发展。马化腾表示，"互联网+"是指利用互联网的平台、信息通信技术把互联网和包括传统行业在内的各行各业结合起来，从而在新领域创造一种新形态。他希望这种形态战略能够被国家采纳，成为国家战略。

2015年3月5日上午，在十二届全国人大三次会议上，李克强总理在政府工作报告中首次提出"互联网+"行动计划。李克强在政府工作报告中提出，制订"互联网+"行动计划，推动移动互联网、云计算、大数据、物联网等与现代制造业结合，促进电子商务、工业互联网和互联网金融健康发展，引导互联网企业拓展国际市场。

2015年7月4日，经李克强总理签批，国务院印发《关于积极推进"互联网+"行动的指导意见》，这是推动互联网由消费领域向生产领域拓展，加速提升产业发展水平，增强各行业创新能力，构筑经济社会发展新优势和新动能的重要举措。

2020年5月22日，国务院总理李克强在发布的2020年国务院政府工作报告中提出，全面推进"互联网+"，打造数字经济新优势。

通俗地讲，"互联网+"就是"互联网+各个传统行业"，但这并不是简单的两者相加，而是利用信息通信技术以及互联网平台，让互联网与传统行业进行深度融合，创造新的发展形态。

这相当于给传统行业加一双"互联网"的翅膀，然后助飞传统行业。比如互联网金融，由于与互联网相结合，诞生出了很多普通用户触手可及的理财投资产品，如余额宝、理财通以及P2P投融资产品等；比如互联网医疗，传统的医疗机构由于互联网平台的接入，使人们实现在线求医问药成为可能，这些都是最典型的"互联网+"的案例。

2. "互联网+"的特征

"互联网+"有以下六大特征：

一是跨界融合。"+"就是跨界，就是变革，就是开放，就是重塑融合。敢于跨界了，创新的基础就更坚实；融合协同了，群体智能才会实现，从研发到产业化的路径才会更垂直。融合本身也指代身份的融合，客户消费转化为投资，伙伴参与创新，等等，不一而足。

二是创新驱动。中国粗放的资源驱动型增长方式早就难以为继，必须转变到创新驱动发展这条正确的道路上来。这正是互联网的特质，用所谓的互联网思维来求变、自我革命，也更能发挥创新的力量。

三是重塑结构。信息革命、全球化、互联网业已打破了原有的社会结构、经济结构、地缘结构、文化结构。权力、议事规则、话语权不断在发生变化。"互联网+"社会治理、虚拟社会治理会是很大的不同。

四是尊重人性。人性的光辉是推动科技进步、经济增长、社会进步、文化繁荣的最根本的力量，互联网的力量之强大主要来源于对人性的最大限度的尊重、对人体验的敬畏、对人的创造性发挥的重视。例如UGC、卷入式营销、分享经济。

五是开放生态。关于"互联网+"，生态是非常重要的特征，而生态的本身就是开放的。推进"互联网+"，其中一个重要的方向就是要把过去制约创新的环节化解掉，把孤岛式创新连接起来，让研发由人性决定的市场驱动，让创业并努力者有机会实现价值。

六是连接一切。连接是有层次的，可连接性是有差异的，连接的价值是相差很大的，但是连接一切是"互联网+"的目标。

3. "互联网+"的发展

"互联网+"不仅仅使互联网移动了、泛在了、应用于某个传统行业了，更主要的是"互联网+"加入了无所不在的计算和数据等，造就了无所不在的创新。

严格说来，"互联网+"是创新Web2.0下的互联网与传统行业融合发展的新形态、新业态，是知识社会创新Web2.0推动下的互联网形态演进及其催生的经济社会发展新常态。它代表一种新的经济增长形态，即充分发挥互联网在生产要素配置中的优化和集成作用，将互联网的创新成果深度融合于经济社会各领域之中，提升实体经济的创新力和生产力，形成更广泛的以互联网为基础设施和实现工具的经济发展模式。

从现状来看,"互联网+"尚处于初级阶段,各领域对"互联网+"还在做论证与探索,特别是那些非常传统的行业,正努力借助互联网平台增加自身利益。例如传统行业开始尝试营销的互联网化,借助 B2B、B2C 等电商平台来实现网络营销渠道的扩建,增强线上推广与宣传力度,逐步尝试网络营销带来的便利。

与传统企业相反的是,在"全民创业"的常态下,企业与互联网相结合的项目越来越多,诞生之初便具有"互联网+"的形态,因此不需要再像传统企业一样转型与升级。"互联网+"正是要促进更多互联网创业项目的诞生,从而无须再耗费人力、物力及财力去研究与实施行业转型。可以说,每一个社会及商业阶段都有一个常态以及发展趋势,"互联网+"的发展趋势则是大量"互联网+"模式的爆发以及传统企业的"破与立"。

"互联网+"引起国家领导人的高度重视,具有国家层面的战略高度,在实施的过程中,政府需要扮演一个引领者与推动者的角色,挖掘有潜力、未来能发展为"互联网+"型的企业,为其他企业发展树立标杆,同时建立"互联网+"产业园及孵化器,融合当地资源打造一批具备互联网思维的企业。另外,企业是"互联网+"热潮的追随者,应该积极引进"互联网+"技术,定期邀请相关人员为本企业培训互联网常识,对在职员工进行再培训,增强对"互联网+"的理解与应用能力。此外,企业还可以与各大互联网企业建立长期的资讯、帮扶、人才交流等关系,让互联网企业与传统企业相互交流,以加快推动"互联网+"发展。

2015 年 1 月,首个促进新业态创新发展的国务院文件出台,国家已设立 400 亿元新兴产业创业投资引导基金。李克强总理在政府工作报告中提到,未来要整合筹措更多资金,为产业创新加油助力。

"互联网+"的兴起会衍生一大批在政府与企业之间的第三方服务企业,即"互联网+"服务商。"互联网+"服务商本身不会从事互联网+传统企业的生产、制造及运营工作,但是会帮助线上及线下双方的协作,从事的是双方的对接工作,盈利方式则是双方对接成功后的服务费用及各种增值服务费用。

这些增值服务包罗万象,包括培训、招聘、资源寻找、方案设计、设备引进、车间改造等。初期的"互联网+"服务商是单体经营,后期则会发展成为复合体,不排除后期会发展成为纯互联网模式的平台型企业。第三方服务涉及的领域有大数据、云系统、电商平台、O2O 服务商、CRM 等软件服务商、智能设备商、机器人、3D 打印等。

"互联网+"不仅正在全面应用到第三产业,形成了诸如互联网金融、互联网交通、互联网医疗、互联网教育等新业态,而且正在向第一产业和第二产业渗透。

"互联网+"行动计划将促进产业升级。首先,"互联网+"行动计划能够直接创造出新兴产业,促进实体经济持续发展。"互联网+"行业能催生出无数的新兴行业。比如,互联网+金融激活并提升了传统金融,创造出包括移动支付、第三方支付、众筹、P2P 网贷等模式的互联网金融,使用户可以在足不出户的情况下满足金融需求。其次,"互联网+"行动计划可以促进传统产业变革。"互联网+"令现代制造业管理更加柔性化,更加精益制造,更能满足市场需求。最后,"互联网+"行动计划将帮助传统产业提升。互联网+商务=电商,互联网与商务相结合,利用互联网平台的长尾效应,在满足个性化需求的同时创造出了规模经济效益。

"互联网+"行动计划将重点促进以云计算、物联网、大数据为代表的新一代信息技术与现代制造业、生产性服务业等的融合创新，发展壮大新兴业态，打造新的产业增长点，为大众创业、万众创新提供环境，为产业智能化提供支撑，增强新的经济发展动力，促进国民经济提质增效升级。

"互联网+"中重要的一点是催生新的经济形态。"互联网+"是对创新Web2.0时代新一代信息技术与创新Web2.0相互作用共同演化推进经济社会发展新形态的高度概括。

"互联网+"是中国工业和信息化深度融合的成果与标志，也是进一步促进信息消费的重要抓手。伴随知识社会的来临，驱动当今社会变革的不仅仅是无所不在的网络，还有无所不在的计算、无所不在的数据、无所不在的知识。

1.2.3 互联网对消费的影响

（1）互联网营销具有极强的互动性，是现代营销的理想工具之一。传统的营销管理强调4P（产品、价格、渠道和促销）组合，现代营销管理则追求4C（顾客、成本、方便和沟通），然而无论哪一种观念都必须基于这样一个前提：企业必须实行全程营销，即必须由产品的设计阶段就开始充分考虑消费者需求和意愿。遗憾的是，在实际操作中这一点往往难以做到。原因在于消费者与企业之间缺乏合适的沟通渠道或沟通成本过高。而在互联网环境下，这一状况将有所改观。即使是中小企业也可通过电子布告栏、线上论坛和电子邮件等方式，以极低的成本在营销的全过程中对消费者进行即时的信息搜集。消费者则有机会对从产品设计到定价（对采用认识价值定价法的企业尤具意义）和服务等一系列问题发表意见。这种双向互动的沟通方式提高了消费者的参与性和积极性，更重要的是它能使企业的营销决策有的放矢，从根本上提高消费者满意度。

（2）互联网可以提供24小时服务，不存在节假日或营业时间限制。消费者可随时查询所需资料或购物。查询和购物过程需时极短，程序简便快捷。在一些选购品或有特殊性的商品购买中这种优势更为突出。例如书籍的购买，消费者不必遍寻各大书店，也不会因本地书店没进货而求之不得。这一特点使网上消费特别受需要大量信息进行决策的分析型消费者或以缩短购物时间为目标的消费者青睐。

（3）互联网营销是一种以消费者需要为导向的个性化营销方式。互联网营销的最大特点在于以消费者需要为主导。消费者在此将拥有比过去更大的选择权利与自由。消费者可根据自己的个性特点和需求在全球范围内找寻满足自身需要的商品，不受地域限制。通过进入感兴趣的企业网址或虚拟商店，消费者可获取更多的有关信息和其组合，使购物更显个性。消费者甚至有权决定是否接收广告信息或接收哪些类型的信息。

（4）互联网营销能满足价格重视型消费者的需求。互联网营销能为企业节省巨额的促销和流通费用，使产品成本和价格降低成为可能。而消费者则可在全球范围内找寻最优惠的价格，甚至可绕过中间商直接向生产者订货。与电视直销或多层次传销相比，消费者不必负担高昂的广告费用或传销员的多层销售提成，因而能以更低的价格实现购买。

1.2.4 互联网时代的消费特征

过去二十年，互联网、云计算、物联网等技术在持续积累与进步。随着这些技术的成熟与普及，将向零售、制造、教育、医疗等行业深入渗透。

1. 消费新业态新模式

（1）数字经济拓宽消费渠道，新消费场景不断涌现。

自2013年起，我国已连续8年成为全球最大的网络零售市场。据统计，2020年，我国网上零售额达11.76万亿元，较2019年增长10.9%；其中，实物商品网上零售额为9.76万亿元，占社会消费品零售总额的24.9%。以"互联网+"为代表的数字消费更好地促进了国内消费，有利于加快形成以国内大循环为主体，国内国际双循环相互促进的新发展格局。

随着互联网及信息技术手段与传统金融服务业态的有机结合，网上支付、移动支付、网上银行、金融服务外包以及网上借贷、网上保险、网上基金等数字金融服务相继出现。同时，数字经济的快速发展以及数字金融的广泛普及，促使诸多新的消费场景不断涌现，如电商直播、"云购物"、在线教育、在线医疗、智慧旅游等。

（2）数字经济改变消费模式和消费习惯，推动消费升级。

一直以来，线上服务需求呈爆发式增长，线上办公、在线游戏、线上教育培训等行业需求激增。同时，发展数字经济成为各国促进经济尽快恢复的一项关键性举措。在此契机之下，网上购物、电子消费迅速发展，推动了数字消费模式转型升级。数字消费不仅改变了人们的生活方式，同时逐渐改变着居民的消费模式。消费模式由以广播、电视等传统消费方式到如今以网络购物、网上支付为载体的现代服务方式，逐渐由实向虚，虚实并存。

数字技术的普及和发展，为广大消费者提供了各种丰富的信息资源，提高了信息对称性，方便了城市居民的工作和生活，满足了个人全面健康发展的需求，推动了城市居民的消费结构由以往传统的以物质性消费为主逐步向物质性与非物质性消费并重转变，在某种程度上使我国居民的恩格尔系数下降。居民的消费开始逐渐重视对精神财富的追求，这体现了我国居民生活水平的提高以及消费结构的优化。同时，数字金融的普及和规范化及法治化发展，利于中低收入家庭降低生产和生活成本，对生活相关的基础性消费具有显著的促进作用。

（3）数字经济缩小城乡居民消费差距，驱动消费结构优化。

一方面，受到移动互联网技术、大数据及人工智能技术等新兴技术的影响和以此为主要代表的数字经济新业态的驱使，数字消费在推动我国城乡居民消费水平和消费质量差距进一步缩小的同时，极大程度地挖掘了农村居民的消费潜力，消费需求走向多元化的趋势明显，消费结构持续调整优化。另一方面，数字经济可以渗透到社会主义经济和生产活动的各个方面，不但能够极大地提高企业的生产和服务效率，而且还能够极大地扩大企业的就业规模，提高劳动生产率和生产质量，进而推动和促进收入分配结构的调整，增加居民有效需求，提升消费水平和层次，推动消费结构的转型升级。

在数字经济的引导下，消费者的需求将从单一产品体验的提升，进一步发展为定制化的消费场景。数字经济以科学技术的推动力重塑了我国居民对于商品消费的需要和动能模型，拓宽了一些新场景，如商品和服务消费的新范围和新途径，更新了我国居民商品消费结构最终优化的新思路。同时，互联网等新兴技术为中小企业提供了新的发展机会，为新兴经济体提供了一系列全新的机遇。服务业的数字化快速发展极大推动了我国传统生产要素之间的组织关系结构的转变，催生了一系列能够适应现代产业融合发展战略方向与现代消费发展趋势的新业态新模式。

2. 消费新特征

互联网的普及和数字技术的广泛应用，成为消费升级的新动力，在不断创造出更好的数字化生活的同时，也改变了人们的消费习惯、消费内容、消费模式，甚至是消费理念，数字经济时代的消费呈现出新的特征。

（1）生产消费平台化。

平台是集生产、分发、消费于一体的具备融合、升级、创新效应的数字产业生态综合体，对促进新数字经济的发展起着巨大作用。

平台构建了生产消费一体格局。平台将内容生产者与内容消费者集聚于一体，为内容到达用户提供了多元路径。同时，平台也是聚合用户、产生用户黏度、实现用户间关联的最有效手段。

平台实现了多元主体最佳组合。各类各层级数字化产业平台为产业数字化运营提供的基础架构，支撑了多元主体之间跨区域大规模协作的形成，多元主体依据各自优势，通过数字化平台整合分解产品需求信息、共享产品数据、有效调配相关资源，极大地降低了协作成本，兼顾了规模经济和范围经济的发展。

（2）消费空间在线化。

随着5G技术和人工智能的运用，消费正在经历着数字化和智能化的转型升级，迎来了新的增长点。

线上消费与线下消费相结合。互联网打通了"在场"与"在线"两个空间，消弭了物理上的隔阂，消费从传统的实体消费发展为"互联网＋"的网络消费，又进一步发展为"线上＋线下"多元化融合的消费方式。

数字技术为居民消费提供新业态。5G、大数据、云计算、人工智能、区块链等数字技术，赋予在线空间高智能、全链接、零延时的特征，在倒逼传统产业在线化、数字化、智能化发展的同时，也推动了更多新产品、新服务、新业态的形成。这其中既有从传统文化产业演变而来的，如网络出版、网络视频、网络游戏、电子音乐、线上咨询、线上教育、数字艺术、云演艺、云旅游等，也有新的消费业态和形式，如移动支付、电商直播、"云购物"、在线医疗、智慧旅游、智能家居、无人零售等。这些新形式和新业态突破了传统产业在时间、空间和费用等方面的限制，提供了特殊的产品及服务体验，创新了盈利模式。

（3）消费主体多元化。

数字经济时代，人既可以是消费者、传播者，也可以是创意者、生产者。多元主体基于网络化价值链的交互协作，为满足用户多样化、个性化和即时化的消费需求提供了可能。

消费圈层的虚拟聚集。数字经济时代，以智能算法为代表的数字技术具有利益先行、追求流量、最大化资本回报等倾向，使互联网消费连接逐渐由随机性转为指向性。用户在网络消费场景下主动连接属于自己的情感标签并加入某一社群，分享、传播产品服务及其带来的消费体验，在较短时间内将原本分散的需求在相同消费场景下积累和集中，形成需求规模效应以及消费圈层的流量高效凝聚，这也在一定程度上造成了圈层内部的同质化和圈层间的极端化。

消费年轻化需求个性化。作为原生"触屏一代"，"90后"和"00后"对新鲜事物的接受度更高，自我意识更强，消费观念更开放，消费方式更多样化，他们追求个性，更愿意接受新型消费模式，乐于为契合自己风格、引起自己共鸣的商品买单。高度个性化的消费意图使他们更偏爱以互联网为载体的产品和服务，因此，他们是网络社交空间最活跃的群体、网络游戏最积极的玩家、音视频网站主要的注册用户、网络购物消费最为活跃的人群。

城乡居民消费均衡化。以互联网为代表的数字经济对乡村消费的影响表现在：一方面，数字技术提高了农村居民劳动生产率和生产质量，增加了收入，城乡居民收入差距进一步缩小，激活了有效需求，提升了消费水平和层次，推动了消费结构的转型升级。另一方面，农村各类经济主体与大型电商企业协调发展的格局初步形成，农村电商发展进入新阶段，极大地挖掘了农村居民的消费潜力，消费需求多元化的趋势明显。

（4）消费模式多样化。

新一代数字技术不断驱动数字消费进阶，带动了各种消费方式和消费类型的涌现，为满足民众消费新需求开拓了想象空间和创新发展空间，促使居民消费理念和消费模式多样化。

从一次性消费到持续消费。一方面，当前的消费正在实现从满足"基本需求"到满足"个性化需求"。另一方面，消费者在网上消费的过程中产生的数据，提高了消费者和商家之间的交互频次，增加了消费者的购物黏性，商家利用数字技术分析消费者的喜好、行为特征，对消费者实施精准化营销，促使消费行为变成长期可持续的行为。

从个体消费到群体消费。数字经济背景下，互联网使网民集结成了网状结构的虚拟社会，他们的价值取向、消费习惯，甚至是消费模式会趋同，因此，社群消费应运而生。例如典型的游戏玩家社区、微信社区等，社群里的每一个人都可以是消费者、宣传者甚至是卖方。

（5）消费推送精准化。

数字经济将众多的生产者和消费者连接在一起，通过大数据和人工智能技术，实现了供给和需求的快速匹配，缩短了产品从生产环节到消费环节的时间，实现了产业和消费"双升级"。

从大众化消费到个性化消费。移动互联网、大数据、人工智能等技术通过将人们的消费行为数据化，进而实现数字化分析，使商家能够针对不同的消费者实施精准化营销，进行定制化生产。定制化生产将用户在产业链中的位置从末端转移到顶端，从被动转换为主动，消费者对内容产品生产拥有更多的自主选择权和决策权，消费者的个性化需求被激发，用户价值成为影响产业生态系统建设的核心力量。

从温饱型消费到品质化消费。近年来，我国居民的消费需求不再局限于满足基本生活需要，而是更加注重商品和服务质量，逐渐从追求买得起的商品，到追求质量好的品牌商品，更加重视购物行为带来的精神愉悦和舒适。消费者更愿意为高品质的产品和服务买单，个性化、定制化、高端化需求为消费升级搭建了稳固的基础。

（6）消费体验场景化。

新技术从消费向生产渗透，带来全要素效率升级，打造了沉浸式、体验式、互动式的消费场景化体验。

数字技术创造了虚拟现实。AR、VR、人工智能等技术的出现和应用，推动虚拟与现实的融合，推出第三种体验场景——现实增强性场景。数字化技术在虚拟场景内容中有效增强现实场景内容的表达强度与呈现效果，扩展了产品和服务的体验空间。

数字技术提供了互动体验。随着移动互联网、新媒体和虚拟现实等媒体交互技术的飞速发展，互动体验式设计也渐渐融入产业中，良好的产品体验、耳目一新的视觉传达和简单友好的交互方式成为吸引消费者的重要手段。如数字展馆便是利用互动投影、全息投影、智能中控系统等高新技术，将互动体验融入展品展示环境中，全面触发人的眼、耳、鼻、舌、身、心六感，在改变观众体验模式的同时也增加了体验的深度。

3. 消费者选择的特征

（1）消费者选择的自主权。有人称互联网时代是"一个坚持己见积极为自己的主张辩护的时代"。消费者不习惯被动接受，而习惯于主动选择。这种选择权的张扬源于以互联网为标志的信息数字化技术的发展。互联网时代天生的探奇心理使消费者善于和乐于主动选择信息并且进行双向沟通。因此，消费者变得早熟，在个性上就表现出选择商品的自主权。所以，传统的营销宣传策略未必对这一代人奏效，如何在网上获取网民的注意力对于互联网时代的营销者而言是巨大的挑战。

（2）消费者选择的个性化。互联网时代自主独立的个性，要求企业能生产出定制化的产品，消费者会把自己对产品外形、颜色、尺寸、材料、性能等多方面的要求直接传递给生产者，而不愿再接受商店内有限范围的选择。随着技术的不断完善，互联网时代消费者将亲自参与生产设计，所以又有人将互联网时代的消费者称为"产销者"。同时，消费者要求有多样化商品的选择范围。消费者的消费心理和消费行为会产生经常性的变动。

（3）选择的多样化。互联网时代强烈的求新、求异思维将可能终结品牌忠诚度的年代。互联网时代追求品牌但又往往不会死守一个品牌。消费者始终对现实世界中的新兴事物抱有极大的兴趣，渴望更换品牌体验不同的感受。而且，随着互联网技术的发展和商品的极大丰富，这种改变又是非常容易的。

（4）选择的效用性。互联网时代是非常现实的一代。消费者崇尚高科技的产品，但没有以往时代面对高科技所产生的畏惧感。消费者不会被高技术的时髦外表所眩惑，消费者更加注重产品所提供的价值及利益。这种价值和利益必须是实在和显著的，否则便难以在互联网时代立足。

（5）选择的互动性。互联网时代在选择商品时，喜欢互动式的选择方式。消费者希望能够提供互动的环境，让自己能充分地发表见解，希望自己对商品的意见能够得到回馈，要求得到及时满足。互联网时代将会拒绝在信息沟通不充分、信息的不对称性比较强的环境中购物。

1.3　消费者的认知过程

生活中，人们每天都要不断地接触周遭事物，不论是走路、看书、听音乐等，都必须透过身体各部位感官作为接触的媒介，来接受外界的刺激，并产生信息以作为再行动的依据。认识过程是消费者心理过程的第一阶段，是消费者其他心理过程的基础。人的认识过程主要是靠人的感觉、知觉、记忆、思维、想象、注意等心理活动来实现的。

1. 感觉

感觉是人脑对直接作用于感觉器官的客观事物的个别属性的反映。消费者的感觉主要是消费者在购买商品和使用商品的过程中对于商品个别属性的反映。人对客观世界的认识过程，是从感觉开始的。同样，消费者对商品世界的认识过程，也是从感觉开始的。

人的感觉主要有 5 种类型，以 5 种感觉器官命名，分别是：视觉、听觉、嗅觉、味觉、皮肤觉。比如，人用眼睛看到漂亮的色彩，用耳朵听到美妙的音乐，用鼻子嗅到诱人的香味，用手抚摸到柔软舒适的物体等。消费者正是通过上述各种感觉器官来分辨商品的色彩、气味、温度、重量、形状、质地等各种具体特征，通过神经系统将信息从感觉器官传递到大脑，从而形成对商品的个别的、表面的初步形象。

感觉具有舒适性、敏感性和适应性等特征。

人们的感觉都有一个舒适性的问题，可以说，追求消费商品过程中的舒适是消费者的一种原则。在购物过程中，面对赏心悦目的购物环境和热情细致的服务，消费者便会产生一种舒适感，而这种舒适感会让消费者对购物产生积极的参与感。

消费者的敏感性是指对商品某一种属性进行辨别的能力。例如，喜欢绘画的消费者对商品的色彩就很敏感；厨师对食物的气味比较在行。在消费行为中，消费者对商品的属性相对敏感的区域有4个方面：一是商品的外观；二是商品的重量和数量；三是商品的价格；四是商品的质量。

消费者感觉的适应性是指人们的感觉随着时间的延长，感觉的敏感性逐渐下降的现象。例如，对喜欢流行音乐的年轻人来讲，对一张新歌专辑的狂热会持续上一两周，继而又去喜欢另一张新歌专辑。各类商品消费中的"喜新厌旧"现象正是推动消费者进行下一次消费行为的动力之一，更是商品市场不断发展的动力。

感觉使消费者获得对商品的第一印象，在消费者的购物活动中有着很重要的先导作用。第一印象的好与坏、深与浅，直接影响着消费者的购物态度和行为。对商品的生产商和销售商来讲，要有"先入为主"的意识和行为，在色彩、大小、形状、质地、价格等方面精心策划自己的新产品和商品，第一次推出就能牢牢抓住消费者的眼球和感受。今天，大多数商场能运用"感觉"进行销售活动。例如，给消费者创造优雅的购物环境，用灯光、音响、色彩、气味来刺激消费者，从而达到招徕顾客和促销的目的。

2. 知觉

知觉是人的大脑对直接作用于感觉器官的客观事物的整体反映。知觉和感觉实际上是完全分不开的。知觉是在感觉的基础上形成的，是感觉的深入。感觉是知觉的前提，没有感觉就没有知觉。感觉到的个别属性越丰富，对事物的知觉就越全面。例如，当消费者对某件衣服的色彩、大小、手感等个别属性有所反映时，可以说对这件衣服有了感觉。当消费者对这件衣服形成比较完整的印象时，衣服的色彩、大小、手感等属性在头脑中已经有了综合的反映，我们称这一过程的心理活动为消费者知觉过程。知觉过程并不是感觉的简单相加。例如，对同一件衣服的知觉，普通消费者和服装专家会产生不同的整体反映。

知觉具有整体协调性、理解性和选择性等特征。

（1）知觉的整体协调性。从知觉的定义中，可以看出消费者知觉了商品的各个属性后，形成的是一个统一的整体或整体的形象，并非是个别的、片面的。整体性还表现为协调性，例如，消费者对衣服的款式、色彩十分中意，但价格昂贵，那么消费者对这件衣服的知觉就不会协调。我们平时购物讲究物美价廉就是整体协调性的表现。

（2）知觉的理解性。知觉的理解性是指消费者根据已有的知识和经验对知觉对象进行解释的过程。人们在感知一个对象或现象时，不仅直接反映它的整体形象，还会根据自己以前获得的知识和实践经验来解释和判断这一对象或现象。有人曾用对图片的感知来说明这一特性。实验者先给受试者呈现一张图片，上面画着一个身穿运动服正在奔跑的男子。受试者一看就断定他是球场上正在锻炼的一位足球运动员。接着给受试者呈现第二张图片，内容是在那个足球运动员的前方增加一位惊慌奔跑的姑娘。这时受试者看到了一幅坏人追逐姑娘的画面。最后实验者拿出第三张图片，在奔跑的行人后面又增加一头刚从动物园逃跑出来的狮子。这时，受试者才明白了图画的真正意思，即运动员和姑娘为躲避狮子而拼命奔跑。

（3）知觉的选择性。知觉的选择性是指消费者在知觉商品时，不是能够知觉到商品的全部属性，而是仅仅能够知觉到商品的一部分属性。这除了人的注意力是有限的原因外，主要取决于消费者的兴趣、需要、消费习惯和消费动机等。在商业设计中，为了突出名贵商品，对其背景加以包装，用其他商品加以衬托，这种"众星捧月"式的设计正好符合知觉选择性的特点，从而达到吸引消费者注意的目的。

错觉现象。人们在知觉某些事物时，可能受背景干扰或某些心理原因影响，往往会产生失真现象，这种对客观事物不正确的知觉称为错觉。错觉现象在生活中十分普遍。例如，实际同样身高的男女，人们总是认为女的比男的要高一些；房间里装上一面镜子，房间显得比原先宽敞多了；等等。在市场营销中要巧妙地运用错觉原理去满足消费者的心理要求。例如，用绿色瓶或黄色瓶装的啤酒，会使人产生清爽或富含营养的感觉；扁形盒包装的化妆品要比圆柱体形包装的外形显得大一些。营业员在推销纺织服装类商品时，应运用错觉原理，科学巧妙地推荐，提高服务艺术。如向身体矮胖的顾客推荐深颜色、竖条纹服装显得苗条些，向细高个顾客推荐浅色、横条纹衣服则显得丰满些。

人的认知是极复杂且牵连种种心理活动的过程。人类是由两大系统组成的：一是维生系统，掌管个人情绪、动机及生命延续等部分；二是认知系统，掌管个人的学习及认知运作、行为等。其所涉及的整个心理过程，包含感觉到处理信息的知觉、组型再认知、注意力、意识、学习、记忆、概念形成、思考、心象、回忆、过程语言、智能、情绪发展过程以及行为与所有其他层面的关联等。因此是人们如何由感觉刺激获取信息，将信息转化成知识经验而形成记忆认知，并与如何储存记忆形成认知系统，进而使我们产生注意与行为反应的一连串过程。

当人们在接触某一事物时，人们体内的感官运作牵涉一连串复杂的生理及心理活动，其中主要包含了感觉历程、知觉历程、认知模式和反应动作，是一种信息传递与处理过程。人们受到外界环境的刺激，透过感官的感受器之后将信息传导到大脑中枢，为感觉历程；而后大脑中枢辨认出刺激的形式与大小，为知觉历程，是以感觉为基础的心理表征；其中，由感官刺激开始后的心理作用，牵涉人们如何注意辨识以及由记忆中提取资料而形成知识记忆，最后做出决策与反应。

3. 记忆

记忆是人的大脑对过去经历过的事物的反映。人们过去感知过的事物、思考过的问题和体验过的情感，都能以经验的形式在头脑中保存下来，并在一定条件下能够再现出来，这就是记忆过程。例如，消费者买了某种品牌的化妆品，通过使用这种化妆品会给他留下一个整体的印象，一旦再购买这类商品，过去的印象便会重现出来，这种重现出来的记忆可以指导人们重新购买，成为选择商品与品牌的依据。

记忆是一个复杂的心理过程，它包括识记、保持、回忆和再认4个基本阶段。识记是对事物反复感知，从而使客观事物的印迹在头脑中保留下来的心理活动；保持是记忆过的事物印象在头脑中留存和巩固的过程；回忆是过去经历过的事物不在面前，而把它的印象重新呈现出来；再认是过去经历过的事物重新呈现在面前，感到熟悉并能确认它是过去经历过的。

4. 思维

思维是通过分析、概括对客观事物的本质进行间接反映的过程。也就是说，人们对客观事物的认识不会停留在感知和记忆的水平上，而总是利用已经感知和记忆的材料，进行分析、综合、抽象、概括等思考活动，把感性认识升华到理性认识阶段，从而获得对事物的本质和内在规律的认识。

间接性和概括性是人们思维的重要特点。所谓间接性，是指借助已有的知识、经验来理解和把握那些没有直接感知过的或根本不可能感知到的事物。例如，消费者对大屏幕彩电的内在质量往往是不太专业、不甚了解的，但可以对大屏幕彩电感知表象：图像是否清晰、色彩是否逼真、音响是否优美、信号是否灵敏等，再借助已有的知识经验，间接地认识它的内在质量性能。所谓概括性，是指通过对同一类事物的共同特性、本质特征或事物间规律性的联系来认识事物。例如，消费者在购买过程中多次感知价格与质量的联系，从而得出"便宜无好货"的概括性结论。在消费行为过程中，消费者也往往会得出"大商场的东西要比街头拐角处购得的东西质量要可靠"的结论。因此，消费者要善于思考和总结，通过现象看本质，从而获得对商品内在性质的更为深刻的认识。

5. 想象

想象是人们在生活实践中，不仅能够感知和记忆客观事物，而且还能够在已有的知识经验基础上，在头脑中构成自己从未经历过的事物的新形象，或者根据别人口头语言或文字的描述形成相应事物的形象，这就是想象。我国的《西游记》就是一部充满想象与创造的名著。在平时的生活中，人们受到某种刺激物的影响，会不由自主地进行想象。在消费购买行为中，消费者看到一件款式新颖的衣服，会想象到穿在自己身上如何高雅、时髦。

想象的作用。想象能提高消费者购买活动的自觉性和目的性，对引起情绪过程、完成意志过程起着重要的推动作用。消费者在形成购买意识、选择商品、评价商品过程中都有想象力的参加。例如，看到漂亮的布料，会想到漂亮布料制作出来的衣服，想到穿着漂亮的衣服受人喜欢的愉快与满足；买一台空调，会想象拥有它能给家庭带来四季如春的感受，同时还能起到美化家居的作用；等等。通过想象，消费者就能深入认识商品的实用价值、欣赏价值和社会价值，其结果是能增强商品对消费者的吸引力，激发其购买欲望。

6. 注意

注意是心理活动对客观事物的指向和集中。注意这种心理现象是普遍存在的。例如，上课时学生要聚精会神地听讲；骑车要注意交通安全；购物要当心钱包；等等。注意与认识、情感、意志等一切心理活动紧密相连，并贯穿于认识活动的全过程。可以说，没有注意，人的一切认识活动都无法进行。

注意的特点。指向和集中是注意的两个特点。所谓指向，是指心理活动有选择地朝向一定事物。所谓集中，是指心理活动反映事物达到一定的清晰和完善的程度。例如，消费者在选购商品时，其心理活动会指向某一商品并全神贯注于这一商品，同时又离开其他商品。这就是对这种商品发生了注意，从而对该商品获得清晰、准确的反映，并据此做出自己的购买决策。可见，注意是消费行为过程中必不可少的心理活动。没有注意，消费者对商品的认识活动就无法进行，更谈不上引起购买行为。

注意的分类。根据产生和保持有无目的和意志努力程度，注意可分为有意注意和无意注意。例如，消费者到商店想购买甲商品，浏览中无意看到乙商品，觉得不错，引起了对乙商品的注意，就属于无意注意。而消费者在嘈杂的商店里精心挑选自己想要的商品，就属于有意注意。从两者的关系来看，两者既相互联系又相互转换。

注意的作用。发挥注意的心理功能，引发消费需求。正确地运用和发挥注意的心理功能，可以使消费者由无意注意转换到有意注意，从而引发消费需求。我国的贵州茅台酒在1915年巴拿马世界博览会上荣获金奖，注意在这里立了头功。博览会开始阶段，各国评酒专家对"其貌不扬"、包装简陋的茅台酒不屑一顾。博览会临近尾声的一天，中国酒商急中生智，故意将一瓶茅台酒摔碎在展厅地上，顿时酒香四溢，举座皆惊。从此，茅台酒名声大振，走向了世界。中国参展酒商的行为，符合了消费者需要强烈、新奇、鲜明的活动刺激，引起人们的无意注意，在提高商品知名度、引发消费需求上取得了成功。

1.4　网络消费者的类型

网络消费者主要分为以下4种类型：

（1）务实型。务实型的消费者需要的是方便、快捷的网上购物服务。他们往往已经对商品有了大致的了解，对自己的购买行为和需求有着非常明确的定位和目标。这类消费者在网上将大量的时间花在交易上而不是浏览和商品比对上，即更加注重商品的质量和服务，因此，信任度高以及物美价廉的物品和服务是这类人最热衷的。他们在网络视觉的冲击下，对商品的需求波动幅度较小，购买弹性较小，甚至可能不受视觉冲击的影响，属于理性的消费群体。

（2）浏览型。据权威调查显示，浏览型的消费者占常用网民总数的8%左右，他们将32%的时间花在对商品和服务的浏览上，访问的网页是其他网民的4倍。他们在享受点击鼠标乐趣的同时，也将大量的时间花费在精确的比对上。这类消费者大多都是休闲时间充裕的人，并享受着形形色色的购物网站对他们产生的视觉冲击和购买欲望心理下的需求波动，他们对经常更新、视觉元素丰富、具有创新设计的网站有较大的兴趣，对产品本身的兴趣没有浏览本身所带来的兴趣浓烈，因此，这类群体的消费观及其消费行为其实是难以准确预测的，因为他们本身就不是以消费为目的而进行浏览的，只是消磨闲暇，享受浏览的乐趣。

（3）经验型。经验型的消费者将生活中讨价还价的能力应用到网络的议价过程中，该类消费者可能是市场行情的熟知者，可能是对价格的不满意者，也有可能是追求议价胜利心理并以此得到满足感的消费者，著名的eBay网上过半数的消费者都属于该类型。由此，该类消费者还衍生出了"谈价师"这一前景被非常看好的网络职业。他们成为消费者网络购物的中间人，这类消费群体也属于理性消费者，因此在探讨需求冲击程度时，特将这类群体归结到务实型群体当中。

（4）冲动型。冲动型的消费者比较容易受网络视觉营销的影响，他们在形形色色的网络购物平台中，被品种繁多的商品吸引住了眼球，并强烈地受网络视觉的冲击，容易做出购买行为。这类消费者一般都是年龄处于青少年或者学生时代的非理性购物群体。他们的消费需求波动曲线在网络视觉冲击下的波动幅度非常明显，强烈地受到价格和视觉等因素的影响。因此，网络视觉冲击对他们的购买行为有着非常显著且直观的影响。

1.5　网络消费者的动机

（1）感情动机。人们对某种商品感兴趣，一部分来自商品在促销时能引导消费者可接受的情绪环境。例如，互联网上提供的网上购买异地送货服务，通过网上购物所体验到的一种快乐感与个人的满足感，就会让消费者选择网上购物。

（2）理智动机。网络消费者一般都对电脑比较了解，受教育的程度较高，网上购物时会多轮反复比较各个在线商场的商品，详细了解所要购买商品的性能、功效、价格等多种因素，最后综合比较才决定是否购买。

（3）信任动机。网络消费者一般会选择公众影响力较好，信任度和声誉较好的网站和商家的商品。网络消费者根据理智经验和感情，对认定好的网站和网上商场产生特殊的信任与偏好后，会经常光顾，忠诚消费，还会在网上对自己的交际圈进行宣传和影响，以扩大网站的宣传力度，从而对网站的推广产生很大的作用。

（4）购买动机。网络消费者在购物时，网站界面的个性化设计，网站优秀的声誉、较高的知名度、简单便利的交易方式，将更能吸引消费者的目光，从而刺激消费者产生某种需求并产生相应的购买动机。

（5）商品特性及质量对消费者购买决策的影响。网上消费者有着自身的特点，这就决定了其购买行为和不是所有的商品都适合在网上销售及进行网上营销活动。据有关资料显示：消费者认为网上交易最大的问题是：产品质量、售后服务及厂商信用得不到保障（占42.1%），安全性得不到保障（占28.1%），价格不够诱人（占7.5%），付款不方便（占7.4%），网上信息不可靠（占6.7%）等。从这些资料可知，网上商品的特性和网络消费的安全性与服务对消费者进行购买决策时有重大的影响。

（6）商品价格的影响。互联网上信息的丰富性和开放性，使消费者更容易比较商品的价格。对于同一种商品，消费者更倾向于价格便宜的。由于网上销售没有传统营销的成本高，所以具有一定的价格优势。亚马逊的大额折扣、免费送货和低廉的商品价格是吸引广大消费者的重要因素，这也证明了低价对消费者具有很强的吸引力。例如，针对消费者的这种心理的"特价热卖"栏目。消费者只要进入该专栏，就可以轻松获得各个热销产品的信息以及价格，进而通过链接快速进入消费者认为适合的网站，完成购物活动。这种网上购物满足了消费者追求物美价廉的心理。

1.6　网络消费者的购买过程

消费者行为学提出，消费者在购买商品时，会因商品价格、购买频率的不同，而投入购买的程度不同。西方学者根据购买者在购买过程中参与的介入程度和品牌间的差异程度，将消费者的购买行为分为四种类型。

（1）复杂的购买行为。当消费者初次选购价格昂贵、购买次数较少的、冒风险的和高度自我表现的商品时，则属于高度介入购买。由于对这些产品的性能缺乏了解，为慎重起见，他们往往需要广泛地收集有关信息，并经过认真的学习，产生对这一产品的信念，形成对品牌的态度，并慎重地做出购买决策。

对这种类型的购买行为，企业应设法帮助消费者了解与该产品有关的知识，并设法让他们知道和确信本产品在比较重要的性能方面的特征及优势，使他们树立对本产品的信任感。这期间，企业要特别注意针对购买决定者做介绍本产品特性的多种形式的广告。

（2）减少不协调感的购买行为。当消费者高度介入某项产品的购买，但又看不出各品牌有何差异时，对所购产品往往产生失调感。因为消费者购买一些品牌差异不大的商品时，虽然他们对购买行为持谨慎的态度，但他们的注意力更多的是集中在品牌价格是否优惠、购买时间、地点是否便利，而不是花很多精力去收集不同品牌间的信息并进行比较，而且从产生购买动机到决定购买之间的时间较短。因而这种购买行为容易产生购后的不协调感，即消费者在购买某一产品后，或因产品自身的某些方面不称心，或得到了更好的其他产品的信息，从而产生不该购买这一产品的后悔心理或心理不平衡。为了改变这样的心理，追求心理的平衡，消费者应广泛地收集各种对已购产品的有利信息，以证明自己购买决定的正确性。为此，企业应通过调整价格和售货网点的选择，并向消费者提供有利的信息，帮助消费者消除不平衡心理，坚定其对所购产品的信心。

（3）广泛选择的购买行为。广泛选择的购买行为又叫作寻求多样化购买行为。如果一个消费者购买的商品品牌间差异虽大，但可供选择的品牌很多时，他们并不花太多的时间选择品牌，而且也不专注于某一产品，而是经常变换品种。比如购买饼干，他们上次买的是巧克力夹心饼干，而这次想购买奶油夹心饼干。这种品种的更换并非对上次购买饼干的不满意，而是想换换口味。

面对这种广泛选择的购买行为，当企业处于市场优势地位时，应注意以充足的货源占据货架的有利位置，并通过提醒性的广告促成消费者建立习惯性购买行为；而当企业处于非市场优势地位时，则应以降低产品价格、免费试用、介绍新产品的独特优势等方式，鼓励消费者进行多种品种的选择和新产品的试用。

（4）习惯性的购买行为。消费者有时购买某一商品，并不是因为特别偏爱某一品牌，而是出于习惯。比如醋，这是一种价格低廉、品牌间差异不大的商品，消费者购买它时，大多不会关心品牌，而是靠多次购买和多次使用而形成的习惯去选定某一品牌。

针对这种购买行为，企业要特别注意给消费者留下深刻印象，企业的广告要强调本产品的主要特点，要以鲜明的视觉标志、巧妙的形象构思赢得消费者对该企业产品的青睐。为此，企业的广告要加强重复性、反复性，以加深消费者对产品的熟悉程度。

每一个消费者在购买某一商品时，均会有一个决策过程，只是因所购产品类型、购买者类型的不同而使购买决策过程有所区别。与传统购买行为相类似，网络消费者的购买过程，即网上购物，就是通过网络检索或直接在相应购物网站查找需要的商品信息；对信息进行分析对比后，形成初步的购买意向，然后通过网站提供的沟通方式与商家进行沟通交流，对商品的信息做更为详细的咨询；当各方面商品信息满足消费者的现实需求时，消费者就会做出购买决策并将所需商品加入购物车；接着以电子订购单的形式向商家发出购物请求，通过网络银行、支付宝或其他支付方式付款；商家在接到付款通知后会根据消费者提供的地址通过邮购的方式或快递服务公司送货上门。不论是在传统的购物市场上，还是在网络购物环境中，都可以将消费者购买全过程分为诱发需求、收集信息、比较选择、购买决策、购后评价五个步骤。网络购物过程的不同之处在于多了两个过程，一个是向商家发出购物订单，另一个是通过网络银行、支付宝或其他支付方式付款，但可以将这两个过程列入购买决策这一步骤中。

1. 诱发需求

诱发需求是消费者购买决策过程的起点。当消费者在现实生活中感觉到或意识到实际与其企求之间有一定差距并产生了要解决这一问题的要求时，购买的决策便开始了。消费者的这种需求的产生，既可以是人体内机能的感受所引发的，如因饥饿而引发购买食品、因口渴而引发购买饮料，又可以是由外部条件刺激所诱生的，如看见电视中的西服广告而打算买一套、路过水果店看到新鲜的水果而决定购买等。当然，有时候消费者的某种需求可能是内、外原因同时作用的结果。

市场营销人员应注意识别引起消费者某种需要和兴趣的环境，并充分注意到两个方面的问题：一是注意了解那些与该企业的产品实际上或潜在的有关联的驱使力；二是消费者对某种产品的需求强度会随着时间的推移而变动，并且被一些诱因所触发。在此基础上，企业还要善于安排诱因，促使消费者对企业产品产生强烈的需求，并立即采取购买行动。

在传统的购物过程中，诱发需求的动因是多方面的。人体内部和外部的刺激都可引发人们的购买欲望。但在网络销售中，诱发需求的动因只能是局限于视觉和听觉。文字的表述、图片的设计、声音的配置是购物网站诱发消费者购买商品的直接动因。这就要求网站经营者了解消费者的这些需求是由哪些刺激因素诱发的，进而巧妙地设计促销手段去吸引更多的消费者浏览网页，通过传递给他们的具体商品信息来诱导人们的需求欲望。

2. 收集信息

当需求被唤起之后，每一个消费者都希望自己的需求能得到最大限度的满足。所以，收集信息、了解行情，成为消费者购买过程的第二个环节。在传统的购买过程中，消费者的信息收集大都是被动进行的。往往是看到别人买什么，自己再去注意；或者是看到了广告才注意到某种商品。相比而言，在网上购物中，消费者表现出的信息收集活动带有较大的主动性。在网上购物过程中，商品信息的收集主要是通过计算机网络进行的。消费者可以根据已经掌握的信息，通过互联网跟踪查询，同时又可以不断地在网络上浏览搜索，寻找新的购买机会。

3. 比较选择

为了使消费需求符合自己的购买能力，比较选择成为购买过程中必不可少的环节。消费者对由各类渠道汇集而来的信息进行对比、分析和研究，了解各种商品的特性，从中挑选出最令自己满意的一款。网上购物中，消费者不能直接接触到实物，他们对虚拟商品的比较依赖于卖家对商品的描述。网站对自己商品描述得不充分、生动，就不能吸引住顾客的"眼球"；相反，如果对商品的描述过分夸张，甚至掺有失实成分，则可能损害网站的信誉形象，永远失去顾客的信任。

4. 购买决策

网络消费者在完成了对商品的比较选择之后，进入到购买决策阶段。与传统的购买方式相比，网上购物者的购买决策有许多独特的特点。首先，网上购物者理智动机所占比重较大，感情动机比重较小。这是因为网上购物本身也是消费者通过网络寻找商品的一种思索过程。其次，由于网上购物可以足不出户，所以购买过程中消费者的决策就较少会受外界影响。要在没有实物展示的情况下让消费者自愿把口袋里的钱掏出来，并非易事。他们在决定购买某种商品时，一般必须具备三个条件：第一，对商品有喜爱感；第二，对购物网站有信任感；第三，对支付过程有安全感。

5. 购后评价

消费者购买商品后，往往通过使用，对自己的购买选择进行检验和反省，重新考虑这种购买是否正确、使用是否满意、服务是否周到等问题。这种购后评价往往决定了消费者今后的购买动向。商界中流传着这样一句话：满意的顾客就是我们最好的广告。购物网站必须积极主动地采集顾客的各类反馈意见和建议，并且及时改进自己网站的设计及运营活动。

1.7　网络消费者购物的影响因素

网络消费者在购物过程中会受到诸多因素的影响，包括内部因素和外部因素，内部因素如年龄、计算机应用水平等；外部因素如网站形象、商品价格、交易安全、物流配送速度、服务水平、他人评价等。这些因素如果利用得好，会促进消费者的购买决策和购买行为的发生。如果利用不好，消费者可能会离开该网站，结束购买过程。因此，网络商家和购物网站应该十分重视这些影响消费者购买行为和决策的因素，对这些因素进行研究分析，制定相应的营销策略。

第一，消费者的个体因素。个体因素包括性别、年龄、教育背景、工作领域和收入情况等，会影响消费者的网络购物行为。然而，网上购物还是一种新型的购物模式，它的推广和扩散应该遵循一般规律，即在一个社会系统中，较早采用这种新方式的人群应该年纪较轻、学历相对较高、有相关的工作、财务状况较好等。

第二，消费者的计算机应用水平和网络经验影响消费者的购物行为。消费者进行网络购物必须使用计算机和互联网，消费者检索产品信息、登录网站、浏览网页等都需要一定的计算机使用能力和网络知识储备。本书认为，相对传统消费者，网络消费者拥有计算机使用能力和网络知识不同，对网上购物就会采取不同的态度和行为，而拥有较强计算机使用能力和较多网络知识储备的消费者将更容易接受网上购物这一新型购物方式。

第三，网站因素。如网站的知名度、网站的设计和布局等会影响消费者的购物行为。购物网站相对于网络消费者在一定程度上就如同商场相对于传统消费者。商场的布局、商品陈列都会对消费者的购物行为产生影响。同样，购物网站对网络消费者也会产生很大影响。购物网站的知名度和声誉将会影响消费者对网站的态度，一般情况下，消费者都会选择知名度高、声誉良好的网站进行购物。例如淘宝网，一提到网络购物，大部分人第一个就会想到淘宝网，这是因为淘宝网的知名度已经深入人心。网站的页面布局和设计会直接影响到消费者对商务网站的印象，进而影响消费者对网站的初期信任感。

第四，产品因素。消费者进行网络购物这一行为的最终目的是满足其对商品的需要，由于产品特性的不同，会导致消费者采取不同的购买决策。因此在网上销售产品，首先要考虑网上消费者的特征，即以青年人为主，追求时尚新颖和个性，所以要注重商品的新颖性和个性，以吸引消费者的注意。其次要考虑消费者在购买商品时的体验程度。如果一件商品要求消费者体验参与的程度比较高，即非标准化产品，一般不适合在网上销售。而且，研究发现，在网络环境中，消费者对产品价格的敏感度比在传统渠道中更高。消费者选择在网络商店进行购物，主要的原因就是网站的售价较低。

第五，安全性因素。对个人隐私及交易安全的担心是影响网上购物的两大先决因素，加上对产品质量的怀疑等，这些因素都会阻碍消费者的网上购物行为。由于在线交易的特殊性，基于互联网进行的电子商务活动一般都需要消费者向注册网站提供相关的个人信息。然而对于这些用户信息，很多网站并没有像事先承诺的那样采取保密措施，有的甚至为了牟取暴利将这些信息出卖给其他网站。另外，网上购物的虚拟特性很强，消费者通过网络与商家进行交流，购买商品。消费者在获得商品之前没办法像传统购物方式那样亲自触摸、感觉商品，一些思想比较保守、谨慎的消费者会对网上购物产生怀疑，甚至打消网上购物的念头。

第六，便利性因素。一方面，与传统商场相比，网上购物商店具备很多独特的功能，可以同时完成商品信息的收集、交易支付及部分商品的配送，如软件产品，这是网络购物的最大优势。另一方面，消费者可以减少传统购物过程中逛街购物所花费的时间和精力，不会受到天气、交通等外界环境因素的限制和干扰，并且没有时间限制，只要条件许可，消费者可以 24 小时随时不用出门购买到需要的商品。同时也不受地域限制，消费者坐在家中就可以购买到全国各地甚至国外的商品。许多研究表明，方便和节约时间是许多消费者选择网上购物的首要因素。

第七，互动因素。相信很多人都有过这种体验：刚走进商场就有一大堆营销人员围在身边推销商品，而他们推荐的商品并不是基于消费者的需要，只是为了多卖出商品，提高业绩。这样消费者在购买商品时就没有独立思考的空间，做出的购买决策往往不能满足自己的需求，甚至买到自己不需要的产品。而在网上购物时，消费者面对的是计算机桌面，可以根据自己的需要任意搜索商品，在网站导航目录的帮助下，消费者还可以查寻到每个商品的具体特征、功能，如品牌、大小、款式、价格等。而且几乎每个购物网站都为顾客提供了帮助中心和多种即时沟通方式，顾客在购物过程中遇到问题或困难可以直接向网站或服务人员求助。

第八，他人评价因素。在网络购物环境下，消费者的购物行为会在很大程度上受到他人评价的影响，特别是初次在网上购物或网购经验不丰富的消费者。消费者在提供同类商品的两家或多家网店中做选择时，网店的好评率会起到很大的作用，有时甚至直接影响消费者的选择。

以上几个方面的因素都在不同程度上影响着消费者的网上购物行为，研究这些因素对消费者网上购物行为的影响程度和具体方式，对购物网站的发展和创利来说非常重要。

拓展阅读

2022 年中国电子商务发展趋势报告：电子商务在经济高质量发展中的重要作用（来源：中国贸促会研究院）

2022 年 11 月 11 日，中国贸促会研究院发布了《2022 年中国电子商务发展趋势报告：电子商务在经济高质量发展中的重要作用》（以下简称《报告》）。

一、中国电子商务行业发展新趋势

《报告》认为，2022 年中国电子商务行业呈现两大新趋势。

一是以直播电商为代表的新模式迭代加速。自新冠肺炎疫情暴发以来,直播电商快速发展,通过直播电商购买商品已逐渐成为消费者"常态化"的购物方式,随着治理直播电商乱象相关政策不断落地见效,直播电商在守正创新中呈现快速发展的态势。截至2022年6月,我国电商直播用户规模为4.69亿,较2020年3月增长2.04亿,占网民整体的44.6%;2022年上半年,只在传统电商平台消费的用户占网购用户的比例为27.3%,通过短视频直播进行网购消费的用户比例则高达49.7%。2021年5月至2022年4月,抖音平台每月有超900万场直播,售出超过100亿件商品,交易总额同比增长2.2倍;截至2022年3月,淘宝直播累计观看人次已经超过500亿。

二是数字技术成为消费升级的全新驱动力。一方面,数字技术催生了消费新业态新模式。新一代信息技术的升级发展,催生新消费场景,带来新消费体验。例如,年轻人喜爱的"云逛街""云音乐会"等应时而生。另一方面,数字技术推动消费结构优化升级。数字技术赋能工业生产环节,更好地满足了消费者多元化、个性化、定制化的消费需求。

二、电子商务的重要作用

《报告》认为,在复杂严峻的国内外形势和多重超预期因素冲击背景下,我国科学统筹疫情防控和经济社会发展,国民经济顶住压力持续恢复,三季度经济恢复向好,经济韧性持续显现。电子商务在其中发挥重要作用,具体表现在三个方面。

一是电子商务成为拉动消费和防疫保供的重要力量。电子商务无接触、线上化的独特优势契合了统筹疫情防控与经济社会发展的要求,在防疫保供、激发消费潜力等方面发挥了重要作用。

在拉动消费方面,2022年1—9月,实物商品网上零售额82 374亿元,增长6.1%,远高于同期社会消费品零售总额(以下简称"社零总额")增速(0.7%);从月度数据看,今年以来实物商品网上零售额月度增速均远高于社零总额,在社零总额负增长的3—5月,实物商品网上零售额仍保持了较高的增长速度;1—9月,实物商品网上零售额占社零总额的比重为25.7%,比2021年同期高出2.1个百分点。中国电子商务在网络零售市场、网购人数、数字化快递业务以及移动支付规模方面稳居世界第一位。

在防疫保供方面,今年以来,在各级政府支持下,电商企业努力扩大货源,畅通配送渠道,稳定物资价格,有力保障了防疫物资和生活必需品供应,为防疫物资保供做出了重要贡献。2022年1—9月,在实物商品网上零售额中,吃类、穿类、用类商品分别增长15.6%、4.7%、5.2%,食品等必需品网购消费表现突出,有力保障了居民日常必需品供应。

二是消费场景创新助推服务业转型。受疫情影响,线下服务消费面临多种因素的制约,线上服务消费的重要性日益显现。新一代信息技术与服务业深度融合,"互联网+"激发服务业新动能,打破了服务消费供需双方在时空上的限制,丰富了服务消费场景,改善了服务消费体验,推动线上服务消费供给更多样更充足,使服务消费市场增长潜力加速释放。

在线办公方面,截至2022年6月,我国在线办公用户规模达4.61亿,占网民整体的43.8%。截至2022年3月,在线办公平台"钉钉"已经服务超过2 100万个机构用户,腾讯会议注册用户超3亿,月活跃用户数突破1亿。

在线医疗方面,我国在线医疗用户规模达3亿,占网民整体的28.5%。大型互联网医疗平台在提供医疗、药品服务的基础上,进一步拓展数字化健康管理,推动医生服务等相关领域创新。

三是跨境电商在政策支持下成为稳外贸、促消费重要抓手。2022年，面对复杂严峻的国内外形势和多重超预期因素冲击，跨境电商凭借线上交易、非接触式交货、交易链条短等优势在稳外贸过程中发挥了重要作用。

一方面，跨境电商呈高速发展态势，为稳外贸做出重要贡献。商务部发布数据显示，2022年我国跨境电商保持平稳较快增长，上半年跨境电商进出口交易额同比增长28.6%；海关总署表示，今年1—8月，跨境电商B2B直接出口和跨境电商出口海外仓贸易增长迅速；浙江、江西等地海关公布的数据也显示，前三季度通过海关跨境电商管理平台进出口额增长迅速。

另一方面，跨境电商进口成为消费升级新路径。跨境电商已成为消费者全球购重要渠道，在中国居民消费升级过程中，模仿式、排浪式消费逐渐淡出，个性化和多样化渐成主流，跨境电子商务非中心化和全球性特性可以满足消费者追求个性化的需要。京东数据显示，2022年上半年进口品牌商品SKU数量同比增长51%，2022年京东双11预售首日，京东国际预售成交额同比增长178%。

学习单元二

网店视觉营销

网店视觉营销

2.1 视觉营销的内涵

视觉营销（Visual Marketing）的概念从形成之初的本意上讲是为达成营销的目标而存在的，是将展示技术和视觉呈现技术与对商品营销的彻底认识相结合，与采购部门共同努力将商品提供给市场，加以展示售卖的方法。品牌（或商家）通过其标志、色彩、图片、广告、店堂、橱窗、陈列等一系列的视觉展现，向顾客传达产品信息、服务理念和品牌文化，达到促进商品销售、树立品牌形象之目的。

视觉营销的研究范畴开始主要集中在实体零售终端卖场的商品视觉展示设计领域，当时对于视觉营销的含义有着不同的表述，大致可以归纳为三类观点。一类观点着重强调商品的陈列和展示对视觉的冲击，并以此达到促进商品的销售。认为视觉营销就是利用色彩、造型、声音等造成的冲击力吸引潜在顾客来关注产品。另一类观点则糅合了商品展示技术、视觉呈现技术和市场营销策略，强调了商品展示技术和视觉呈现技术的运用必须与商品营销策略相结合。这类观点虽然强调了商品展示技术和视觉呈现技术的运用必须与商品营销策略相结合的重要性，但仍然只将视觉营销界定在"商品的终端卖场"这一领域。还有一类观点则是在上述两类观点的基础上，将视觉营销由"商品的终端卖场"领域扩展到其他领域，并深入到对消费者心理层面的影响方面研究。

在实际应用领域，视觉营销也用"VMD"来表示，是"Visual Merchandise Design"的缩写，有时候也称为商品计划视觉化。实际应用当中的 VMD，涉及商品的陈列、装饰、展示、销售、企业理念以及经营体系等，需要跨领域的专业知识和技能，并不是通常意义上理解的商品展示与陈列，而是包含环境以及商品的店铺整体表现。

视觉营销（VMD）作为一种营销技术，是一种视觉呈现，大众最直观的视觉体验表现方法，最初起源于 20 世纪 70—80 年代的美国，通过大众直观的视觉广告进行产品的营销，从而发展到"视觉营销"。视觉营销是将 MD（Merchandising，商品或商品企划）、SD（Store Design，卖场设计与布局）、MP（Merchandise Presentation，陈列技法）有机结合而营造的一种店铺氛围，完美地展示给目标群体的一种视觉表现手法。这种氛围是明确地传达出品牌风格与定位，同时迎合目标消费者的心理需求与消费需求，达到品牌宣传与商品销售目的的一种过程。

MP（陈列技法）中主要包含三个内容：VP、PP、IP。

VP（Visual Presentation，视觉陈列），其作用是表达店铺卖场的整体印象，引导顾客进入店内卖场，注重情景氛围营造，强调主题。VP 是吸引顾客第一视线的重要演示空间。VP 一般是由设计师布置在橱窗、卖场入口、中岛展台、平面展桌等场所。

PP（Point of Presentation，售点陈列），其作用是表达区域卖场的印象，引导顾客进入各专柜卖场深处，展示商品的特征和搭配，展示与实际销售商品的关联性。PP 是顾客进入店铺后视线主要集中的区域，是商品卖点的主要展示区域。PP 一般是由售货员、导购员等布置在展柜、展架、模特、卖场主体等区域。

IP（Item Presentation，单品陈列），其作用是将实际销售商品进行分类、整理，以商品摆放为主，是清晰、易接触、易选择、易销售的陈列。IP 是商品主要的储存空间，是顾客最后形成消费必须要触及的空间，也叫作容量区。IP 设置的空间区域为展柜、展架等，一般由售货员、导购员负责管理。

从以上内容可以看出，VP 是卖场中展示效果最好的，其次是 PP，接下来是 IP；但在不同的产品类别、不同的品牌中，VP、PP、IP 所占的比例各不相同，主要根据品牌类别及定位的不同而各有不同，例如休闲类服装通常 PP 在店铺中所占比例比较大，JACKJONES、ONLY 都属于 PP 展示比较大的陈列模式，而中高档女装通常 IP 中侧挂比较大。国内的品牌例外、江南布衣等都属于 IP 展示比较大的陈列模式；但现在 VP 展示越来越得到品牌的重视，很多品牌在原有卖场内的 PP 和 IP 展示的基础上加入更多的 VP 展示，例如韩国品牌依恋（E.LAND）及其下属品牌都属于 VP 展示较多的陈列模式。其实 VMD 的统筹就是品牌形象定位的统筹，而陈列模式的定位就是形象定位中的一环，不同风格、不同类别的产品陈列的模式各有不同，如何让产品在卖场得到最好的表现，同时又有与众不同的风格是品牌需要研究的课题。

因此，VMD 的理念就是达到顾客与导购员双方在买与卖之间均可获得方便的效果，目的是打造一个让目标顾客容易看、容易选、容易买的卖场空间环境，让商品与销售额产生直接联动。从顾客的角度来讲，VMD 的实施要使顾客容易看到、容易看懂、容易选择、容易购买，是直接与容易购买相关联的。从品牌店铺的角度来说，VMD 就是容易在终端产生销售的意思。从导购员的角度来看，VMD 就是使商品容易看、容易拿取、容易尝试，也是直接与容易销售相联系的。由此可见，VMD 一般要注意以下三点：

（1）VMD 是根据企业理念决定的。

（2）VMD 把店铺想要传达给顾客的信息以所见即所得的形式表现出来。

（3）VMD 要考虑如何发出商品信息。

从长远看，VMD 将成为今后大力发展的一个领域。在国内的实际应用中，VMD 还包括三大部分：

SD（Store Design）：店铺空间设计与规划布局。

MP（Merchandise Presentation）：商品陈列形式。

MD（Merchandising）：商品计划、商品策略。

在视觉化商品营销中，Merchandising（商品计划）的比例占 80%，Visual（视觉）占 20%。从比例中可以看出，VMD 非常强调商品的重要性。

从本质上讲，视觉营销是将视觉这一心理现象对商品个别属性的反映，作为影响消费者行为的主要因素，结合视觉呈现技术和商品展示技术，制定出不同于其他营销理念的营销组合策略。以此对目标顾客及潜在顾客形成强大的视觉冲击力，并对其产生心理层面的影响，从而带动商品的销售，达到营销目的。视觉营销是一种新的营销策略和一种新的营销方式，它结合了市场营销学、心理学、视觉识别设计、视觉传达设计、零售卖场设计及商品展示等学科知识。作为市场营销的一个新概念与新领域，视觉营销注重的是在产品设计、传播策划和空间设计三个领域（而非仅限于终端卖场）中有关视觉对市场营销影响的研究，讨论的是如何将视觉识别设计与视觉传达设计原理、零售卖场设计与商品展示技术运用于产品设计、传播策划和空间设计领域，在产品造型、产品包装、广告策划、卖场设计、商品展示甚至企业整体识别管理等方面对目标消费者形成整体的视觉冲击，并以此来吸引消费者注意力，争取目标消费者、挖掘潜在消费者而获取经济利益。市场营销学和消费心理学是它的基础理论，视觉识别设计与视觉传达设计、零售卖场设计与商品展示是它的核心技术。

作为一种新的营销策略和营销方式，视觉营销在实践中，已经从百货、服装服饰、广告等行业的运用，发展、拓宽到其他行业，如医药、互联网行业等；从商品展示技术和视觉呈现技术在销售领域（主要是终端卖场）的运用，发展、拓宽到传播策划、空间设计，甚至企业的整体识别管理等方面。

视觉营销是近年来才兴起的一个学术概念，视觉就是我们所看到的，传达则是通过某种形式表达出来。视觉传达是人与人之间利用"看"的形式所进行的交流，是通过视觉语言进行表达传播的方式。不同的地域、肤色、年龄、性别、说不同语言的人们，通过视觉及媒介进行信息的传达、情感的沟通、文化的交流、视觉的观察及体验，可以跨越彼此语言不通的障碍，可以消除文字不同的阻隔，凭借对"图"——图像、图形、图案、图画、图法、图式的视觉共识获得理解与互动。

视觉设计是以视觉媒介为载体，利用视觉符号表现并通过视觉形象传达信息给受众的设计，它主要以文字、图形、色彩等为艺术创作的基本要素。它体现着设计的时代特征和丰富的内涵，其领域随着科技的进步、新能源的出现和产品材料的开发应用而不断扩大，并与其他领域相互交叉，逐渐形成一个与其他视觉媒介关联并相互协作的设计新领域。从发展的角度来看，视觉设计是科学、严谨的概念名称，蕴含着未来设计的趋向。

2.2　视觉营销的演变

视觉营销不是在某一个时期突然出现的，作为一种营销理念和营销方式，它的演变发展可以划分为以下四个阶段。

第一阶段，视觉营销的雏形。随着人类文明的发展，劳动生产率的提高，出现了人类第三次社会大分工，商业开始从农业、手工业中分离出来，产生了专门从事贸易的商人阶层，交换才得到了长足的发展。交换的不断发展和扩大，使商品生产出现并发展。特别是资本主义生产完成了从工场手工业向机器大工业过渡的产业革命，以机器取代人力，形成了大规模工厂化的生产。而大规模的生产需要大规模的交换与之相适应，从而又促进了商业的发展。在这个过程中，作为专门从事贸易的商人为了尽早将商品销售出去，就要向顾客介绍和展示商品，这种对商品的展示过程可以说是视觉营销的雏形。

第二阶段，视觉营销的成长。视觉营销随着大批量销售（大型商场、超市、专卖店、多品牌店等）的来临而出现，最先是在食品行业，为了满足提高自选式货架陈列的有效性这一需求，进而产生了技术性的视觉营销。接着服装行业对视觉营销产生浓厚兴趣，并将相关技术加以改造，使之适合了服装商品的特点。在这个过程中，服装商品销售形式的改变是促成视觉营销发展的重要因素之一。19世纪中后期，随着纺织工业的发展，服装不再以一对一的形式进行制作、销售，而是按照现代尺码分类，进行大批量的生产、成规格的销售，人们开始通过对服装店铺陈列、展示的服装进行选购。从此，商业性服饰视觉陈列技术——视觉营销开始出现，并不断得以完善。

第三阶段，视觉营销的成熟。伴随着社会经济以及零售业的不断发展，大型百货商店不断涌现，使得视觉营销得到进一步发展。特别是在整个欧洲范围内的大商场和百货商店，都强烈地意识到了视觉营销在市场营销战略中举足轻重的地位，他们越来越重视空间的设计和店铺的陈列。在空间的设计上，注重卖场布置设计中对天然材料、颜色、照明、装备道具的运用以及环境的改造等。在店铺的陈列方面，关注商品的分类和货架的饱和度。以主题进行商品分类，通常用于以体现线条为目的的服装专卖店。这样的分类实际上是更具组织性的视觉营销的体现，是更富于心力的"系列化"。货架饱和度是视觉营销战略中的一个商品指数标准，一个高的货架饱和度表明商品更重视数量，同时传递给消费者的信息是"我们提供尽可能多的选择"，这个战略并不把产品放在第一位；而一个低的货架饱和度表明产品的价值希望被最大化，整体空间饱和度呈现越来越低的发展态势，这样的选择特别适用于高档商品品牌。

第四阶段，视觉营销的完善。视觉识别与视觉传达理论的产生，促使视觉营销由"商品的终端卖场"领域扩展到产品设计、传播策划以及企业的整体识别管理等领域。使视觉营销从一种展示商品的手段提升成为视觉战略和视觉营销体系，并成为当前众多企业经营与管理的日常工作，从而得到了飞跃式的发展与完善。

现代视觉营销走过了一百多年的历史，发展到今天作为一种新的营销策略和营销方式，是企业营销战略必不可少的组成部分之一，其重要性是不容置疑的。随着视觉营销的深入发展，会越来越受到理论界和实业界对它的关注并进行更加深入、全面的研究。

21世纪初，中国的专家学者马大力明确地提出了"视觉营销"这一概念。他在《视觉营销》一书中首先提出："视觉营销是借助无声的语言，实现与顾客的沟通，以此向顾客传达产品信息、服务理念和品牌文化，达到促进商品销售、树立品牌形象的目的。"他从视觉传达的原理和VM的原则入手，系统、全面地介绍了服饰商品的陈列设计、展示设计、系统陈列设计、VMD设计等。这一观点在服饰行业有着非常大的影响，而且在代表着潮流设计的服饰行业终端卖场得到了集中的运用。

随后，在许多网站的策划中也引入"视觉营销""视觉策划"这一观点，并针对网站的特点，逐渐形成了网站视觉营销（Web Visual Marketing，WVM）。也就是利用色彩、图形、声音、文字、动画、视频等数字化内容造成的视觉冲击力吸引访问者的关注，加深访问者对网站的兴趣，并不断点击了解网站信息，增强访问者对企业的好感及信任度，从而促成交易的过程。

2.3 视觉营销的分类

现在的视觉营销功能与范围已经有了很大的拓展，主要是延伸到了电子商务领域。但两者所依附的媒介完全不同，根据视觉营销所依附的媒介可分为传统视觉营销和网络视觉营销，网络视觉营销也称网店视觉营销，传统视觉营销也就是在现实生活中消费者在实体店中所见商品的视觉摆设；网络视觉营销则是在虚拟的互联网购物平台所见商品的视觉摆设，它是现实生活中视觉营销的拓展，因此，它与现实中的视觉营销在很多方面的类似特征都可以进行分析和研究。

根据视觉营销的冲击程度可分为无冲击型、冲击型、强烈冲击型。其冲击程度取决于购物网络平台在视觉上给消费者带来的心理冲击，包括需求的产生和波动以及它们的幅度。

有学者也把视觉营销分为狭义的视觉营销与广义的视觉营销。在服装行业视觉营销还有特定的指向，有学者认为视觉营销应用在服装企业中时，广义的服装视觉营销是为达成营销的目标而存在的，是企业将展示技术和视觉呈现技术与产品的研发设计部门、采购部门和市场推广部门共同努力将商品提供给市场、加以展示售卖的方法。从这个定义分析，广义的服装视觉营销贯穿于服装企业的全部营销活动中，包括服装风格的定位、产品的款式、颜色设计、品牌推广环节的广告宣传设计、产品包装和产品展示、零售环节的店面、橱窗设计、卖场的空间设计和商品表现形态等。狭义的服装视觉营销指的是服装终端零售环节中准确并有魅力地提供商品及其信息的一种销售和展示的手法，是针对所有卖场视觉陈列因素的展示计划，包括店面、柜台、橱窗、货架等展示空间的设计，商品、道具、装饰品的摆放和陈列方法、卖场色彩、灯光、照明以及其他所有视觉传达元素的运用等。服装零售终端视觉营销的目的在于提高卖场货品的视觉表现力，提高消费者的进店率、试穿率和成交率。

也有人认为狭义的视觉营销只涉及现实生活中的实体店范围，而广义的视觉营销不仅包括现实的视觉营销，还包括虚拟网络下基于互联网购物平台的视觉营销。在当今网购市场环境下，视觉营销对网店产品销售的重要意义和作用已经成为网民的共识。可以说，视觉营销是迅速和消费者进行交流的最有效的方法之一。

笔者认为，实际上视觉营销的根本目标就是促进商品的销售，不管是广义的还是狭义的，不管是实体店范围的还是网店范围的，其目的、理念、原理是一致的，但两者的技术手段、实现方法、表现形式是不一样的，而且随着O2O的进一步深入发展，线上线下的进一步融合，视觉营销必定走向统一，将来必定需要大量的既懂得线上视觉营销策划与实施又懂得线下视觉营销策划与实施的复合型人才。

2.4 网店的视觉营销与类型

网店的视觉营销与传统的视觉营销的本质与目的是一致的，但形式、结构、实施方式、对象等是不一样的。网店的视觉营销也可以理解为计算机视觉效果的商品计划，网店的视觉营销以网页为空间表现基础，通过色彩、图形、声音、文字、动画、视频等数字化内容造成的视觉冲击，增强消费体验，激发消费者的购买欲望，以达到销售商品或服务的目的。网店视觉的冲击程度一般可分为：无冲击型、冲击型、强烈冲击型。

1. 无冲击型

无冲击型的网络购物平台给消费者的整体感觉是结构一般但功能齐备，虽然具备网站设计的一切要素，但无法吸引人的眼球。这类网站在结构上千篇一律，在颜色搭配上毫无生气，再加上没有创新型的设计元素，因此往往很难引起消费者的注意。这样的网站制作成本低廉，但顾客数量很少。此类网站的顾客需求是现实条件下自然形成的，与网络无关，因此是自然需求曲线。

2. 冲击型

冲击型的网络购物平台给消费者的整体感觉是新颖别致，并且能带给消费者小小的需求波动和购买欲望的加深。这种冲击型的产生因素来自很多方面。

（1）整体布局的设计新颖。整个网站就足以吸引人的眼球，消费者的典型行为是愿意在自己感兴趣的商品上点击并拖动滑轮了解进一步的信息。网站整体的新颖包括布局结构的新颖、设计元素的多样化、色彩搭配的和谐等。

（2）图片的精细化处理和信息的广度与深度。消费者在购买商品时往往对第一印象最注重，而图片往往是消费者最先接触的视觉信息。图片的精细化处理并不意味着将图片夸张化，而是深化像素的精度。信息的广度与深度则体现了网络商家自身对商品的了解程度以及对消费者的最大诚信与专业负责的服务态度。

（3）其他模块的添加。比如音乐播放器、Flash 模块、相关视频等，都能在一定程度上让消费者体会到商家的用心程度。

（4）商品自身因素的冲击，包括质量和价格等。质量和价格是消费者决定是否购买的最基本条件，但是在接下来的分析中，我们将会剔除这类因素，而只针对网络视觉冲击程度这一影响因素展开探讨。

3. 强烈冲击型

强烈冲击型的网络购物平台带给人强烈的购物欲望，是冲击型的加深版，而这类网站的制作成本也比较高，因此，只有少数商家或本身具有技术优势的商家会采用此类网站。由于各种因素，大部分的网站都属于冲击型。

2.5　网店视觉营销的功能

根据众学者在消费心理学研究方面的成果可见，消费者在网络购物环境中期望得到一种视觉享受。所以在网店页面设计时，视觉效果影响着消费者的潜意识与情绪。人的大脑分为显意识与潜意识，显意识是我们在日常的生活当中容易察觉到的。比如我们有明确目的的时候要做某件事，那么所有的一切主导全部为显意识，而潜意识是不易察觉到的。

心理学研究表明，人们在所获知的外界信息中，有 87% 是靠眼睛获得的，75%~90% 的人体活动由视觉主导。而网店视觉营销是将"视觉"这一心理现象对网店商品个别属性的反映，作为影响消费者行为的主要因素，结合不同的视觉呈现技术和商品展示技术，制定出不同于其他营销理念的营销组合策略。以此对目标顾客及潜在顾客形成强大的视觉冲击力，并对其产生心理层面的影响，从而带动商品的销售，达到营销目的。

视觉营销对消费者的影响有以下几个方面的体现：

（1）吸引消费者眼球。不论是实体店销售环境还是网络购物市场，企业竞争能力的重要体现是需要懂得如何去吸引消费者的眼球，而网店视觉营销是电商企业提升竞争力的重要措施。卖家要将自己的产品、品牌、文化理念完美地呈现在用户眼前就必须在页面设计时合理安排文字、色彩、图像、排版、功能模块、多媒体等，让其中某些亮点跳进消费者的视野，让消费者的眼睛为之一亮，从而对消费者造成直观的视觉冲击。特别是在一些首页海报展示中往往会展示一种生活理念与态度，这种生活理念会引发消费者进行与之相关的相似联想，当二者产生共鸣时，就会引发消费者跃跃欲购的冲动。可以说，视觉营销是迅速打开消费者心灵窗户与消费者进行交流的有效方法。

（2）激发消费兴趣。在网店的终端销售环节中，消费者往往会凭视觉获得的信息来做出喜欢或不喜欢的判断，最终决定是否购买。对消费者来说，色彩鲜明、款式独特、时尚新颖、具有整体性和容易理解的形象，往往会吸引消费者更多的注意力，进而对其产生兴趣。要想让消费者产生兴趣，视觉营销策略不仅要新、奇、特，而且还要清晰地传达网店所要表达的内涵，避免烦琐和怪异的设计，这样会让消费者百思不得其解，反而不会产生兴趣。

（3）激发购买欲望。一个缺少视觉营销的店铺会缺少生机与活力，再好的产品也会显得平淡无奇，而且消费者身在其中也会产生视觉疲劳，缺乏购买的冲动与激情。通过视觉营销可以将不同品类的产品搭配相关的图像、文字等一系列元素，创造一种生活情调与意境，展现给消费者，这样能够启发、引导消费者的联想与想象，使得网店页面设计理念得到更好的诠释。成功的视觉营销是消费者产生购买欲望的催化剂。

（4）引导时尚消费潮流。消费者需求的经常变动性决定了需求的可诱导性，只要产品能与消费者的情感产生共鸣，消费者很容易做出冲动购买决策，而这种情感是经营者可以引导与创造的。网店视觉营销很好地迎合了消费者的这种感性消费心理。它利用视觉刺激手段，通过对网店页面精心设计向消费者传播产品和品牌的形象。同时，这也向消费者展示了一种生活方式，传递产品在生活中的意义和价值，使顾客产生心理上的共鸣，从而引导时尚消费流向。

2.6　网店视觉营销的实施原则

视觉营销是利用文字、图像、色彩等造成视觉的冲击力来吸引潜在顾客的关注。因此要增加产品和店铺的吸引力，达到营销制胜的效果，视觉营销在电子商务营销服务中是必不可少的营销手段之一。

视觉营销的作用是为了多吸引顾客关注，从而提升网店的浏览量，并刺激消费者的购买欲望，使目标流量转变为有效流量。当然，卖家在考虑吸引消费者眼球的情况下不要忘记塑造自己的网店形象和品牌形象，这样就可以让你的有效流量转变为忠实流量。

网店视觉营销实施的基本原则如下：

（1）目的性原则。网店本身就是虚拟的商店，主要吸引消费者购买兴趣的也就那么几点，其中视觉上的冲击力是整个环节最重要的部分。所以第一步就需要合理地摆放图片，例如宝贝主图应选择简单明了的图片，而图片上最好不要出现"牛皮癣"现象。如果第一印象很好，促成消费者购买就比较简单了。然后要分析目标客户的需求，针对品牌的特色和产品的属性用最明确的图片展示出来，让消费者一眼就能看出产品的特性，从而产生购买的欲望。

（2）审美性原则。在设计店铺页面时我们始终要注重视觉感受，如果一个店铺页面自己看起来都不舒服，更不要想会吸引顾客下单购买了。然而网店不能只管做好一次的视觉设计就不再管页面了，那样即使你第一次的视觉设计效果比较好，使顾客产生了购买，但久而久之店铺页面也会给人造成一种审美疲劳，让人无心再次购买，一个店铺应该定期进行活动更换，让顾客每次进入网店都有好的心情，从而产生购买的良性循环。

（3）实用性原则。在视觉营销的实用性上我们应注意视觉应用的统一，不要将网店页面设计得五花八门。然后利用巧妙的文字或图片说明让顾客容易熟悉网店操作和了解产品。

2.7　视觉营销在网店建设中的应用

网店视觉营销的根本目的在于塑造网络店铺的良好形象和促进销售。当前互联网上店铺林立，网货非常丰富，顾客的选择余地很大，而且"货比三家"只需点几下鼠标即可，这些都容易造成顾客的注意力不会轻易集中在一件商品或一个网店上，这对卖家来讲是一个不小的挑战。那么，视觉营销在网店装修与商品展示中的运用，则旨在形成一个网店引力"磁场"，从而吸引潜在客户的关注，唤起其兴趣与购买欲，不但延长客户的网店停留时间，更能促进销售，并在客户心目中树立起良好的店铺形象。

那么视觉营销如何提高店铺的吸引力呢？网店不同于实体店铺，从目前的网络技术发展水平来看，客户对网上商品主要还是通过文字描述和图片展示来了解，而不能像在实体店铺里一样与商品进行"亲密接触"。因此，网店的引力主要通过色彩、图像、文字、布局在店铺"装修"和商品描述中的合理运用来打造。而店铺"装修"主要涉及色彩、店铺招牌、商品分类、促销设置等重要内容，商品描述主要是关于内容和布局的。

1. 视觉营销在店铺装修中的运用

色彩在网店视觉形象传递中起着关键作用。因为色彩是有语言的，能唤起人类的心灵感知。例如红色代表着热情奔放，粉色代表着温柔甜美，绿色代表着清新活力，所以在确定网店主题色调时，应该与商品特性相符合，或者与目标消费群体的特性相符合。如果网店主营18~30岁的女性时尚服饰，那么比较适合的主题色就应选偏粉色、红色的柔和浪漫色系；如果网店主营手机、MP4等数码类产品，那么蓝色、黑色或灰色系往往会给顾客理智、高贵、沉稳的感觉。

店铺招牌就是显示在网店最上面的横幅，它通常也会显示在每个商品页面的最上面，是传达店铺信息、展示店铺形象的最重要部分。如果招牌设置合理，既能"传情达意"，又让客户"赏心悦目"，就会给客户留下美好的第一印象，才有可能让客户继续停留在网店里浏览、选择商品；反之，可能会给客户不专业的感觉，从而会降低客户对店铺和商品的信任度，结果导致客户不敢轻易下单。因此，店铺招牌要真正发挥招揽顾客的作用，在设置时需要遵循"明了、美观、统一"的原则。明了就是要把主营商品用文字、图像明确地告知给顾客，而不是过于含蓄或故弄玄虚；美观主要指图片、色彩、文字的搭配要合理，要符合大众审美观；统一就是招牌要与整个网店的风格一致。

商品分类，顾名思义就是把网店里的商品按一定标准进行分类，就像超市里有食品区、日用品区、家电区一样，对网店来讲，合理的分类一方面便于顾客查找；另一方面有利于卖家促销。合理分类的主要原则是标准统一，例如，女性饰品店可按商品属性，如发夹、项链、戒指等来分类；化妆品店可按使用效果，如美白系列、祛痘系列、抗皱系列等来分类。此外，在分类排列时，可把新品、特价等较易引起顾客兴趣的重要信息放在相对的位置上，这样容易受到顾客的关注。

网店促销是指以免费、低价或包邮等形式出现的商品促销活动，对有效提升人气、推广商品、拉动销售有一定促进作用。但在现实中，卖家的商品促销活动没有有效投射给客户的现象却并不少见。究其原因，主要还是在于"卖点"不够凸显，没有吸引客户的眼球。因此，为了能让客户即时了解到网店的促销活动，我们可以运用强烈的对比色或突出的字体在网店首页最引人注目的区域把客户利益"呐喊"出来。

2. 视觉营销在商品描述中的运用

完整的商品描述通常包括：介绍商品的文字、商品图片、售后服务、交易条款、联系方式等内容。在网络上，商品描述是客户详细了解一件商品的最主要的方式，因为网店与实体店铺不同，在实体店里，客户若对某件商品感兴趣，可以用眼睛去看，用手去摸，用鼻子去闻；而网店里的商品具有虚拟性。因此，为了能全面地传达商品信息，商品描述在内容上应尽可能详细，在表现手段上除了常用的文字、图片，还可用声音、视频等。

此外，商品描述信息内容的合理布局也很重要，根据对大部分客户思维习惯的调研分析，较容易接受的布局方式是：先是用一段简短的文字来描述商品的品名、性能及相关属性等，然后是一张产品的整体图片，接着是细节图片，细节图片可以有多张，但展示的是必要的、不同的信息，其主要作用在于帮助客户从不同的局部来进一步了解产品。例如饰品类，可以从大小、尺寸、厚度、色泽、质地、细节做工、搭配效果等角度来展示；鞋类，可以从大小、尺寸、质地、细节做工、鞋跟高度、上脚效果等角度来展示；箱包类，可以从大小、尺寸、质地、细节做工、搭配效果、内衬展示、五金配件等角度来展示。

细节图忌讳相同角度照片的多张堆砌，因为这样既不能传达更丰富的信息，又容易影响网页运行速度。除了细节图片，售后服务、交易条款、联系方式、注意事项等信息也应详细描述，这有助于树立店铺的专业、诚信形象，从而增强客户的信任感。

网店视觉营销的出现是互联网技术发展的必然，它是一个建立在网络营销学和消费心理学基础上的新概念，它通过将色彩、图像、文字在网店设计中的合理运用来营造强烈的视觉冲击力，从而吸引客户的关注，唤起客户的兴趣和购买欲望，并最终达到营销制胜的效果。

2.8　网店视觉信息设计的内容

现在网络上有关网店装修的各种教程和相关资料已经相当多了，淘宝也为卖家开放了卖家服务装修市场，可以使卖家方便地学习到新的技术和技巧，也可以让卖家很方便地一键装修自己的店铺。可是，运用店铺模板会遇到很多人都购买了相同模板的情况，没有特色。而且有关网店的页面设计，比如设计灵感的实现、风格的确定、产品形象的树立、视觉营销的运用等方面的内容却比较少。

2.8.1　文字设计

　　文字显示要自然流畅。网店页面的每一部分都是在为销售产品而服务的，网店中海报的文字与广告牌上的文字一样，文字要在页面上突出，周围应该留有足够的空间展示产品的其他信息。文字部分不能出现拥挤不堪的现象，紫色、橙色和红色的文字会让人眼花缭乱，会让人感觉压抑，反而不利于用户浏览。

　　文字的字体使用统一规范。设计时用一种能够提高文字可读性的字体是最佳选择。一般都会采用Web通用的字体，因为这样最易阅读，也适合消费者的浏览习惯。而特殊字体则用于标题效果较好，但不适合正文。如果字体复杂，阅读起来就会很费力，也会让顾客的眼睛很快感到疲劳，不得不转移到其他页面。除了字体的选择重要之外，文字颜色的设置也很重要。因为在不同的显示环境下颜色会存在一定的色差，就算你在设计时发现从自己的电脑上看很舒服很好看，但并不代表用户在另外的浏览环境下也有相同的效果。所以在设置字体颜色的时候，要将不同的浏览器和不同的显示器对颜色的显示有不同的效果考虑进去。

　　文本是网页内容最主要的表现形式，它是网页中最基本和必不可少的元素，而网店的文字内容又是一个店铺页面的灵魂。一般来讲，网店页面中的文字内容主要有海报广告语、宝贝文字标题、分类导航类目文字标题等。

　　海报广告语是依据广告活动的内容来设定字体的样式及大小。一般分类导航类目的文字如果要用个别特殊的文字来体现网页的风格和美感，可以将文字做成图片格式，但一般不用太大的字。而宝贝的文字标题和分类导航类目使用的字体一般是宋体12磅或9磅，因为这种字体可以在任何操作系统和浏览器中正确显示。产品文字标题也就是我们常说的关键词，卖家在设置文字标题的时候要构建一个完整的关键词，也就是当下最为流行的关键词营销。对于关键词营销，卖家们都知道很重要，却往往没有抓住要领。其实，关键词关键在于如何设置，这是有径可循的。

　　第一，要确定核心关键词。每种产品的名称都是核心关键词，例如"蕾丝裙、连衣裙、迷你裙"的核心关键词就是"裙"，因此，确定核心关键词之后产品主题才不会偏移。如果找不到核心关键词，可以参考同类产品销量高、信誉好的加以借鉴。

　　第二，核心关键词在定义上要扩展。汉语词汇的丰富多变让一个词语能扩展出很多不同的相关词汇，例如"装"就可以扩展成"男装、女装、装饰品、装修、装饰画"。然后不同行业的专有名词又能继续扩展，例如"装饰品、春装新品"。还可以通过品牌名称来扩展，例如"2013欧时力夏装新品、现代简约装饰画"等。

　　第三，站在客户角度扩展关键词。换位思考是做营销策划时常用到的，这个道理现在也可以用在选择关键词上。根据客户、销售人员的反馈，然后站在客户的角度去确认关键词也是相当重要的。

　　第四，利用关键词工具。使用搜索引擎提供的工具不失为一种好办法，例如谷歌的关键词工具、百度的竞价排名提供的指数等。

　　第五，参考竞争者的关键词。优秀的竞争对手的网站有的时候是最好的关键词顾问。同行业里一般有效的关键词是相对固定的，可以参考竞争对手的网站的关键词制作列表进行分析，最终形成本企业特有的关键词。

第六，关键词里的长尾词。很多时候，长尾词往往是最有效的关键词。例如"刘德华演唱会门票"就不如"购买刘德华演唱会门票、刘德华演唱会门票价格"转化率高。而在实际工作中长尾词往往是被忽略的部分。

第七，运用词干技术。词干技术只适用于英文网站。所谓词干技术，是指对同一个词干所衍生的不同的词，搜索引擎都会认为是同一个意思。

2.8.2　图像设计

图像在网店中是非常重要的部分，其视觉冲击力相对文字要强很多。它能够在瞬间吸引顾客的注意，让他们知道你产品的基本信息。在多媒体的世界，它的作用比文字要大。在网店中，优秀的产品图像更是增加浏览量和促进购买的关键。应使图片在视觉信息传达上能辅助文字，帮助理解。因为图片能具体而直接地把信息内容高素质、高境界地表现出来，使本来平淡的事物变成强而有力的诉求性画面，体现出更强烈的创造性。图片在版面构成要素中，充当着形成独特画面风格和吸引视觉关注的重要角色，具有烘托视觉效果和引导阅读两大功能。

网店的图像主要有广告图、产品主图、实拍图等。如何打造和美化这些图片呢？

（1）广告图。一个网店的广告图是为网店的推广服务的，一般都包括产品海报、焦点图、促销海报、钻展、直通车图片。做好了这些图，你的推广费从此不再打水漂。首先要主题明确，不要出现多个主题现象；其次风格切忌挂羊头卖狗肉，简单地说就是表里如一；再次就是构图忌讳整齐划一、主次不分、中规中矩；最后就是细节了，细节决定成败，一切的效果都要在细节中实现。

（2）产品主图。一张好的产品主图能决定50%的购买欲望。主图可以放的内容包括品牌LOGO、产品价格（如2折、仅99元等）、促销词汇（如包邮送礼、仅限今日等）。从2012年10月1日开始在类目客服的支持下，主搜图是否有"牛皮癣"将作为搜索展现的重要权重，多个类目进行了整改，以恢复主搜图的美观形象。主图设计优美能给卖家带来一定的流量和转化率。

（3）实拍图。面对实拍图买家会有这样的要求：图片要是实物拍摄图；细节图要清楚展示；颜色不能失真，要有色彩说明；图片打开的速度不能太慢；图片清晰等。这些问题都是买家平时关注的。卖家在展示产品实拍图时要关注买家的需求。

2.8.3　色彩设计

Web上色彩丰富，怎么才能知道哪些颜色放在一起会好看呢？可以看看其他设计人员在印刷品和网上使用的颜色。倘若有一些颜色组合很引人注目，可以把这些例子保存下来。如果别人使用这些颜色组合的效果不错，你使用这些颜色时看上去也会很棒。任何一种颜色组合都已经使用无数次了，因此不必担心你剽窃别人的想法。记住：大多数设计人员并不是使用一种科学的方法来选择颜色，而只是进行试验，反复尝试，直到发现他们认为让人满意且有效的结果。颜色的千变万化，让人们的感觉也会受到影响，不同的颜色有它特定的意境。所以在设计网店页面时颜色因素也非常重要。不同的颜色对人的感觉有不同的影响，不同的产品和品牌也会有它适合的颜色。很多淘宝卖家在装修自己的店铺的时候，喜欢把一些很酷很炫的色块堆砌在一起，让整个页面色彩凌乱，实际上优秀的页面视觉一定要有自己的主色调，辅助一些搭配的颜色，这样整体效果才会更好。考虑到产品形象、品牌形象以及顾客在浏览页面的时候产生什么影响，所以一定要为网店选择合适的颜色。

好的色彩设计可以给顾客以强烈的视觉冲击力，能引发情感共鸣。一个成功的网店装修在色彩处理上必须做到以下几点：

第一，确定自己的品牌主色调，店铺页面要与店铺品牌和产品主题一致。主色调不是随意选择的，而是系统分析自己品牌受众人群的心理特征，找到这部分群体易于接受的色彩，确定色彩后如果在后期的运营过程中感觉到定位不正确，可以适当做些调整。

第二，主色调确定后，需要合理搭配辅色，使其能和谐统一并吸引顾客。店铺的主色调是网店主题的体现，是页面色彩的总趋势，其他配色不能超过该主色调的视觉面积。不同店铺所适用的主色调是有区别的，可以从品牌形象、产品特性和消费人群特征等方面来考虑。通常定义了主色调后，需要在"总体协调，局部对比，突出特点"的原则上确定辅色调。网店的辅色调是仅次于主色调的视觉面积的辅助色，用来烘托主色调，并加强主色调的感染力，使页面更加和谐生动。

2.8.4　版式设计

网店页面设计就像传统的报纸杂志一样，我们可以把网店的页面看作是一张报纸或一本杂志来进行页面排版布局。网店页面设计是否成功，不仅取决于文字、图像、色彩的搭配和选择，同时也决定于其版式的排布是否得当。如果网店页面中的文字和图像排列不当，会显得拥挤杂乱，不单单影响到字体和图像本身的美感，不利于顾客进行有效的浏览，更难以产生良好的视觉传达效果。为了构成生动的页面视觉效果，网店的版式布局要有一定的平衡性，可以从4个方面来看版式布局的平衡性，分别是留白、颜色、文字和节奏。

2.8.5　功能模块设计

淘宝店铺的功能模块主要是根据客户心理起到一个良好的交互作用，优化店铺的用户体验。目前可选择的功能模块有轮播页面、搭配套餐、成交地图、分类模块、产品推荐模块、促销模块等。除此之外，还有收藏、客服、微博、QQ等互动性的模块。

1. 功能性模块

（1）轮播模块有全屏海报轮播，有950px和750px的轮播。它不仅减少了海报的占屏率，而且增添了店铺的动态感，顾客点击所放海报就可以停止轮播，点击就可以直接链接到相关页面。

（2）搭配套餐模块是一个卖家精心搭配的关联销售产品的模块，往往其中还增添了打折让利成分，以提高顾客购买率。

（3）成交地图模块近期在许多店铺都应用起来了，买家可以在这款动态地图上看到当前有哪些人在哪里购买了产品。此模块与产品好评模块类似，通过其他人的购买刺激新顾客的消费，同时也提高了产品的信任度和店铺的趣味性。

（4）分类模块功能性很强，尤其在产品种类很多的时候，顾客会从哪几个方面查找产品需要卖家进行考察，然后再通过分类模块进行划分。

（5）促销模块一般植入首页、详情页中，在最合适与最不经意的时候向消费者推销产品。

模块的设计要做到让页面的加载速度更快，让版式设计更加合理。一般店铺活动和优惠信息都会放在比较重要的位置，通常卖家都会选择用海报、轮播图或活动导航类的图片位置来容纳这些信息。因为这样活动的图片和内容会让买家一目了然。

2. 互动性模块

（1）收藏模块。一般出现在首页头部店招、左侧或底部区域。这个模块的应用可以增加店铺的黏性，提高买家的二次浏览概率。

（2）客服模块。客服模块有固定的商家客服信息栏，如左侧客服栏、自由客服。特别是当店铺页面很长的时候，在模块之间自由加入客服模块，可以让顾客能够很快地找到客服咨询。有些店铺甚至会在详情页内通过超链接来实现直接介入客服咨询。

（3）微博、QQ等互动平台的外链接。在产品的模块中为了实现买家间的互动，可以加入例如微博、QQ、美丽说、蘑菇街等外链接分享宝贝。这样能够增加产品的曝光率，是顾客互动的销售利器。

2.8.6 导航设计

导航就像一组超链接，是用来浏览网页的工具。它可以是按钮或者是文字超链接。在每个页面上显示一组导航，顾客就可以很快又很容易地找到他想浏览的网页。导航是网页设计中的重要部分，也是整个Web站点设计中的一个独立部分。

现在有些卖家都有一个误区，以为导航就是分类。其实不然，导航是一个功能型按钮，在店铺页面中的作用是引导买家快速查看需要的产品。而分类是属于包含与被包含的关系，但是我们可以理解为分类是导航的一种。设计出自己的导航后，我们会根据目标用户群的搜索点击对导航进行优化，这绝不仅仅是只把分类重新整理一下就可以了，而应从产品导航入口入手，进行优化。

通常按位置可以将导航划分为以下三个区域：

（1）顶部导航：产品分类、搜索栏、自定义页面（如品牌故事、会员专区、购物须知等）。

（2）左侧栏导航：产品分类、在线客服、收藏店铺按钮、热销产品列表、商品推荐、其他超链接（如手机店铺、加入帮派等）。

（3）自由导航：随意地自由地编排导航，让导航更具个性，给人耳目一新的感觉。一般很多设计师会把自由导航设计成产品类目图片（文字）+超链接（可以指向某一分类或自定义页面），进行详情页跳转等。

尽管导航的位置和形式都不同，但目的都是给顾客提供更直接的购买路径。导航承载的信息内容有：基本营销信息（如新品、热卖、折扣等）；搭配套餐；主题营销；官方活动（如淘金币、聚划算、淘画报等）；产品分类（如功能、材质、季节、价格、人群归属等）；交互模块（如帮派、微博、手机店铺、店铺收藏等）；辅助信息（如品牌故事、帮助中心、信用评价、会员中心、客户承诺等）；客服支持（如客服旺旺、服务说明等）；搜索控件

（如搜索框、关键词推荐等）。

导航在店铺中承载着举足轻重的作用，顾客进入店铺能停留多久基本全靠它。当顾客进入店铺时如果找不到方向的话，是不会继续浏览网店的。其实网店导航并不复杂，就是通过让产品的层次结构可视化，告诉我们店铺里有什么。在设计导航时应该遵循"快为先"的原则，不要为了页面的美观，特意将导航复杂化，设计为"精美图片 + 文本 + 超链接"形式。从用户体验的角度来讲，大多数买家已经习惯了简单明了的导航，如果导航设计让买家花时间去思考下一步该点什么，那么这个导航就是失败的。所以导航的设计不要过于浮夸，应从用户体验出发，以最快速的方式让顾客找到自己想要的东西。

2.9　网店视觉信息设计的总体要求

1. 要遵守消费者使用周期

每个网店都需要面对一系列的共同的门槛，无论你的网店销售的是什么产品，消费者从尚未接触卖家的产品到深入使用，都需要经过一个普通的周期，跨越这些门槛。

使用周期是指买家从选择商品到使用商品时会经过的一系列阶段，各阶段之间的门槛是让买家进入下一阶段时要面对的主要挑战。通过发现买家所处的不同阶段，及其面对的不同门槛，可以有针对性地做出更好的设计决策。

消费者网购经历的使用周期的 5 个阶段如下。

（1）未发现。处于这个状态的消费者有很多，他们从未使用过你的产品，也没有关注过你的店铺。此时我们要做的事情是用一个令人信服的故事打动消费者，吸引他们的注意。

（2）感兴趣。这个阶段消费者已经通过不同的渠道（朋友介绍、广告、微博等）知道了你的店铺和产品，并对其产生兴趣。但是他们会想了解更多的信息，同时也存在疑问。只要弄明白了他们才会进行下一步操作。

（3）首次使用。这时的消费者首次尝试使用你的产品，他们会对产品的价值进行判断，如果判断正确他们会决定购买产品，并尝试使用。

（4）再次使用。这时消费者会有规律地花时间浏览你的店铺，进行再次购买。你也开始从中获利，这时你要做的是抓住老顾客，让他们成为忠实顾客。

（5）热衷使用。当消费者信任你的店铺和产品时，他们会热切地向他人分享关于你的产品和你的店铺的信息。

2. 要遵循消费者心理

在淘宝网上开店的商家有成千上万，也有很多卖的是相同的产品，开店时间一样很久，销量却有好有坏，有的店铺可以卖到成千上万元的销售额，也有些店铺连一件产品也销售不出去。

要实现对细节的重视，就必须关注在购物过程消费者心理变动的不同阶段对视觉表现进行调整。按消费心理学理论，顾客购物过程的心理变动可分为五个阶段，分别为引起注意、产生兴趣、购买欲望、记忆认同、决定购买。在这五个阶段的网店视觉设计上要把握心理波动的阶段性差异，充分调动各种视觉表现要素，使消费者被网店页面吸引，最终促使顾客产生实际的购买行动。

3. 页面要易读

进行网店设计时要考虑到正在浏览你的网店的消费者使用的电脑、显示器、网络连接，以及浏览器不同。因此作为一个通用的规则，网店页面中每个点都需要在主要的浏览器和两种电脑上清晰易读。要使网店页面易读需要关注以下细节：

（1）文本的字体设置不宜太小也不宜太大。文字也不宜太多，太多反而杂乱。很多卖家在设计自己的店铺页面时想充分利用页面，不让页面出现空白，让产品信息充分展示在消费者面前。其实烦琐的页面排版反而会使页面主次不分，容易让目标用户产生眼睛疲劳，对产品信息产生抵触情绪。

（2）所有图片都应该清晰易读。高对比度的颜色，以及字体与字样的选择对于图片的易读性是非常重要的。图文排版设计应运用单纯、统一的方式去安排丰富多彩的商品，突出商品的主要特征。

（3）文字的颜色和字体也很重要。不要让背景的颜色冲淡了文字的视觉效果，一般来说，淡色的背景上用深色的文字效果为佳。提高文字可读性的因素是所选择的字体，通用的字体让用户最易阅读，特殊字体用于标题效果较好，但是不适合正文。特殊字体如果在页面上大量使用，会使得阅读颇为费力。

（4）为方便顾客快速阅读商品信息，应根据商品的实物拍摄的效果合理设计产品图片的摆放。

（5）广告语以及商品文字标题要正确得当。不应出现错别字和语法混乱的现象，更要考虑到文字的鼓动性和吸引性。

（6）动画效果不宜太久或太长，那样会使目标客户无法快速阅读。

4. 页面要容易浏览

网店页面要让买家清楚的是，现在在哪、怎么可以找到想要的商品，以及之前去哪看到过同类商品。这就要求网店页面要做到"容易浏览"，这意味着目标顾客在任何时候访问店铺页面时都知道他们所处的位置。如果"迷路"了，他们也能通过导航、站内搜索、分类等类目找到自己想要去的页面。页面设计师通常会考虑到店铺的目标客户。如果你自己在浏览店铺时遇到了困难，你的目标用户很有可能也会在浏览你的网店时遇到同样的问题。由于人们习惯于从左到右、从上到下阅读，所以页面导航要明确、导向要清晰，让用户使用起来方便。

5. 页面要方便查找

网店提供的特有产品、服务以及信息，应该要让目标顾客进入店铺后很容易找到想要的产品。一般来说，目标客户不想在进入店铺后四处寻找，才能找到想了解的信息。如果他们不能直接找到自己想要的产品，点击很多次，可能会灰心，然后离开网店去别的店铺找。

6. 页面风格和布局要保持一致

网店的页面风格和布局应该保持一致。布局指在网店中导航、产品摆放、留白的位置。布局设计的一致性能够帮助顾客在浏览你的店铺时，使他感觉和你做生意很舒服。这种一致性就体现在文字、图片和样式的特殊效果，以及整体颜色在网店页面设计中有很多方面是重复的。也就是说，网店中的每个页面的主体文本、超链接，以及标题中使用的字体、样式、颜色等都应该是一样的。

7. 页面要能快速下载

我们都知道，页面下载速度是网页留住浏览者的关键因素。如果 10 秒内还不能打开一个网页，很多用户就会失去耐心。页面的快速下载可以保证顾客能以最快的速度进出网站。如今我们生活在一个高节奏的时代，没有人愿意花时间干等，互联网也不例外。即使互联网发展迅速，技术进步快，也赶不上消费者的要求。所以在设计网店页面时千万别试图挑战访问用户的耐性。如果顾客须等 30 多秒，才能完全下载网页进入网店的话，一般人很有可能会离开。一个网页如果需要很长时间下载，就必须在设计上主要通过图片处理技术减少图片文件大小，避免链接信息过多。保证网店页面简单而快速下载通常要遵循以下原则：

（1）尽量减少 Flash 动画的使用。仅在最重要且很需要的地方使用，即使要用，动画的数据也应尽可能减小。

（2）遵循简洁设计原则。因为网店是给顾客提供产品信息的，所以一切设计都是为了更好地展现产品。

（3）产品图应根据放置的适当区域的最佳尺寸，而不是用大图在 HTML 语言中来重新调整大小。

拓展阅读

回顾与发展——繁荣兴盛的中国商业美术（来源：《创意设计源》）

中国商业美术随着中国社会从传统向现代转型而迅速发展。宋元时代，城市繁荣、商业兴盛，留下了众多显现商业美术发展的文字和图像。明清时代，北京、南京、苏州、扬州、广州众多繁华城市，商业美术推动商品交易。明代画家创作的《皇都积胜图》《南都繁会图》，清代画家创作的《康熙南巡图》《盛世滋生图》（《姑苏繁华图》），描绘了北京、南京、苏州等城市的商业美术盛景。明清时代，中国对外贸易发展，在苏州、扬州、宁波、福州、泉州、广州等贸易口岸，商业美术得到极大重视。

20 世纪前期，上海是中国商业美术的中心，大量商业美术人才聚集。印刷出版事业发达，报纸刊物画报众多，构成传播媒体平台。上海的月份牌创作和印制最为繁盛，商业广告表现技法越来越成熟，柔丽细腻的擦笔水彩画逐步替代以往生硬的中西合璧式的画法，不少月份牌采用胶版印制，效果精美，样式繁多。月份牌画家承接商家的广告设计、商品包装、装潢设计和纺织品图案设计等业务，商业美术工作室和事务所纷纷开设。

1981 年，全国 25 家广告公司在北京成立中国第一家广告经营联合体——中国广告联合总公司。同年，中国对外贸易广告协会成立，各地相继成立广告协会。1983 年，中国的广告行业组织"中国广告协会"成立。在外商广告和海外广告公司进入中国大陆的同时，中国大陆的广告向中国香港和中国台湾以及世界其他地区和国家进军，取得了喜人的成绩。中国香港和中国台湾的商业美术成就为大陆同行吸收，大陆商业美术为中国香港和中国台湾的商业美术提供了广阔的天地。香港商业美术家靳埭强、刘小康等人的商业美术设计在内地引起了强烈的反响。通过广告行业协会、广告学术团体和高等院校的学术交流、业务研讨、专业教育和培训活动，中国内地的广告艺术设计人才不断涌现。

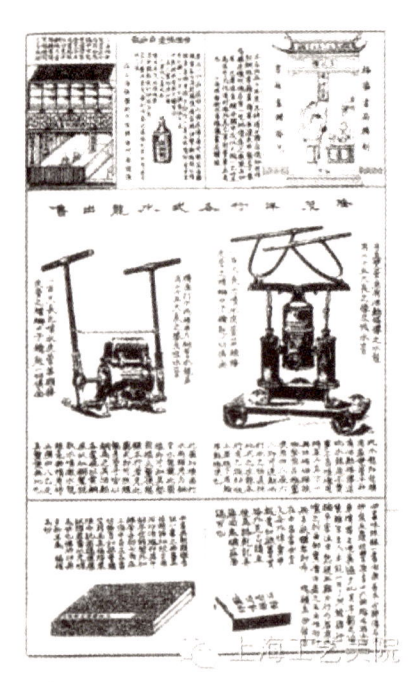

《点石斋画报》刊登的西洋物品广告

  当前，商业美术设计的内容主要包括商品包装和装潢设计、商标、广告、橱窗陈列以及有关宣传品的设计制作等。其中，广告是以艺术的形式介绍商品，使消费者了解商品的用途、特色和质量，从而达到推销商品的目的。广告的种类很多，有招贴广告、电影片头广告、电视广告、电动广告（如霓虹灯）、路牌广告、新闻广告、车厢广告、影剧广告、橱窗广告等。

学习单元三

视觉营销的心理学原理

视觉营销的心理学原理

3.1　视觉认知心理学相关知识

3.1.1　认知心理学

认知就是感觉输入的转换、减少、解释、储存、恢复和使用的过程。心理学是探讨生物和外界环境接触时产生相应"行为"的科学。而"行为"则包含两种意义：一是具象可观的反应，如说话、动作或可以量测之生理变化；二是抽象不可观的反应，如人内在的动机、情绪、思考、知觉等。现代心理学的研究内外兼具，涵盖了人类所有可观、不可观的心理活动历程与表现，因此，它是研究个体行为与心智历程，经过缜密观察与测量而建立的科学。

认知心理学是 20 世纪 50 年代中期在西方兴起的一种心理学思潮，70 年代开始成为西方心理学的一个主要研究方向。它研究人的高级心理过程，主要是认知过程，如注意、知觉、表象、记忆、思维和语言等。与行为主义心理学家相反，认知心理学家研究那些不能观察的内部机制和过程，如记忆的加工、存储、提取和记忆力的改变。

以信息加工观点研究认知过程是现代认知心理学的主流，可以说认知心理学相当于信息加工心理学。它将人看作一个信息加工的系统，认为认知就是信息加工，包括感觉输入的编码、储存和提取的全过程。按照这一观点，认知可以分解为一系列阶段，每个阶段是一个对输入的信息进行某些特定操作的单元，而反应则是这一系列阶段和操作的产物。信息加工系统的各个组成部分之间都以某种方式相互联系着。而随着认知心理学的发展，这种序列加工观越来越受到平行加工理论和认知神经心理学等相关理论的挑战。

认知心理学家关心的是作为人类行为基础的心理机制，其核心是输入和输出之间发生的内部心理过程。但是人们不能直接观察内部心理过程，只能通过观察输入和输出的东西来加以推测。所以，认知心理学家所用的方法就是从可观察到的现象来推测观察不到的心理过程。有人把这种方法称为会聚性证明法，即把不同性质的数据会聚到一起，而得出结论。而认知心理学研究通常需要实验、认知神经科学、认知神经心理学和计算机模拟等多方面的证据的共同支持，而这种多方位的研究也越来越受到青睐。认知心理学家们通过研究脑本身，以期来揭示认知活动的本质过程，而非仅仅推测其过程。

广义上的认知心理学包括以皮亚杰为代表的建构主义认知心理学、心理主义心理学和信息加工心理学；狭义上就是信息加工心理学（Information Processing Psychology），它用信息加工的观点等研究人的接受、储存和运用信息的认知过程，包括对知觉、注意、记忆、心象（即表象）、思维和语言的研究。它主要的研究方法有实验法、观察法和计算机模拟法。

认知心理学的主要代表人物有美国心理学家和计算机科学家纽厄尔（Alan Newell，1927）及美国科学家、人工智能开创者之一的西蒙（Herbert Alexander simon，1916）等。他们的主要理论观点有以下几种：

1. 把人脑看作类似于计算机的信息加工系统

他们认为人脑的信息加工系统是由感受器（Receptor）、反应器（Effector）、记忆（Memory）和处理器（或控制系统）（Processor）四部分组成。首先，环境向感觉系统即感受器输入信息，感受器对信息进行转换；转换后的信息在进入长时记忆之前，要经过控制系统进行符号重构、辨别和比较；记忆系统储存着可供提取的符号结构；最后，反应器对外界做出反应。

2. 强调人头脑中已有的知识和知识结构对人的行为和当前的认识活动有决定作用

认知理论认为，知觉是确定人们所接受到的刺激物的意义的过程，这个过程依赖于来自环境和知觉者自身的信息，也就是知识。完整的认知过程是定向—抽取特征—与记忆中的知识相比较等一系列循环过程。知识是通过图式来起作用的。所谓图示（Schema），就是一种心理结构，用于表示我们对于外部世界的已经内化了的知识单元。当图示接收到适合于它的外部信息时就会被激活。被激活的图示使人产生内部知觉期望，用来指导感觉器官有目的地搜索特殊形式的信息。

3. 强调认知过程的整体性

现代认知心理学认为，人的认知活动是认知要素相互联系、相互作用的统一整体，任何一种认知活动都是在与其相联系的其他认知活动配合下完成的。

另外，在人的认知过程中，前后关系很重要。它不仅包括人们接触到的语言材料的上下文关系，客观事物的上下、左右、先后等关系，还包括人脑中原有知识之间、原有知识和当前认知对象之间的关系。

4. 产生式系统

产生式系统（Production System）的概念来源于数学和计算机科学，1970年开始广泛应用于心理学。它说明了人们解决问题时的程序。在一个产生式系统中，一个事件产生一个活动系列，即条件—活动（C—A）。其中的条件是概括性的，同一个条件可以产生同一类的活动；其次，条件也会涉及某些内部目的和内部知识。可以说，产生式的条件不仅包括外部刺激，还包括记忆中储存的信息，反映出现代认知心理学的概括性和内在性。

3.1.2　格式塔心理学

格式塔心理学（Gestalt Psychology），又叫完形心理学，是西方现代心理学的主要学派之一，诞生于德国，后来在美国得到进一步发展。该学派既反对美国构造主义心理学的元素主义，也反对行为主义心理学的刺激——反应公式，主张研究直接经验（即意识）和行为，强调经验和行为的整体性，认为整体不等于并且大于部分之和，主张以整体的动力结构观来研究心理现象。

格式塔心理学对认知心理学的影响很明显。它以知觉和高级心理过程的研究著称，强调格式塔的组织、结构等原则，反对行为主义心理学把人看成是被动的刺激反应器。这些观点对认知心理学有重大影响，如认知心理学把知觉定义为对感觉信息的组织和解释，强调信息加工的主动性等。

格式塔心理学认为心理学研究的对象有两个：一个是直接经验，另一个是行为。

直接经验：格式塔心理学家认为心理学应该研究意识，但为了和构造主义心理学有所区别，于是就用"直接经验"来表述。所谓直接经验，就是主体当时感受到或体验到的一切，即主体在对现象的认识过程中所把握到的经验。这种经验是一个有意义的整体，它和外界的直接客观刺激并不完全一致。格式塔心理学认为，直接经验是一切科学研究的基本材料。

行为：格式塔心理学把行为分为显明行为和细微行为，前者指个体在自身行为环境中的活动，后者指有机体内部的活动。格式塔心理学研究的是显明行为。

格式塔心理学的研究方法有整体观察法与实验现象学方法。

整体观察法把直接经验作为自己的研究对象，这种直接经验是一种自然现象，只能通过观察来发现，因此格式塔心理学强调运用自然观察法。但由于直接经验中也包括一种类似于意识的东西，而对这一部分的研究必须依赖于主体的内省，但是内省不能用作分析，只能用来观察。不管是观察还是内省，格式塔心理学要求都必须从整体上去把握。

实验现象学方法以直接经验（有时也称现象经验）和显明行为作为研究对象，因此该流派在具体研究中除了使用整体观察法，还运用实验法。格式塔心理学所运用的实验法主要是实验现象学方法。

格式塔心理学的主要理论观点是：同型论、完形组织法则、学习理论、心理发展、人格理论等。

1. 同型论

同型论（或同机论）（Isomorphism）指一切经验现象中共同存在的"完形"特性，在物理、生理与心理现象之间具有对应的关系，所以三者是同型的。这是格式塔心理学家提出的一种关于心物和心身关系的理论。格式塔心理学家认为，心理现象是完整的格式塔，是完形，不能被人为地区分为元素；自然而然地经验到的现象都自成一个完形，完形是一个通体相关的有组织的结构，并且本身含有意义，可以不受以前经验的影响。格式塔心理学家认为，物理现象和生理现象也有完形的性质。正因为心理现象、物理现象和生理现象都具有同样的完形性质，因而它们是同型的。格式塔心理学家认为，不论是人的空间知觉还是时间知觉，都是和大脑皮层内的同样过程相对等的。这种解决心物关系和心身关系的理论就是同型论。

2. 完形组织法则

完形组织法则（Gestalt Laws of Organization）是格式塔学派提出的一系列有实验佐证的知觉组织法则，它阐明知觉主体是按什么样的形式把经验材料组织成有意义的整体。在格式塔心理学家看来，真实的自然知觉经验，正是组织的动力整体，感觉元素的拼合体则是人为的堆砌。因为整体不是部分的简单总和或相加，整体不是由部分决定的，而整体的各个部分则是由这个整体的内部结构和性质所决定的，所以完形组织法则意味着人们在知觉时总会按照一定的形式把经验材料组织成有意义的整体。

格式塔心理学家认为，主要有五种完形法则：图形—背景法则、接近法则、相似法则、闭合法则和连续法则。这些法则既适用于空间也适用于时间，既适用于知觉也适用于其他心理现象。其中许多法则不仅适用于人类，也适用于动物。在格式塔心理学家看来，完形趋向就是趋向于良好、完善，或完形是组织完形的一条总的法则，其他法则则是这一总的法则的不同表现形式。

3. 学习理论

学习理论是以组织完形法则为基础的学习论，是格式塔心理学的重要组成部分之一。它由顿悟学习、学习迁移和创造性思维构成。

（1）顿悟学习（Insightful Learning）是格式塔心理学家所描述的一种学习模式。所谓顿悟学习，就是通过重新组织知觉环境并突然领悟其中的关系而发生的学习。也就是说，学习和解决问题主要不是经验和尝试错误的作用，而在于顿悟。

（2）学习迁移（Learning Transfer）是指一种学习对另一种学习的影响，也就是将学得的经验有变化地运用于另一情境。对于产生学习迁移的原因，桑代克认为是两种学习材料中的共同成分作用于共同的神经通路的结果，而格式塔心理学家则认为是由于相似的功能所致，也就是由于对整个情境中各部分的关系或目的与手段之间的关系的领悟。例如，在笼中没有竹竿时，猩猩也能用铁丝和稻草代替竹竿取香蕉，这就是相似功能的迁移。

（3）创造性思维（Productive Thinking）是格式塔心理学颇有贡献的一个领域。韦特海默认为创造性思维就是打破旧的完形而形成新的完形。在他看来，对情境、目的和解决问题的途径等各方面相互关系的新的理解是创造性地解决问题的根本要素，而过去的经验也只有在一个有组织的知识整体中才能获得意义并得到有效的使用。因此，创造性思维都是遵循着旧的完形被打破，新的完形被构建的基本过程进行的。

4. 心理发展

心理发展是格式塔心理学家把完形理论应用到发展心理学研究中。行为主义用联结的观点解释学习，而格式塔心理学则用知觉场的改变来解释学习。他们认为，意义的改变就是心理的改变或发展，这是用刺激—反应的联结公式无法解释的。他们认为，行为是由相互作用的力组成的动力模式支配的。个人操作的场是内部和外部的力积极活动的心理物理场。这种操作的场既可以在物理场的基础上从局部或分子的观点进行研究，也可以在涵盖经验和行为各方面的整体或大分子水平上进行研究。格式塔心理学家认为，分子行为应由物理学家和生理学家来研究，而整体行为则适合心理学家来研究。

5. 人格理论

关于人格理论，格式塔心理学派把人格看作一个动态的整体，行为场有两极，即自我（人格）和环境。当一个人的目标（即动机和需要）一经达成，紧张就会消失。场内的力处于不平衡状态时就会产生紧张。这种紧张可以在自我和环境之间形成，从而加强极性（Polarity），破坏两极的平衡，造成个人自我与环境之间的差异，使自我处于更加清醒的知觉状态；它也可以在自我内部或在环境中形成，然后再导致不平衡。

在方法上，格式塔心理学主张研究直接的生活经验，主张把直接的生活经验材料与实验资料结合起来，如重视观察者对自己知觉内容的直接描述，并把这个方法称为现象学方法。这种观点既不同于冯特和铁钦纳只承认经过严格训练的被试的内省，也不同于行为主义只重视实验室实验的做法，却与认知心理学的基本观点相一致。

3.1.3 视觉心理学

视觉心理学是一个细化的分类，主要是指外界影像通过视觉器官引起的心理机理反应，是一个由外在向内在的过程，这一过程比较复杂，因为外界影像丰富，内心心理机能复杂，两者在相互联结并发生转化时建立起了千丝万缕的联系，因此不同的人不同的影像、相同的人相同的影像以及不同的人相同的影像和相同的人不同的影像产生的心理反应是不同的。比如，同样看到一朵花，人开心时觉其艳丽，伤心时觉其凄婉；同一处风景，初来之人欣赏其美丽，久住之人感觉其平淡等。当然，也有一些共同的反应，它基于外在影像特征和民俗文化特征以及地域因素等在不同程度上会对部分群体产生相同的心理感觉或反应，比如雨过天空出现彩虹，人们普遍觉得美丽；看到一条龙的图像，英国民众觉其邪恶而恐惧，中国民众将自己作为龙的传人而感到骄傲等。

综上视觉心理学的定义，任何形式与概念的关系都可以引起人们对事物的认识，当我们看到一个不熟悉的东西时，只要在适当的范围内，就能反映出形象与概念的关系，我们就能有认识这件事物的能力，简而言之，就是欺骗人类的视觉系统而呈现出实际并不存在的或是对存在事物歪曲后再呈现的视觉，其形成的原因有外在因素和内在因素。

1. 外在因素

首先，客体具有多义性，多义性是一个整体给人多重含义，大众在观察事物的时候，这种多义性会使观者产生幻觉。当一种知觉成立的时候，另一种知觉出于忽略的状态，或者两种知觉没有同时出现，因此给观者形成了幻觉。

其次，强烈的刺激作用停止后，仿佛会给人留下一种痕迹，这种痕迹被称作"视觉后像"，视觉后像分为两种：正像和负像。

正像是指视觉神经在受到某种外在刺激后感知到的运动规律，例如我们在看到不停闪烁的光照在白色的墙面上的时候，由于速度的不同照射在墙面上光的面积就不同，每种颜色的光线互相交错，我们就会感知到各种形状，其实每束光在射出来的时候都是均匀的射线，多重光线重复运动给我们的视网膜留下了"残像"。

负像是指视觉疲劳后会使人感受到相反的方向的视觉效果，例如我们紧盯着一条直线看，由于视觉疲劳我们就会感觉到这条直线变弯了。在平面设计中，我们常常运用这种"视觉后像"，在心理学上也运用这种手法，测试人的心理承受力，假如我们能正确合理地使用视觉后像，那么，将会出现异彩斑斓、丰富多彩的世界，利用其更能增添视觉效果的渲染力和表现力。

2. 内在因素

第一，生理因素。我们通常观察事物是通过眼睛直观感受的，观察事物一般分为两个阶段：一是光通过物体的反射进入人的眼睛，这一复合视觉印象进入大脑，然后在视网膜上"成像"；二是视神经将此物体的形象传入人脑后，人脑对此物像进行分析和判断。因此，在这一系列视觉产生图形的过程中，需要人脑和眼睛的参与，最终成像。从生理角度解释，视觉现象产生的原因是由人眼对事物的感受、视觉神经的作用引起的。

第二，心理因素。我们通常所看到的错觉大多是由于我们心理原因所导致的，例如，我们看事物的时候往往是眼睛在观察的同时大脑已经按照惯性的、固有的思维做出了判断，然而设计者正是利用这种心理因素，巧妙地设计，打破固有的观念，引导观者，从而产生视错觉，因此，很多现代设计中，不同形式多媒体不断加入加深了设计的展示美感，更好地传达艺术美，不断调节观者的审美意识，运用视觉经验满足视觉及心理需求，使人们轻松地接受其中传达的艺术，而不是机械冷静地去承受。

3.2　视觉原理

　　视觉是一种极为复杂和重要的感觉，视觉是光作用于视觉器官，使其感受细胞兴奋，其信息经视觉神经系统加工后便产生视觉（Vision）。通过视觉，人和动物感知外界物体的大小、明暗、颜色、动静，获得对机体生存具有重要意义的各种信息，至少有80%以上的外界信息经视觉获得，视觉是人和动物最重要的感觉。

　　视觉原理是研究视觉成像的基础，只有对视觉原理有充分的认知，才可能深入探讨诸如视幻觉等现象的成因，进而理解视觉心理学的作用。视觉心理学在网店视觉中主要研究的是审美过程中的视觉感受和心理活动的一般规律。

　　人的感觉有许多种，如触觉、味觉、嗅觉等，可通过触摸物体的形状、品尝味道、嗅其气味来感觉物体。视觉的形成需要有完整的视觉分析器，包括眼球和大脑皮层枕叶，以及两者之间的视路系统。由于光线的特性，人眼对光线的刺激可以产生相当复杂的反应。当人们看东西时，物体的影像经过瞳孔和晶状体，落在视网膜上，视网膜上的视神经细胞在受到光刺激后，将光信号转变成生物电信号，通过神经系统传至大脑，再根据人的经验、记忆、分析、判断、识别等极为复杂的过程而构成视觉，在大脑中形成物体的形状、颜色等概念。人的眼睛不仅可以区分物体的形状、明暗及颜色，而且在视觉分析器与运动分析器（眼肌活动等）的协调作用下，产生更多的视觉功能，同时各功能在时间上与空间上相互影响，互为补充，使视觉更精美、完善。因此，视觉为多功能名称，我们常说的视力仅为其内容之一，广义的视功能应由视觉感觉、量子吸收、特定的空间时间构图及心理神经一致性四个连续阶段组成。

　　视觉是人类所进行的一种创造性的活动，诗人诺瓦利斯曾经说过："眼睛是一个很肤浅的感官。"事实上，我们不能感觉到周围真实的世界，因为这个感觉过程依赖着我们的身体和大脑，所以视觉也不是大家所想的那样是百分之百的自然过程，它很大程度上依赖于我们所学到的一些帮助我们认识周围世界的技巧，但是有时候还是具有欺骗性。试着做一个实验：扫描一张你的照片，利用一个图片处理软件把图片水平翻转一下做出类似于镜子中的形象，把它打印出来，然后和原来的照片对比，你更喜欢哪张脸？这时你很可能会选择镜子中的形象，而你的朋友会选择正常的那张，这就是习惯问题，我们总是喜欢自己已经习惯的那个，其实是同一张脸的两个版本。

　　视觉是一种思维活动，就是在我们看到图像的时候本能产生的知觉反应，而不是通过理性判断所得出的结果，也不需要特别的加工过程，尤其是当我们认为我们能够控制自己的思想时，例如现在我们试着不要去想象鸵鸟，你做到了吗？可是还是有只鸵鸟跑进了你的脑海中；再比如地上平放了一块木板，你会认为很容易从上面走过，如果把这块木板架在二十层楼高的两幢楼之间，大部分人都认为这是不可能的，这就是意识在人类大脑中的奥妙之处，当你通过视觉捕捉到一定的运动规律的时候，便在心里产生一个意象，而意象则是沟通知觉与思维的中介。

3.3　人视觉心理的产生

人视觉心理的产生与人视觉心理的经验及视觉心理的选择性有关。

1. 视觉心理的经验认知

当光线照射到周围物体上之后，被反射或散发出来的光线经过人眼的晶状体，把这些事物的形象投射在视网膜上，最后由视网膜神经把这些信息传到大脑。那么，与这种生理活动相对应地便产生了人的心理经验。

在观看活动时一起发生的大脑活动，类似于一架照相机在照相时发生的活动。如果不通过假定和推测，而是在不带任何偏见的情况下，去观察和发现事物的真相，人们就会发现人的视觉并不像照相机那样仅仅是一种被动的接受活动，外部的形象也不是像照相机那样简单地印在忠实接受一切的感受器上。相反，我们总是在想获取某件事物时，才真正地去观看这件事物，这种类似无形的"手指"一样的视觉发现事物，捕捉它们、扫描它们的表面，寻找它们的边界，探究它们的质地和内涵。因此，视觉活动是一种积极的活动。视觉是有高度选择性的，它不仅对那些能够吸引它的事物进行选择，而且对看到的任何一种事物也可以进行选择，并由此产生不同的心理作用。

视觉是通过一种与刺激材料的性质相对应的一般形式结构来感知眼前的物体的。我们一眼就可以看出画面中的静物是怎么回事，也能轻易地分析出画面中的人是因为远才显得小，而不是真的小。简而言之，视觉心理的最初认知是建立在经验的基础上的，这些经验包括预测、多义选择、推理等知识。

每个人都因为有与他人不同的生活经历、所处的不同的历史文化环境而有不同的视觉经验，一个地区、一个民族的人也因为共同的生活方式而有共同的视觉经验。中国的京剧中利用不同的色彩明善恶、表忠奸，大家都能懂。但对外国人来说，舞台上的各色脸谱与他们视觉经验中的人物形象的巨大反差往往使他们产生强烈的视觉经验冲击。

视错觉并不完全是一种主观现象，它是由客观的物理刺激以及人们过去经验的印象而产生的。视错觉在日常生活环境中可以通过实物得到表现，但在几何图形中表现得最明显。

错觉图形多种多样，基本上可以根据它所引起的错误倾向性分为两类：一类是数量上的错觉，包括在大小、长短方面引起的错觉；另一类是关于方向的错觉。不论是何种错觉，都是由主要的图形结构成分引起的。

2. 视觉心理的选择性

视觉心理并不是对刺激物的被动复制，而是一种积极的理性活动。视觉感官总是有选择地使用自己，积极的选择是视觉的一种基本特征。视觉心理的选择性可使观看者的注意力有效地指向他最关注的东西，通常人都会自动选择那些他感觉有趣的事物来看，这取决于观者的兴趣、爱好和情绪需要。

另外，情绪也会影响我们的视觉选择，如果我们感到悲伤或是高兴，我们会看到不同的东西，或者同样的东西而以不同的方式和态度来看。我们的眼睛具有选择的灵活性，通过眼睛我们发现绘画形象的形状和空间关系，同时又要急切地辨认它们，来对应我们已有的图像经验，一旦识别出一个形象，头脑会暂时停止分析判断，固定住对形象的一种认识。

心理学家分析，人的眼睛在观察事物时总是被置于知觉定式的某种程度影响之下，实际上就是受到经验、需要、情绪、意愿的影响，习惯于把对象进行有效的整合，分出主次，理清层次，以便于大脑的处理。由此，心理学家总结出许多常规视觉原理。

3.4 视觉流程

视觉流程的形成是由人类的视觉特性所决定的。因为人眼晶体结构的生理构造，只能产生一个焦点，而不能同时把视线停留在两处或两处以上的地方，由于视线是受由强至弱的方向性诱导、形态动势的心理暗示、注意力价值的视域优选、构成要素主次影响的，使得视觉运动遵循着一定的方向和秩序而有规律地流动，这就是视觉的运动法则。

将视觉运动法则运用于设计，从选取最佳视域、捕捉注意力开始，到视觉流向的诱导、流程秩序的规划，再到最后印象的留存为止，是构成要素的空间定位，我们称之为设计的视觉流程。

视觉流程往往会体现出比较明显的方向感，它无形中形成一种脉络，似乎有一条线、一股气贯穿其中，使整个版面的运动趋势有一个主旋律。一个成功的视觉流程设计，应能引导观者的视线按照设计者的意图，以合理的顺序、快捷的途径、有效的感知方式，去获取最佳信息。心理学的研究表明，在同一个平面上（抑或一张纸上、一个计算机屏幕上），不同的位置给人心理上的感受是不同的，上半部让人感觉轻松和自在，下半部则让人觉得稳定和压抑。同样，左半部给人感觉轻快和自由，右半部让人沉重和紧促。所以，我们可以得出这样的结论：平面上方的视觉影响力强于下方，左侧强于右侧。因此，平面的上部和中上部被称为"最佳视域"，也就是最优选的地方。

在实际应用方面，网店实际上是由网站的各级页面（网页）组成的，所以，网店页面也是通过视觉元素的引人注目而实现信息内容的传递与传播的。为了使网店页面的视觉传达功能获得最大的发挥，使网店页面真正成为可读强性、信息传播准确、有效的媒介，网店页面的视觉设计必须认真分析消费者视觉流向的心理和生理的特点，再由此确定各种视觉构成元素之间的关系和秩序。所以说，我们在做网店页面视觉设计时应该研究各种视觉造型元素之间的关系，如距离、位置、面积等，以及视觉流程的问题。

在网页设计中，灵活而合理地运用视觉流程和最佳视域，组织好自然流畅的视觉导向，直接影响到传播者传达信息的准确与有效性。所以在网页的编辑设计中，视觉导向是一个要点，网页的设计是一种创造。这种创造，首先要立足信息的传达，但又要符合人们较为普遍的思维习惯，做到视觉流程自然、合理、畅快。成功的视觉流程安排，能使网页上的各种信息要素在一定空间内合理分布，能使页面上各信息要素的位置、间隙、大小保持一定的节奏感和美感。同理，在网页设计中一些突出的信息，如主标题、每天更新的内容等通常都放在"最佳视域"。当然视觉流程是一种感觉而非确切的数学公式，只要符合人们认识过程的心理顺序和思维发展的逻辑顺序，就可以更为灵活地运用。

3.5 视觉营销对消费者购买决策的影响

消费者购买决策，指消费者谨慎地评价某一产品、品牌或者服务的属性，并进行理性的选择，即用最小的成本购买能满足某一特定需要的产品的过程。它是消费者作为决策主体在购买过程中进行的评价、选择、判断、决定等一系列活动，具有理想化、功能化的双重内涵。

消费者购买决策包括理性购买决策和感性购买决策两层含义。理性购买决策是指消费者针对商品的功能性和实用价值等进行选择的消费形态；而感性购买决策是指消费者为了在消费中获得更多的心理和精神上的满足，注重商品和企业品牌所带来的象征意义和心理功效，能表现其自身的社会及经济地位和生活情趣、个人品位等个性化特征的一种消费形态。在实际生活中，理性购买决策的产品多表现为生活用品，对此类商品消费者是在需要的情况下进行购买，购买原因多与消费者对该产品的熟悉度及该产品的市场宣传和推广度关系较大。感性购买决策较多表现在对较大件物品的购买上，如服装、电器、家具和汽车等，在对这些物品进行选择的过程中，消费者很容易受到商品和商家品牌、服务、环境等外在因素的影响。

消费者购买动机的产生来自自身需求，所以消费者的购买决策是带有一定目的性的。消费者是基于自身的某种需要或在外界环境的刺激下，产生了消费需求并形成了购买动机，因为影响消费者购买决策的因素具有复杂性，所以消费者的购买决策便呈现出复杂性特点。消费者的购买决策受到多种因素的影响和制约，具体包括消费者个人因素及社会环境因素的影响。个人因素主要指性格、爱好、消费习惯和收入水平等主体相关因素；社会环境因素则指消费者所处社会文化环境、经济环境和营销环境等各种刺激因素。这些因素之间关系错综复杂并相互作用，对消费者的购买决策内容、方式及结果都带来了不确定的影响。由于影响消费者购买决策的各种因素是随着时间、地点、环境的变化而不断在发生变化，因此，使得同一个消费者的消费决策方式因所处情景不同而具有明显的情景性。由于不同消费者在收入水平、购买习惯、消费心理等方面存在着差异性，因此，不同的消费者对于不同商品或同一种商品的购买决策都可能存在差异性。

众所周知，视觉在人类所有感觉中占主导地位，人类对外部信息的感受有83%通过视觉来传达，视觉给人的知觉、注意与兴趣等心理现象提供了最广泛、最重要的素材。营销学著名的AIDA模式——引起顾客注意（Attention），唤起顾客兴趣（Interest），激起顾客购买欲望（Desire），促成顾客采取购买行为（Action），就是一种建立在人类心理现象基础上的推销模式。其第一个步骤——引起顾客注意主要建立在对顾客视觉冲击的基础上，通过视觉冲击，以引起顾客的关注，继而促使顾客对推销的商品抱有积极肯定的态度，激发顾客对商品产生强烈的拥有愿望，即产生较为明确的购买动机，最后运用一定的成交技巧来促使顾客进行实际购买。可见，视觉是一种影响消费者行为的先决因素。

拓展阅读

巧用3个视觉心理，让观众一眼看出你在拍什么（来源：巨人摄影）

我们经常认为科学与艺术处于相反的境地，艺术与创造力有关，而科学与逻辑有关。但两者之间的联系，实际上是密不可分的，因为艺术在很大程度上参与了对我们周围世界的理解和认知。

当我们在观赏一件艺术品时，我们大脑的不同部位会观察和分析其内在含义。在视觉心理学的角度上，照片的某些方面也同样会触发不同的响应。您是否想过我们如何看待事物？您是否对在充满强烈感官刺激的环境中，如何吸收视觉效果，以及如何解释看到的事物感到好奇？

一、对于视觉心理的理解

我们通过感觉器官从环境中接收信息，并传输到大脑。而大脑是一个极度复杂的器官，它控制着我们的思考方式，我们做什么，感觉什么，决定什么等。左脑更具学术性和逻辑性，而右脑更具想象力和艺术性。

摄影的有趣之处在于，它要求大脑两边的有效协同，因为技术与艺术创造力在我们的拍摄思维中都起着决定性作用。技术可能会更关注图像创建的准确性，而艺术创造力会更多地依赖于直觉（视觉心理）。

大多数摄影师通常更加擅长利用左脑来控制相机和图像处理等相关的技术方面，但是却往往缺乏借鉴右脑擅长的视觉思维。为了制作出优质的图像，摄影师将需要激发右脑来欣赏视觉和解释构图，来学习有助于实现其艺术构想的行业工具，该工具我们可以理解为"视觉心理"。

二、摄影中的格式塔视觉心理

人类的大脑在某种程度上是懒惰的，因为它将简化视觉刺激以找到阻力最小的路径。当您理解了这一点并将其纳入您的作品中时，您便可以控制他人如何看待您的作品。

形状、图案、纹理和线条都是图像的关键组成部分，它们几乎存在于每个主题中。抽象地讲，上述每一项都可以成为照片的主要特征，对场景的感知起着主导作用。摄影是向观看者呈现图像的一种行为，所以我们在拍摄时可以使用格式塔原理，将正确的影响带入观看者的脑海。这样，我们可以更好地传达照片的想法，使其易于"消化"。

1. 格式塔延续性定律

任何形状的边缘都可以延伸，并与其他形状或其他平面的边缘汇合。当我们感知到图像某些元素的轮廓朝着隐含的方向前进时，我们倾向于延续该轮廓，当对象相交时连续会更加显而易见，并将其判定为一个整体。这种连续性不仅可以帮助我们识别和理解主题，也可以更好地创建层次和结构。

连续性法则在作品中引入了视觉焦点的统一性。注意这些线是如何绕动并链接多个元素的，如何通过隐含的延续让您的观众来填补内容，如何让观众成为您照片视觉故事的积极参与者，从而提升了作品的关注度。

2. 共同命运定律

共同命运定律中，朝着同一方向移动的视觉元素将被视为同一群体的一部分。因此，当我们看到一个场景，其中有一组元素一起移动时，我们的大脑会将其视为一组，而其他保持静止或以不同方式移动的元素将被视为不在该组。

通过理解该定律，我们可以创建由不同元素组成的组，或者也可以从该组中丢弃某些元素。

3. 格式塔相似性定律

格式塔相似性定律探索大脑识别匹配特征的方式，并迅速尝试识别其图像含义。大脑习惯于创建视觉模式以了解我们周围的世界，因此使用此概念，可以在照片中创建统一感或和谐感。当形式或颜色以及大小和对象等元素看起来足够相似，以至于无法在观看者的脑海中对细节进行详细的感知时，就会发生相似性。

当观看者看到这些共享特征时，也会认为这些元素是相关的。请注意，您可以使用各种方式（包括颜色、大小、形状、纹理或其他属性）来触发相似性定律。我们可以使用该定律来突出或隐藏某些场景元素。

4. 格式塔接近性定律

当我们看到主体之间的距离很近的时候，会认为它们是相关的。我们的大脑会试图通过建立主体之间的关系来消除混乱。即使它们大小和形状不相等，也会自然地联想并形成群体，这就是格式塔接近性定律。

构图中通过合理的分组，可以创造出令人愉悦的节奏和结合感，使画面更具视觉吸引力。当然我们也可以将此作为视觉纽带，让一个场景中的多个主体之间产生联系。

格式塔心理的所有定律，都是形式化人类对视觉的感知，它有助于理解我们如何组织场景元素或调整构图。通过右脑的视觉思维帮助我们创建更好的故事，并更好地传达任何视觉语言。

三、摄影中的视觉平衡心理

也许是因为我们人类是双边对称的，所以天生渴望寻求平衡，在摄影作品中亦是如此。摄影中组合元素相反作用力的调和，从而产生视觉稳定性，我们称之为视觉平衡。

视觉平衡作品看起来稳定，使观看者感到舒适，并令眼睛愉悦。不平衡的作品看起来不稳定，会产生张力，并使观看者产生紧张和忧虑的感觉。有时摄影师也会故意创作出不平衡的作品，来实现我们所需的特殊画面情绪。

1. 对称平衡与非对称平衡

在摄影中我们所能涉及的视觉平衡分为两种类型，分别是对称平衡和非对称平衡。对称的平衡可以通过在场景中心水平或垂直绘制一条假想线，并使每一半相同或视觉上相似来建立。这种平衡会产生秩序感、稳定感、合理性和形式感，通常用于建筑摄影中。

非对称平衡可抵消在三维结构中具有相同视觉权重或相等物理和视觉权重的不同元素。不对称的平衡更多地基于艺术的直觉，而不是公式化的过程。简而言之，在非对称平衡中场景两侧并不相同，但是看起来具有相同的视觉权重。在创作时要记住，某些元素和特征比其他元素具有更大的视觉权重。

2. 色彩主导的非对称平衡

颜色具有影响其视觉权重的三个主要特征，即色调、饱和度和色相。色调：深色在视觉上的重量比亮色更重。黑色是视觉上最暗的颜色和最重的重量，而白色是视觉上最浅的颜色和最轻的重量。但是形状的大小也很重要。例如，较小且较暗的形状可以与较大且较亮的形状平衡。饱和度：较饱和的颜色在视觉上比较中性的颜色更重。色相：暖色（黄色、橙色和红色）比冷色（蓝色、绿色和紫色）具有更大的视觉分量。

3. 数量主导的非对称平衡

元素的占比非常重要，较大的占比的元素在视觉上比较小的元素有更大的权重，但是一组较小的元素在视觉上可以平衡较大占比的视觉权重。

4. 质地主导的非对称平衡

具有纹理的场景元素比没有纹理的具有更大的视觉权重。在拍摄时，平衡是需要注意的重要原则，但是不要仅仅坚持纯粹的静态对称性，尝试非对称这种心理上隐含的平衡，让即使偏离的主题也可以实现视觉上的稳定。

四、摄影中的视觉行为心理

很多摄影师都喜欢尽可能地填充构图，让观众的注意力更加容易集中在主题上。但是，照片不仅仅是拍摄的物体，还包括环境和空间，并且摄影中空间的运用可以极大地改变图像的氛围和叙事。尝试思考一下我们是如何浏览图像的，我们浏览图像的方式与阅读文本的方式完全相同：从左至右。

观众查看图像的视觉行为方式对摄影师而言非常重要，因为知道眼睛介入的位置会影响整个图像的构成，场景的主要焦点放在何处，以及使用哪些元素来引导观众围绕构图。对于从左至右的观看行为来说，将被摄对象放置在构图的右侧，而左侧则为负空间效果会更好。这样一来，眼睛就可以穿过负空间并停在被摄对象上，而不会移出构图。

但这也不是一成不变的规则，假设我们要拍摄人像题材，则需要在被摄对象前方创建一个负片空间，使其展开叙事。如果人物的面部后方空间大于前方，且面部贴近构图边缘，将产生一种压抑的幽闭感。

当拍摄包含运动的主题时，我们需要根据拍摄对象的运动方式，调整主体在构图中的位置，促使观众自然地理解场景的叙事。假设，运动的被摄对象位于构图的左侧，并且朝向右侧，这样可以给观众一种运动主体进入场景的心理暗示，并让被视觉焦点进入场景。当然反之亦然，我们也可以让主体位于构图的右侧，并且朝向右侧，给观众一种运动主体离开场景的心理暗示，并让视觉焦点移出场景。

五、结语

视觉心理学是一门极为广阔的学科，本文仅简要地谈到了与摄影有关的一些较常见的原理。如果您觉得这很有趣，不妨在按下快门前，将这些原则纳入拍摄思考，以不同的方式观察周围的世界。

学习单元四
网店视觉的构成要素

网店视觉的构成要素

4.1 计算机视觉领域的构成要素

不管是 PC 端还是移动端，目前的网店都是基于网站、网页来表现与展示商品信息与属性的，而且是以虚拟的数字化的方式来表现的。因为网络虚拟市场上的商品属性的描述无法运用商品实物，需要借助于信息技术手段对商品实物进行数字化描述，从数字化的角度展现商品的属性。常用的商品描述的基本元素有文字、图像、图形、数字化音频、数字化视频、数字动画、人机交互等。

1. 文字

在网店的视觉设计中，文字是描述数字化商品展示的基本元素，文字是传达商品特征、功能、意义、用途等的一种最为原始并且最为重要的表达方式。在网络商品的宣传中，文字主要起到说明解释的作用，例如商品的属性描述、商品的广告促销词，它们是商品展示宣传的核心，其语言简练，内涵相当丰富，容易识记，往往仅需只言片语就能给人留下深刻的印象，这完全得益于文字的语言形式和意韵深远的内涵。

运用文字描述商品的特征有独特的优势。通常在一个网页上，应用最多且内容最广的就是文字，文字是在以数字形式传递的网络中体积最小的媒体形式，打开以文字为主的网页，浏览速度相对快捷，因此，文字可以以最大的信息含量来描述产品的相关功能和特性。但是，文字描述也有明显的缺陷：一方面，很多商品的属性和特征不是用文字就能描述清楚的，必须借助图片等形式；另一方面，通篇的文字内容描述，对商品的描述不够直接，且顾客需要用大量的时间来进行阅读，容易产生疲劳情绪。所以，在网络商品展示宣传中，文字的凝练，以及文案的篇幅是需要认真控制的，做到精练有效。

2. 图像

图像也称位图或点阵图，是指将一幅图像的全部像素信息（每个像素的颜色、亮度和位置）转换成相应的数据文件。位图一般是由输入设备捕捉的实际场景的画面，是对视觉信号的直接量化的媒体形式，反映了信号的原始形式，因此属于获取文件。

位图是一个由若干个点组成的矩阵，矩阵中的任一元素（像素）对应图像中的一个点。相应的值表示该点的灰度或颜色等级。每个像素可以具有不同的颜色和亮度。位图适合表示一张照片或是较细致、复杂的绘画。通常在内存中划出一部分空间作为显示存储器（也称为帧存储器），其中存放了与屏幕画面上的每一个像素一一对应的一个个矩阵，矩阵中的像素值反映了对应像素的某些特性。一位位图时的每个像素可以表示两种颜色（黑、白），而24位位图时的每个像素则可表示1 600多万种颜色。

在计算机中是以文件的方式存储和记录的。不同的编码方式及记录方式形成了不同的图像文件格式。

（1）BMP：以.bmp为后缀，是Windows系统中使用的与硬件设备无关的基本位图格式文件。该文件采用位映射存储格式，即将数字图像中的各个像素点对应存储。一般不采用压缩，因此占用存储空间很大。BMP文件格式由3部分组成：文件头、色彩映射和图像数据。文件头主要说明文件类型、实际长度、图像数据起始位置、图像深度、尺寸、分辨率、调色板的颜色数等；色彩映射对应非真彩色的图像；在多媒体制作中，通常用图像数据保持最真实的图像效果，编辑和处理完后再转换到其他文件格式。

（2）TIF：以.tif为后缀，是由Aldus和Microsoft公司为扫描仪和桌面出版系统开发的一种通用图像文件格式，也是电子出版CD-ROM中的一种图像文件格式。其定义了4类不同的格式：TIF-B适用于二值图像；TIF-G适用于灰度图像；TIF-P适用于缩影图像；TIF-R适用于真彩图像。TIF文件允许在同一个文件中存储多幅图像。该文件又分为压缩和非压缩两类，其中非压缩的格式文件兼容性好，可独立于各种软、硬件；而压缩存储时又有很大的选择余地，因此许多图像处理软件都支持该文件格式。

（3）GIF文件：以.gif为后缀，是由CompuServe公司开发的文件格式。该文件的数据采用了LZW（可变长度无损压缩）技术进行压缩。GIF文件最多支持256种彩色，占用空间小，在网页应用中可缩短下载浏览时间。GIF文件同TIF文件一样可存储多副图像，并可交错显示（下载最初以低分辨率显示，以后逐渐达到高分辨率）。同时，GIF文件可设置和存储透明色（去背处理），并支持简单动画效果。因此，该文件比较适合存储图示、按钮、标题图片以及颜色较少、构图简单的图片。

（4）JPEG：以.jpe或.jpg为后缀，是采用JPEG联合图片专家组标准的一种应用范围广泛的图像文件格式。该文件一般采用有损压缩编码技术，使用最多的是一种基于DCA（离散余弦变换）的有损压缩算法。JPEG文件支持24位真彩色，不支持透明色系及动画。由于该文件采用先进的图像压缩技术，因此具有较高的保真度和压缩比，但解压缩的时间会比GIF文件稍长。用户可根据需要选择压缩比。当压缩比为16∶1时获得的图像效果与原图像难以区分；当压缩比达到50∶1甚至更高，仍可以保持很好的效果。因此，该文件较适合存储照片以及在网上嵌入。

（5）PCD：以.pcd为后缀，是由Kodak公司开发的一种电子照片文件存储格式，即Photo-CD的专用存储格式。一般都存放在CD-ROM上。该文件中含有从专业摄影照片到普通显示用的多种分辨率的图像，存储量大。

（6）PNG：以.png为后缀，是一种可携带式网络图片的文件存储格式。该文件支持48位真彩色和透明阶层效果，同时采用了比GIF更有效率的无损压缩技术，保留了图像中每个像素，但不支持动画，且比特空间较JPEG和GIF要大。由于该文件集中了GIF和JPEG等文件格式的优点，因此逐渐成为多媒体制作中一种重要的图像文件格式。

3. 图形

矢量图也称为图形，是指由数学方法描述的、只记录生成图形的算法和图形特征的数文件。其格式是一组描述点、线、面等几何图形的大小、形状及其位置、维数的指令集合。如 Line（x1，y1，x2，y2，color）、Circle（x，y，r，color）就是画线、画圆的指令。通过读取这些指令并将其转换为屏幕上所显示的形状和颜色而生成图形的软件通常称为绘图程序。在计算机还原输出时，相邻的特征点之间用特定的诸多段小直线连接就形成曲线。若曲线是一条封闭的图形，也可用着色算法进行颜色填充。显然，矢量图文件属于生成文件。

矢量图文件的存储格式大都不固定，而视各软件特点由开发者自定。如动画软件 Flash 有自己的文件格式 *.fla 和 *.SWF，前者为内部文件，后者是可在独立窗口中播放的文件；三维动画软件 3ds max 有自己的文件格式 *.max；三维造型软件有自己的文件格式 *.dwg 和 *.dwf（旧）；而虚拟现实建模语言建立的可在 Web 浏览器中显示的文件格式为 .wrl 和 *.wrz 等。

矢量图的最大特点在于可以控制处理图中的各个部分，如在屏幕上的移动、旋转、缩放、扭曲而不会失真。此外，不同的物体还可以在屏幕上重叠并保持各自的特征，必要时还可以分离。由于矢量图只保存了算法和特征，其占用的存储空间小，但屏幕显示时由于需要重新计算，则显示速度取决于算法的复杂程度。此外，矢量图在打印输出及放大时的图形质量也较高。

因此，矢量图主要用于表现线框型的图画、工程制图以及美术字等方面，适合完成图形的生成、二维和三维的几何造型以及图形的操作和处理。

矢量图和位图的主要区别如下：

（1）存储容量：由于矢量图只保存了算法和特征，故数据量少，存储空间也较小；而位图由大量像素点信息组成，容量取决于颜色种类、亮度变化以及图像的尺寸等，故数据量大，存储空间也较大。

（2）处理方式：矢量图一般是通过画图的方法得到的，其信息处理侧重于绘制和创建；而位图一般是通过数码相机实拍或对照片扫描得到，信息处理侧重于获取和复制。

（3）显示速度：矢量图显示时需要重新运算和变换，故速度较慢；而位图显示时只是将图像对应的像素点影射到屏幕上，故显示速度较快。

（4）图形控制：矢量图的放大只是改变计算的数据，因而可任意放大而不会失真，故显示及打印时质量较好；而位图的尺寸取决于像素的个数，若放大时需采用插值的方法进行，分辨率因此会下降，故显示及打印时质量较差。

随着现代信息技术的发展，位图和矢量图之间的界限也越来越小。位图和矢量图之间相互联系，相互转换。例如，文字或图形在扫描到计算机时从图像的角度看是位图，而经过计算机自动识别出文字或自动跟踪出线条时，位图就可形成矢量图；在计算机三维造型时又都采用了图像信息的描述方法。在实际应用中，掌握并采用恰当的图像、图形方式，注重两者之间的联系，是人们目前在应用静态图像时应考虑的重点。

4. 数字化音频

数字化音频是一种利用数字化手段对声音进行录制、存放、编辑、压缩或播放的技术，它是随着数字信号处理技术、计算机技术、多媒体技术的发展而形成的一种全新的声音处理手段。计算机数据的存储是以 0、1 的形式进行的，那么数字音频就是首先将音频文件转化，接着再将这些电频信号转化成二进制数据保存，播放的时候就把这些数据转换为模拟的电频信号再送到喇叭播出，数字声音和一般磁带、广播、电视中的声音就存储播放方式而言有着本质区别。相比而言，它具有存储方便、存储成本低廉、存储和传输的过程中没有声音的失真、编辑和处理非常方便等特点。

采样率：简单地说就是通过波形采样的方法记录 1 秒钟长度的声音，需要多少个数据。44 kHz 采样率的声音就是要花费 44 000 个数据来描述 1 秒钟的声音波形。原则上采样率越高，声音的质量越好。

压缩率：通常指音乐文件压缩前和压缩后大小的比值，用来简单描述数字声音的压缩效率。

比特率：是另一种数字音乐压缩效率的参考性指标，表示记录音频数据每秒钟所需要的平均比特值（比特是电脑中最小的数据单位，指一个 0 或者 1 的数），通常我们使用 Kbps（通俗地讲就是每秒钟 1 024 比特）作为单位。CD 中的数字音乐比特率为 1 411.2 Kbps（也就是记录 1 秒钟的 CD 音乐，需要 1 411.2×1 024 比特的数据），近乎 CD 音质的 MP3 数字音乐需要的比特率是 112～128 Kbps。

量化级：简单地说就是描述声音波形的数据是多少位的二进制数据，通常用 bit 做单位，如 16 bit、24 bit。16 bit 量化级记录声音的数据是用 16 位的二进制数，因此，量化级也是数字声音质量的重要指标。我们形容数字声音的质量，通常就描述为 24 bit（量化级）、48 kHz 采样，比如标准 CD 音乐的质量就是 16 bit、44.1 kHz 采样。

目前，数字化音频在淘宝等电子商务平台中用于商品的展示还比较少，但在很多企业的电子商务门户网站中应该较多，往往与一组图像或视频结合在一起，具有强大的商品属性表现形式，常用在汽车、商品房展示等大型商品中，另外在商品的网络广告中也有较多应用。一组精彩的图像或者一个动感的视频画面，往往是需要声音来进行配合的，声音具备很强的感染力。在网络商品展示中，数字化音频的应用主要在旁白解释部分和音效合成部分，旁白部分弥补了单独看文字或图像时需要高度集中注意力的限制，可以在观看视频的同时去聆听解释文案，进而使商家可以从各个角度来全方位地对产品进行推销与宣传。网络上主流的音频格式为 MP3、WAV 等，这几种音频格式压缩体积小，音质比较理想，但是相对而言音频文件的体积比图片与文字还是稍大的，需要很多的存储空间。

5. 数字化视频

数字化视频也称动态图像，它是由一组在时间轴上不断变化的若干帧的静态图像组成的序列。动态图像可分为两类：视频和动画。若每一帧画面是实时获取的自然景物的真实图像则称为视频；而每一帧画面是由计算机或人工制作的具有真实感的图形则称为动画。

动态图像的实现是建立在视觉暂留的基础之上的。视觉暂留是指人在观察物体之后，物体的映像在人眼的视网膜上保留一个短暂时间（0.1 秒）的一种生物现象。当以足够快的速度连续地、每次略微改变物体的位置和形状，人眼的视觉暂留效应则感觉到物体在连续运动。

若按一定顺序排列的一系列静态画面以一定速度连续播放时，人眼则将感受到连续的动态效果。例如，电影是以 24 帧/秒的速率放映，且采用遮挡板遮挡 24 次/秒来实现克服视觉暂留的，从而使人看到连续流畅且无闪烁的画面。

动态图像具有连续性、时延性、相关性等特点。

（1）连续性：在时间轴上以帧为运动单位，属于离散型媒体类。动态图像比静态图像表示的范围广，表现力强。

（2）时延性：动态图像数据量大，必须被压缩后才能在计算机中应用。计算机的容量和速度直接影响图像质量。

（3）相关性：帧之间的关联是动态图像连续动作形成的基础，也是进行压缩和其他处理的条件。动态图像对错误的敏感性较低。

常见的视频图像的文件格式如下：

（1）AVI：Microsoft 公司推出的一种以 . AVI 为后缀的数字视频文件格式。该文件将视频和音频以交叉方式存储，压缩比较高，读取音像信息流畅，易于再编辑和处理，且独立于硬件设备。AVI 文件包含 3 部分：文件头（文件的通用信息、定义数据格式及所用的压缩算法等）、数据块（文件容量的主要部分）、索引块（数据列表及其在文件中的位置等）。可根据要求将该格式的图像分辨率从全屏的 640×480 调到 1/2（320×240）或 1/4（160×120）。该文件的容量等于该文件的数据率乘以视频播放的时间。各种多媒体制作软件，如 Authorware 等都支持该格式。该格式是目前开发多媒体演示节目的主流，主要用于保存电影、电视等各种影像信息，多用于多媒体光盘。

（2）MPEG：基于 MPEG（Moving Pictures Expert Group）组织所制定的以 . MPEG 或 . MPG 为后缀的动态影像存储标准文件格式。该文件格式压缩比高，可以全画面、全动态、CD 音质的模式混合存储视频、音频、文本以及图形数据等。实际上，VCD 就是用 CD-ROM 来记录 MPEG-1 的数字视频记录的特殊光盘，其最大压缩比可达到 1：200，并具有 VHS 的显示质量和 CD-DA 高保真立体伴音效果。而 DVD 采用的 MPEG-2 的标准，也是高清晰电视和数字广播电视的基本标准。

（3）MOV：Apple（苹果）公司创建的一种以 . MOV 为后缀的数字视频文件格式。原先只用于 MAC 机，后来推出了 Quick Time for Windows 版本，因此支持 Quick Time 所支持的文件格式。Quick Time 能够通过 Internet 提供实时的数字化信息流、工作流以及文件回放功能。

（4）ASF：Microsoft 公司推出的一种以 . ASF 为后缀的高级流媒体视频文件格式。它是目前 Internet 上的实时传播多媒体应用标准。该文件格式的主要优点是：本地或网络回放、可扩充的媒体类型、部件下载以及扩展性等。该格式采用 MPEG-4 标准，压缩比高，质量好。它主要应用在 NetShow 服务器和 NetShow 播放器上，由独立的编码器将媒体信息编译成 ASF 流，然后发送到 NetShow 服务器，再由 NetShow 服务器将 ASF 流发送到网络上所有的 NetShow 播放器上，从而实现单路或多路广播。

（5）WMV：Microsoft 公司推出的一种以 . WMV 为后缀的、独立于编码方式的、在 Internet 上实时传播多媒体应用标准的高级流媒体视频文件格式，其目的是取代 WAV、AVI 文件格式以及 Quick Time 之类的技术标准。该文件格式的主要优点是：本地或网络回放、可扩充的媒体类型、部件下载、可伸缩的媒体类型、流的优先级化、多语言支持、环境独立性、丰富的流间关系以及扩展性等，压缩比高，质量好。

（6）RM（Real Video）：Real Networks 公司推出的一种以 . RM 为后缀的采用压缩技术和流式播放技术而形成的流式视频文件，也是目前 Internet 上最流行的跨平台的 C/S 结构多媒体应用标准。其压缩比高，适用于网络电影、电视的应用等。自从 Real Encoder5.0 问世后，视频 RM 与音频 RA 统称为 RM 文件。

以数字化视频的形式进行商品属性的展示，目前在淘宝等电子商务平台中已经初步呈现，虽然应用不多，但在描述商品的使用流程、试用方法等方面具有无可比拟的优势，因此具有长足的发展空间。数字化视频也是网络中最直观、最真实、最具感染力的一种传播方式，目前主流的网络视频文件格式为 FLV、RAM 等，其中尤以 FLV 格式最为普遍，它的压缩体积相对较小，清晰度高，利于传播。其还有一个最大的特点就是采用流媒体的形式进行下载播放，以实现边观看边下载的形式来进行展现，这样就适当弥补了其体积过大而非一次性下载才可以播放的问题。但目前来讲，视频文件对服务器要求比较高，网络视频播放时需要占用大量的网络带宽，会占用大量的网络资源，影响浏览的速度。

6. 数字动画

动画是一种通过将一系列差别很小的单个相邻的画面，以一定速率连续放映而产生动态视觉的技术。动画效果的产生基于人眼的视觉暂留特性。当以足够快的速度连续地、每次略微改变物体的位置和形状，人眼的视觉暂留效应则感觉到物体在连续运动。若按一定顺序排列的一系列静态画面以一定速度连续播放时，则人眼将会感受到连续的动画效果。由于视觉暂留的时间是短暂的，因此画面必须更新，即每秒不得少于一定的数值。例如，电影更新的速率是 24 帧/秒，电视更新的速率是 25 帧/秒（PAL 制），而二维动画更新的速率一般是 8～12 帧/秒。由于有效地利用了人眼的视觉暂留，从而使看到的画面连续流畅且无闪烁。

根据其发展历史，动画可分为传统动画和计算机动画；也可根据视觉空间的不同，分为二维动画和三维动画；还可根据运动控制方式不同，分为实时动画和逐帧动画。

（1）传统动画。

动画的发明早于电影，其产生于 19 世纪。第一个动画装置是由一个英国人在 1820 年发明的。它是利用一根绳子系在一个两侧都有画面的圆盘两端，当圆盘绕绳子中心轴旋转时，可看到两个画面融合在一起的动态效果。真正产生动画的装置是由一条狭缝和一个转盘组成的。在转盘上有一个个小画面，每个画面就是一帧。当圆盘以较快速度转动时，从狭缝中可看到完整动作的效果。而电影动画诞生于 1902 年。这一阶段的动画称为传统动画。

（2）计算机动画。

计算机动画是指利用计算机图像处理技术产生的动画。计算机动画主要分为两大类：二维动画和三维动画。

二维动画是基于二维平面的动画，也称为计算机辅助动画。其基本制作过程是：将手工绘制的画面逐帧输入计算机，由计算机完成描线上色，然后再由计算机控制完成动画的记录工作。二维动画的优点是：给出关键帧及帧间插值规律，可借助计算机进行中间画的计算；上色容易，便于修改。但不足之处是计算机只能起辅助作用，而替代不了富于创造性的初始画面的生成。

三维动画是基于三维空间的动画，也称计算机生成动画。其基本制作过程是：首先创建动画的角色和景物的三维数据，生成事物造型，再将这些造型赋予材质和贴图，并通过插值计算使角色在三维空间产生运动；然后在场景中设置虚拟灯光和摄像机并进行渲染；最后通过合成序列生成一个完整的动画。

动画的基本术语如下：

（1）关键帧。

关键帧是指对象在舞台上产生变化的每一帧，它用来定义动画中的变化，包括对象的运动和特点（如大小和颜色）、在场景中添加或删除对象以及添加帧动作等。当动画发生变化时或希望发生动作时，必须使用关键帧。

（2）逐帧动画。

逐帧动画也称关键帧动画，它是通过一帧一帧显示动画的图像序列而实现运动的效果。逐帧动画是从传统动画基础上引申而来的。卡通片就属于逐帧动画。

（3）实时动画。

实时动画也称算法动画，它是采用各种算法实现物体的运动。算法包括运动学算法、动力学算法、随即运动算法等。实时动画一般不需要记录在存储体中，运行时计算机对输入的数据进行快速处理，在人眼觉察不到的时间内将结果随时计算显示出来。电子游戏机中的动画一般都是实时动画。

（4）对象移动。

在实时动画中的屏幕上，一个局部图像或对象在二维平面上沿某一固定轨迹做步进运动。运动的对象和物体本身的大小、形状及色彩等效果不变。用此方式可实现背景上前景的运动。该前景可以是一个物体，也可以是一段或几个文字。其优点是无须生成动画文件。

（5）运动控制。

运动控制也称模拟运动，它是指计算机先确定每个物体的位置和相互关系，建立其运动轨迹和速度，选择平移、旋转、扭曲等运动形式，再确定物体形体的变态方式和变异速度。

（6）动画数据与动画文件。

由一帧帧静止图像的有序排列组成，并采用连续播放静止图像的方法产生景物运动的效果。其特点是数据量大、帧与帧之间只有局部内容不同。将动画数据进行压缩，并记录在一定格式的文件中，该文件为动画文件。

（7）流控制技术。

流控制技术是指边下载边播放的技术。其数据存放在一系列连续的帧里面，只要一个帧的所有数据收到后，就可在后续帧的数据到达前播放。其播放是否流畅取决于两个因素：一是每个帧的数据必须尽量小；二是一系列帧下载时间必须小于其播放时间。

常见的动画文件格式如下：

（1）MOV 文件：Apple 公司推出的基于 Quick Time for Windows 的以 .MOV 为后缀的视频文件格式。该文件可采用压缩和不压缩的方式，应用和效果与 AVI 格式类似。其压缩比大，质量较高，在 Windows 系统中可用 Quick Time 进行播放。其适合采集和压缩模拟视频，并可从硬件平台上高质量地回放。

（2）GIF 文件：CompuServe 公司开发的以 .GIF 为后缀的视频文件格式。它支持 256 种彩色，在一个文件中可记录多幅图像。其采用 LZW 算法的无失真压缩技术和变长代码，占用空间小，控制各个图像的显示位置、显示时间及透明度等参数灵活，并具有交错显示功能（即下载最初以低分辨率显示，以后逐渐达到高分辨率）和简单的帧动画效果（同一文件中几幅画面连续显示），适合网络传输及应用。

目前，动画在商品展示和网店装修中的应用有两种形式：一种是 FLASH 动画或 GIF 动画直接在商品描述中的应用，这种方式比较流行；另一种是以动漫的形式在网店装修中应用，以表现购物流程、商品使用流程居多，预计将来动画的应用会得到进一步的推广。商品展示上的动画目前多数为 FLASH 动画。FLASH 动画是一种矢量和位图兼容的动画模式，文件容量相对视频文件要低，易于存储和下载，FLASH 动画与视频一样能进行音频合成，具备优秀的感染力，而且更容易制作各种夸张的动态表现形式，符合商品展示与商品广告的表现特征。

7. 人机交互

交互性（Interactive）是一个比较广泛的概念，运用于不同的领域其含义是不同的。交互性主要运用于计算机及人机界面领域，下面我们主要解释一下计算机人机交互及相关的几个概念。

人机交互（Human-Computer Interaction，HCI）：是研究关于设计、评价和实现供人们使用的交互计算系统以及对有关现象进行研究的科学。

人机界面（Human-Computer Interface，HCI）：是人与计算机之间传递、交换信息的媒介和对话接口，是计算机系统的重要组成部分。

人机交互与人机界面是两个有着紧密联系而又不尽相同的概念。

操作系统的人机交互功能是决定计算机系统"友善性"的一个重要因素。人机交互功能主要靠可输入输出的外部设备和相应的软件来完成。可供人机交互使用的设备主要有键盘显示、鼠标、各种模式识别设备等。与这些设备相应的软件就是操作系统提供人机交互功能的部分。人机交互部分的主要作用是控制有关设备的运行和理解，并执行通过人机交互设备传来的有关的各种命令和要求。早期的人机交互设施是键盘显示器。操作员通过键盘打入命令，操作系统接到命令后立即执行，并将结果通过显示器显示。打入的命令可以有不同方式，但每一条命令的解释是清楚的、唯一的。随着计算机技术的发展，操作命令也越来越多，功能也越来越强。随着模式识别，如语音识别、汉字识别等输入设备的发展，操作员和计算机在类似于自然语言或受限制的自然语言这一级上进行交互成为可能。此外，通过图形进行人机交互也吸引着人们去进行研究。这些人机交互可称为智能化的人机交互。这方面的研究工作正在积极开展。

人机交互是可以解决用户如何使用计算机、如何设计一个可以帮助用户提高工作效率的计算机系统这类问题。人机交互是计算机科学、心理学、社会学、图形设计、工业设计等多学科的综合。

另外，关于人机界面是消费者在使用网站、软件、消费产品等各种服务的时候（实际上是在同它们交互），使用过程中的感觉就是一种交互体验。随着网络和新技术的发展，各种新产品和交互方式越来越多，人们也越来越重视对交互的体验。

因此，交互设计（Interaction Design）作为一门关注交互体验的学科在20世纪80年代产生了，从用户角度来说，交互设计是一种如何让产品易用，有效而让人愉悦的技术，它致力于了解目标用户和他们的期望，了解用户在同产品交互时彼此的行为，了解"人"本身的心理和行为特点，同时，还包括了解各种有效的交互方式，并对它们进行增强和扩充。交互设计还涉及多个学科，以及和多领域、多背景人员的沟通。

通过对产品的界面和行为进行交互设计，让产品和它的使用者之间建立一种有机关系，从而可以有效达到使用者或者消费者的目标，这就是交互设计的目的。

4.2　静态平面视觉的构成要素

目前，大部分网店都是以静态图形与图像的形式来描述商品属性信息的。其网店视觉实际上是一种计算机桌面视觉，其视觉构成元素与其他平面设计一样，都是由点、线、面、体、色彩及肌理等基本形态元素构成的，但是因为网店是属于计算机视觉，其构成元素还可以包含声音、视频、动画、交互等，而点、线、面是最基本的造型语言。

关于点、线、面，在几何学、拓扑学以及数学的相关分支中有不同的描述，一个空间中的点用于描述给定空间中一种特别的对象，在空间中有类似于体积、面积、长度，或其他高维类事物。一个点是一个零维度对象，点作为最简单的几何概念，通常作为几何、物理、矢量图形和其他领域中的最基本的组成部分。点成线，线成面，点是几何中最基本的组成部分。在通常的意义下，点被看作零维对象，线被看作一维对象，面被看作二维对象。点运动形成线，线运动形成面。

4.2.1 视觉中的点

1. 认识点

《辞海》中对点的解释是：细小的痕迹。在几何学上，点只有位置；而在形态学中，点还具有大小、形状、色彩、肌理等造型元素。在自然界，海边的沙石是点，落在玻璃窗上的雨滴是点，夜幕中满天的星星是点，空气中的尘埃也是点。

2. 视觉中点的表情

具体为形象的点，可用各种工具表现出来，不同形态的点呈现出不同的视觉特效，随着其面积的增大，点的感觉也将会减弱。如我们在高处俯视街道上的行人，便有"点"的感觉，而当我们回到地面，"点"的感觉也就消失了。

在画面空间中，一方面，点具有很强的向心性，能形成视觉的焦点和画面的中心，显示了点的积极的一面；另一方面，点也能使画面空间呈现出涣散、杂乱的状态，显示了点的消极性，这也是点在具体运用时值得注意的问题。

点还具有显性与隐性的特征，隐性点存在于两线的相交处、线的顶端或末端等处。

3. 视觉中点的构成

（1）有序点的构成：这里主要指点的形状与面积、位置或方向等诸因素，以规律化的形式排列构成，或相同地重复，或有序地渐变等。点往往通过疏与密的排列而形成空间中图形的表现需要，同时，丰富而有序的点构成，也会产生层次细腻的空间感，形成三次元。在构成中，点与点形成了整体的关系，其排列都与整体的空间相结合，于是，点的视觉趋向线与面，这是点的理性化构成方式。图4.1与图4.2所示为有序点的构成。

图 4.1 有序点的构成（1） 图 4.2 有序点的构成（2）

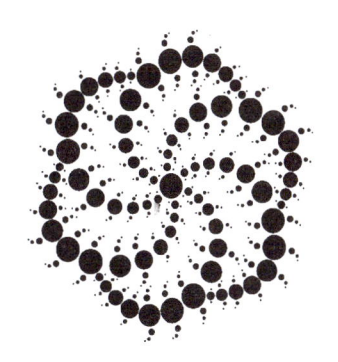

（2）自由点的构成：这里主要指点的形状与面积、位置或方向等诸因素，以自由化、非规律性的形式排列构成，这种构成往往会呈现出丰富的、平面的、涣散的视觉效果。如果以此表现空间中的局部，则能发挥其长处，比如象征天空中的繁星或作为图形底纹层次的装饰。图4.3与图4.4所示为自由点的构成。

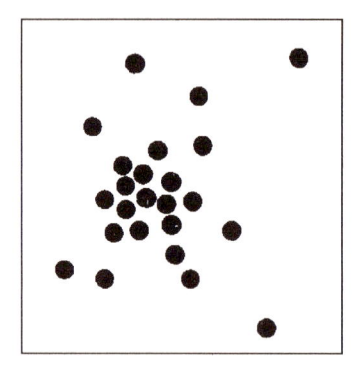

图4.3　自由点的构成（1）　　　　图4.4　自由点的构成（2）

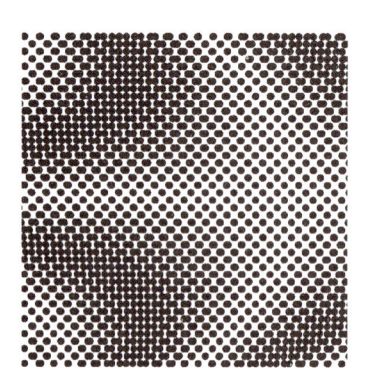

4.2.2　视觉中的线

1. 认识线

线是点运动的轨迹，又是面运动的起点。在几何学中，线只具有位置和长度；而在形态学中，线还具有宽度、形状、色彩、肌理等造型元素。线就是运动中的点，可以形象地分成三种基本类型：积极的线、消极的线和中性的线。积极的线自由自在，不断移动，无论有没有一个特定的目的地；一旦有哪条线临摹出了一个连贯一致的图形，它就变成了中性的线；如果再把这个图形涂上颜色，那么这条线就又变成了消极的线，因为此时已经由色彩充任了积极的因素。

从线性上讲，线具有整齐端正的几何线，还具有徒手画的自由线。物象本身并不存在线，面的转折形成了线，形式是由线来界定的，也就是我们说的轮廓线，它是视觉上对物质的一种概括性的形式表现。

通常把线划分为以下两大类别：

（1）直线：平行线、垂线（垂直线）、斜线、折线、虚线、锯齿线等。直线在《辞海》中的释意为：一点在平面上或空间上或空间中沿一定（含反向）方向运动，所形成的轨迹是直线，通过连两点只能引出一条直线。

（2）曲线：弧线、抛物线、双曲线、圆、波纹线（波浪线）、蛇形线等。曲线在《辞海》中的释意为：在平面上或空间中因一定条件而变动方向的点轨迹。

2. 视觉中线的表情

由于线本身具有很强的概括性和表现性，线条作为造型艺术的最基本语言受到较多的关注。在视觉造型中，线起到至关重要的作用，它不仅是决定物象的形态的轮廓线，而且还可以刻画和表现物体的内部结构，比如，线可以勾勒花纹肌理，甚至可以说，物象的表情也可以通过线来传达。

直线因为在长度上可以有所不同，因而具有装饰性与视觉表现力。直线与曲线结合，成为复合的线条，比单纯的曲线更多样，因而也更有装饰性与视觉效果。波纹线，是由两种对立的曲线组成，变化更多，所以更具有装饰性，更为悦目，视觉效果更深入人心，也被称为"美的线条"。蛇形线，由于能同时以不同的方式起伏和迂回，会以令人愉快的方式使人的注意力随着它的连续变化而移动，所以被称为"优雅的线条"。

曲直、浓淡、多变的线是造型艺术强有力的表现手段，它是形象和画面空间中最具表情和活力的构成要素，也是一直受人钟爱的视觉表现元素。美学家杨辛在谈到新石器时代的半山彩陶时写道："它的图案装饰是线，由单一的线发生出各种不同的线，如粗线、细线、齿状线、波状线、红线、黑线等，运用反复、交错的方法，把许多有规律的线组合在一起，使人感到协调，好像用线条谱成'无声的交响乐'。"

关于线的特性，一般的垂直线具有直接、明晰、单纯、明快、主动的特点，给人以崇高与刚毅个性的感觉；水平线具有安定、平和、宁静、和平、被动的特点，给人以安宁的感觉；斜线具有不稳定但又活泼的性格，给人以强势、运动之感；曲线包含几何曲线、自由曲线、开放的曲线、封闭的曲线、徒手的线等，总体来讲，曲线相比直线有温暖、自由、幽雅、流畅的感情性格，是女性化的象征，富有节奏感和韵律美。细线具有纤细、锐利、微弱、有直线的紧张感等特性；粗线具有厚重、锐利、粗犷、严密中有强烈的紧张感等特性；长线具有持续的连续性、速度性的运动感等特性；短线具有停顿性、刺激性、较迟缓的运动感等特性。

3. 视觉中线的构成

线的构成方式比较丰富，可以随意自如。在运动构成中，线的运动的方向不同会给人不同的印象。左右方向流动的水平线，表现出流畅的形势和自然持续的空间。上下垂直流动的线让人产生力学自由落体感，它和积极的上升形成对照，可产生强烈的向下降落的印象。由左向右上升的斜线，使人产生一种明快飞跃的轻松的运动感。由左向右下落的斜线，使人产生瞬间的飞快速度及动势，进而产生强烈的刺激感。由于焦点透视的近大远小的原理，以及线的疏密排列，前疏后密产生深度，前边的愈疏愈近，后边的愈密愈远，这样就形成了远近空间。

线的紧密排列产生的视觉印象。线如按照一定的规律等距离排列会形成色的空间并产生出灰面的感觉。线如按不同距离间隔排列，或线有粗细变化，将会产生不同的肌理效果。线的形状不同的等距离排列，将会产生凹凸效果。线的等距离排列会产生出灰面，线如断开后会形成点的视觉效果。图4.5、图4.6、图4.7和图4.8所示为一组线的构成图。

图4.5　线的构成（1）　　　　　　　图4.6　线的构成（2）

图 4.7　线的构成（3）　　　　　图 4.8　线的构成（4）

线可以通过组合进行构成，线的组合包含规则的组合、不规则的组合，以及规则与不规则的组合等。

（1）规则的组合。

在平面构成中，线为造型要素，若用粗细等同的直线平等设置，按照数学中固定的数列来进行构成，这一类的构成图形在造型上比较能够得到统一、有秩序，但变化较少并显机械性，因而比较单调和缺少感情。

（2）不规则的组合。

若用粗细长短不同的各种线条依照作者的构想意念自由地排列，这一类的构成图形，画面较活泼而富有感情，由于画时手法或者笔法不同会产生很多偶然的效果。

（3）规则与不规则的组合

按照某种固定的形式进行线的组合，在组合图形中作者加以部分变化，使其产生不同的造型方式，也就是规则与不规则的组合造型方式，使构成变得丰富而有创意。

4.2.3　视觉中的面

1. 认识面

扩大的点形成了面，一根封闭的线也可以形成面。密集的点和线同样也能形成面。在形态学中，面同样具有大小、形状、色彩、肌理等造型元素，同时面又是"形象"的呈现，因此面即"形"。

2. 视觉中面的种类

视觉中的面通常可划分为下述四大种类。

（1）几何形：几何形也可称无机形，是用数学的构成方式，由直线或曲线，或直线和曲线相结合形成的面。如特殊长方形、正方形、一般长方形、三角形、梯形、菱形、圆形、五角形等，具有数理性的简洁、明快、冷静和秩序感，被广泛地运用在各类造型设计中。

（2）有机形：有机形是一种不可用数学方法求得的有机体的形态，可以自然发展，亦具有秩序感和规律性，具有生命的韵律和纯朴的视觉特征。如自然界中的鹅卵石、枫树叶和生物细胞、瓜果外形，以及人眼睛的外形等都是有机形。

（3）偶然形：偶然形是指自然或人为偶然形成的形态，其结果无法被控制，如随意泼洒、滴落的墨迹或水迹，树叶上的虫眼，无意间撕破的碎纸片等，具有一种不可重复的意外性和生动感。

（4）不规则形：不规则形是指人为创造的自由构成形，可随意地运用各种自由的、徒手的线性构成形态，具有很强的造型特征和鲜明的个性。

3. 视觉中面的表情

面的表情呈现于不同的形态类型中，在二维的范围中，面的表情总是最丰富的，画面往往随面（形象）的形状、虚实、大小、位置、色彩、肌理等变化而形成复杂的造型世界，它是造型风格的具体体现。

在"面"中最具代表性的"直面"与"曲面"所呈现的表情：直面（一切由直线所形成的面）具有稳重、刚毅的男性化特征，其特征程度随其诸因素的加强而加强。曲面（一切由曲线所形成的面）具有动态、柔和的女性化特征，其特征程度随其诸因素的变化而加强（或减弱）。

面中的圆形呈现出完美的视觉效果，表现单纯、圆满，有种沉稳和谐的视觉美感；方形给人的感受是稳定、纯正、不易变化，特别是正方形有严格之感，若转为菱形则显得轻快。三角形往往给人以紧张感和不安定感。正三角形在稳定中具有向空间延伸的扩张感；倒三角形最具刺激性，给人以极不安定的心理感觉。

4. 视觉中面的构成

面的构成即形态的构成，面的构成方式很多，包括基本格式排列构成、重复构成、近似构成、渐变构成、发射构成、空间构成、特异构成、密集构成、对比构成、肌理构成等，它的形式与方法非常丰富。图4.9和图4.10所示为面的构成。

图 4.9　面的构成（1）　　　　图 4.10　面的构成（2）

但是，平面空间中的面与面之间的构成存在一些规律性的关系，当两个或两个以上的面在平面空间中同时出现时，其间便会出现多样的构成关系，大致可以概括为以下几种情况：

（1）分离：面与面之间分开，保持一定的距离，在平面空间中呈现各自的形态，在这里空间与面形成了相互制约的关系。

（2）相遇：相遇也称相切，指面与面的轮廓线相切，并由此而形成新的形状，使平面空间中的形象变得丰富而复杂。

（3）覆叠：一个面覆盖在另一个面之上，从而在空间中形成了面之间的前后或上下的层次感。

（4）透叠：面与面相互交错重叠，重叠的形状具有透明性，透过上面的形状可看到下一层被覆盖的部分，面之间的重叠处出现了新的形状，从而使形象变得丰富多变，富有秩序感，是构成中很好的形象处理方式。

（5）差叠：面与面相互交叠，交叠而发生的新形象被强调出来，在平面空间中可呈现产生的新形象，也可让三个形象并存。

（6）相融：相融也称联合，指面与面相互交错重叠，在同一平面层次上，使面与面相互结合，组成面积较大的新形象，它会使空间中的形象变得整体而含糊。

（7）减缺：一个面的一部分被另一个面所覆盖，两形相减，保留了覆盖在上面的形状，又出现了被覆盖后的另一个形象留下的剩余形象，即一个意料之外的新形象。

（8）重叠：相同的两个面，一个覆盖在另一个之上，形成合二为一的完全重合的形象，其造成的形象特殊表现，使其在形象构成上已不具有意义。

图4.11和图4.12所示为面的构成方法。

图 4.11　面的构成方法（1）　　　　图 4.12　面的构成方法（2）

4.2.4　视觉中的图案

1. 认识图案

纹理图案是与人们生活密不可分的一种具有装饰性和实用性的美术形式，从狭义上讲是指器物上的装饰花纹，广义上指对某种器物的造型结构、色彩、纹饰进行工艺处理而事先进行的设计方案。一般而言，可以把非再现性的图形表现都称作图案，包括几何图形、视觉艺术、装饰艺术等图案。在电脑上的各种矢量图也可以称为图案。

2. 视觉中图案的表情

图案根据表现形式可以分为具象图案和抽象图案。具象图案根据其内容可以分为花卉图案、风景图案、人物图案、动物图案等。具象图案在图案设计中占有显著地位，它是人们从具象的自然形态中美化、创造出来的。具象图案的设计要摆脱纯自然的束缚，用归纳手法来获取自然形态，使其具有图案美。设计图案必须对媒介对象有透彻的了解，并且也要选择适合内容的表达方式。抽象图案适用于音乐、美术、哲学、宗教、信息等不具有具体外形的内容，以将其可视化。抽象图案在那些特定地域的观光海报，或特定商品的宣传海报上就不太适宜应用。抽象图案在电脑设计上有着惊人的表现力，现在已由先前的点、线、面、色彩和质感的构成中向前更进一步，以色彩或线条所表现的幻觉效果或光线艺术都已经有所尝试。图案的构成是对变化后的形象根据不同的使用要求、工艺条件，不同的材料及形式美的规律进行重新组合，使图案组织成为有秩序、有规律的一个整体。就平面图案的组织形式而言，概括起来分为单独纹样和连续纹样两种。单独纹样是相对于连续纹样而言的，能单独用于装饰，亦可作为基本形，作为适合图案，为二方连续和四方连续图案服务，它要求纹样形式完整，具有相对独立的特点。连续性的构图是装饰图案中的一种组织形式，它是将一个基本单位纹样做上下左右连续，或向四方重复地连续排列而成的连续纹样。图案纹样有规律地排列，有条理地重叠交叉组合，使其具有淳厚质朴的感觉。

3. 视觉中图案的构成

图案的构成法则，就是图案形式美的规律。就图案而言，图案的处理、加工、设计的过程就是运用构成法则来安排处理的过程，图案形式美的规律通常有：统一与变化、对比与调和、对称与平衡、条理与反复等。一幅完美的图案应该是丰富的，有规律的，有组织的。图案不论大小都包括图案内容的主次、构图的虚实聚散、形体的大小方圆、线条的长短粗细、色彩的明暗冷暖等各种矛盾关系，这些矛盾关系，使图案生动活泼，形式多样。图 4.13 和图 4.14 所示为图案的构成。

图 4.13　图案的构成（1）　　　　图 4.14　图案的构成（2）

4.3　视觉中的色彩

4.3.1　色彩基本知识

1. 光色原理

色彩是人眼认识客观世界时获得的一种感觉。在人眼视网膜上，锥状光敏细胞可以感觉到光的强度和颜色，杆状光敏细胞能够更灵敏地感觉到光的强弱，但不能感觉光的颜色。这两种光敏细胞将感受到的光波刺激传递给大脑，人就看到了颜色。

色彩是通过光被我们所感知的。光是由三种基色光混合而成的，实际上是一种按波长辐射的电磁波。太阳是标准发光体，它辐射的电磁波有 γ 射线、X 射线、紫外线、可见光、红外线以及无线电波等，而可见光的波长范围是 350～750 nm，不同波长的光呈现不同的颜色。随着波长的减少，可见光颜色依次为红、橙、黄、绿、青、蓝、紫。只有单一波长的光称为单色光，含有两种以上波长的光称为复合光。人眼感受到复合光的颜色是组成该复合光的单色光所对应颜色的混合色。光的波长如图 4.15 所示。

在千变万化的色彩世界中，人们视觉感受到的色彩非常丰富，按种类可分为原色、间色和复色；但就色彩的系别而言，则可分为无彩色系和有彩色系两大类。

（1）原色：色彩中不能再分解的基本色称为原色。原色能合成出其他色，而其他色不能

γ射线	X射线	紫外线	可见光	红外线	无线电波
0.005 nm	0.01 nm	5 nm	350 nm　750 nm	0.4 mm	0.4 mm

图 4.15　光的波长

还原出本来的颜色。原色只有三种，色光三原色为红、绿、蓝，颜料三原色为品红（明亮的玫红）、黄、青（湖蓝）。色光三原色可以合成出所有色彩，同时相加得白色光。颜料三原色从理论上来讲可以调配出其他任何色彩，同色相加得黑色，因为常用的颜料中除了色素外还含有其他化学成分，所以两种以上的颜料相调和，纯度就会受到影响，调和的色种越多就越不纯，也越不鲜明，颜料三原色相加只能得到一种黑浊色，而不是纯黑色。

（2）间色：由两个原色混合得间色。间色也只有三种：色光三间色为品红、黄、青（湖蓝），有些彩色摄影书上称为"补色"，是指色环上的互补关系。颜料三间色即橙、绿、紫，也称第二次色。必须指出的是，色光三间色恰好是颜料的三原色。这种交错关系构成了色光、颜料与色彩视觉的复杂联系，也构成了色彩原理与规律的丰富内容。

（3）复色：颜料的两个间色或一种原色和其对应的间色（红与青、黄与蓝、绿与洋红）相混合得复色，亦称第三次色。复色中包含了所有的原色成分，只是各原色间的比例不等，从而形成了不同的红灰、黄灰、绿灰等灰调色。

由于色光三原色相加得白色光，这样便产生了两个后果：一是色光中没有复色；二是色光中没有灰调色，如两色光间色相加，只会产生一种淡的原色光，以黄色光加青色光为例：黄色光＋青色光＝红色光＋绿色光＋绿色光＋蓝色光＝绿色光＋白色光＝亮绿色光。

2. 色系

（1）有彩色系：有彩色系包括在可见光谱中的全部色彩，它以红、橙、黄、绿、青、蓝、紫等为基本色。基本色之间不同量的混合、基本色与无彩色之间不同量的混合说明产生的千千万万种色彩都属于有彩色系。有彩色系是由光的波长和振幅决定的，波长决定色相，振幅决定色调。

有彩色系中的任何一种颜色都具有三大属性，即色相、明度和纯度。也就是说，一种颜色只要具有以上三种属性都属于有彩色系。

（2）无彩色系：由黑色、白色及黑白两色相融而成的各种深浅不同的灰色系列。从物理学的角度看，它们不包括在可见光谱之中，故不能称之为色彩。但是从视觉生理学和心理学上来说，它们具有完整的色彩性，应该包括在色彩体系之中。

无彩色系按照一定的变化规律，由白色渐变到浅灰、中灰、深灰直至黑色，色彩学上称为黑白系列。黑白系列中由白到黑的变化，可以用一条垂直轴表示，一端为白，一端为黑，中间有各种过渡的灰色。纯白是理想的完全反射物体，纯黑是理想的完全吸收物体。可是在现实生活中并不存在纯白和纯黑的物体，颜料中采用的锌白和铅白只能接近纯白，煤黑只能接近纯黑。

无彩色系的颜色只有明度上的变化，而不具备色相与纯度的性质，也就是说它们的色相和纯度在理论上等于零。二色彩的明度可以用黑白度来表示，越接近白色，明度越高；越接近黑色，明度越低。

3. 色彩三要素

（1）亮度（Brightness）。

亮度也称明度，是指光作用于人眼时所感受到的明亮强度。亮度与物体呈现的色彩和物体反射光的强度有关。若有两个相同颜色的色块分别置于强白光与弱白光的照射下，虽然这两个色块反射的光波波长一样，但进入人眼的光波能量不同。在强白光照射下色块反射的光波能量大，人眼感觉到的颜色较浅；在弱白光照射下色块反射的光波能量较小，人眼感觉到的颜色较深。此外，亮度还与人的视觉系统的视敏函数有关。

在不同的亮度环境下，人眼对相同亮度引起的主观感觉也不同。一般用对比度（Contrast）来衡量画面的相对亮度，即最大亮度与最小亮度之比。

（2）色调（Hue）。

色调也称色相，是指人眼对各种不同波长的光所产生的色彩感觉。某一物体的色调，是该物体在日光照射下所反射的各光谱成分作用于人眼的综合效果。对于透射光则是透过该物体的光谱成分综合作用的效果。通过对不同光波波长的感受可区分不同的颜色。因此色调是光呈现的颜色，其随波长变化而变化，反映了颜色的种类或属性，并决定了颜色的基本特征。

人的视觉所见各部分色彩有某种共同的因素，这就构成了统一的色调。若一幅画面没有统一的色调，则色彩将杂乱无章，就难以表现画面的主题和情调。一般将各种色彩和不同分量的白色混合统称为明调，和不同分量的黑色混合统称为暗调。

（3）饱和度（Saturation）。

饱和度是指色彩的纯净程度。以太阳光带为准，越接近标准色纯度越高。饱和度实际上是某一种标准色调彩色光中掺入了白色、黑色或其他颜色的程度。对于同一色调的彩色光，饱和度越大，则颜色越鲜艳，掺入白色、黑色或其他颜色越少；反之，则颜色越暗淡，掺入白色、黑色或其他颜色越多。饱和度反映了颜色的深浅程度，一般是通过一个色调与其他色调相比较的相对强度来表示。

饱和度深则颜色越鲜艳纯正，能发挥其色彩的固有特性，但饱和度高容易使人感到单调刺眼；饱和度浅则色感比较柔和协调，但色调显得灰暗，同时混色过杂则容易使人感觉浑浊。

通常将色调和饱和度统称为色度。色度和亮度都是人眼对客观存在颜色主观感受的结果。亮度表示颜色的明亮程度，而色度则表示颜色的类别和深浅程度。

4. 色彩混合

将两种或多种色彩互相进行混合，产生与原有色不同的新色彩称为色彩的混合。它可归纳为加色法混合、减色法混合、空间混合等几种类型。

（1）加色法混合。

如果在没有光线的黑暗环境中使用发光体（如灯泡、显示器等），可使人眼感受到发光体上发出的光波颜色。该颜色不是物体反射环境光源中的光波，而是物体自身发出的具有某些波长的光波。发光体本身不是发出由全部可见光波波长构成的白光，而是发出部分波长的光。这些波长的光混合在一起，给人眼带来的刺激便形成了人对物体发光颜色的感觉，这个物理过程称为颜色的相加。

(2) 减色法混合。

如果以太阳光作为标准的白光，它照射在具有某种颜色的物体上，部分波长的光被吸收，部分波长的光被反射。不同物体表面对白光的不同波长光波具有不同的吸收和反射作用。被反射的光波进入人的眼睛而感受到物体的颜色。因此，物体的颜色是物体表面吸收和反射不同波长太阳光的结果，体现了物体的固有特性。其基本原理就是从混合光（白光）中去掉某些波长的光波，剩下波长的光波对人的眼睛进行刺激形成颜色感觉。这个物理过程称为颜色的相减。

(3) 颜色空间混合。

颜色空间混合亦称中性混合或第三混合。将两种或多种颜色穿插并置在一起，于一定的视觉空间之外，能在人眼中造成混合的效果，故称空间混合。其实颜色本身并没有真正混合，它们不是发光体，而只是反射光的混合。因此，与减色法相比，增加了一定的光刺激值，其明度等于参加混合色光的明度平均值，既不减也不加。

由于颜色空间混合实际比减色法混合明度显然要高，因此色彩效果显得丰富，有一种空间的颤动感，表现自然、物体的光感，更为闪耀。但空间混合的产生须具备必要的条件：对比各方的色彩比较鲜艳，对比较强烈；色彩的面积较小，形态为小色点、小色块、细色线等，并成密集状；色彩的位置关系为并置、穿插、交叉等；有相当的视觉空间距离。

5. 色彩空间

(1) RGB 色彩空间。

将红、绿、蓝色光按不同比例光量混合起来可以产生任何一种颜色。这三种基色就构成了 RGB 几何色彩空间坐标系。该空间以红（R）、绿（G）和蓝（B）组成三维坐标，在三个坐标轴上分别指定一个 0~255 的值。显示器就是通过将三个基色（红、绿、蓝）光组合起来产生颜色的。因为 RGB 模型是以光的颜色为基础，因此 RGB 值越大的颜色所对应的光量也越多，产生的颜色也较淡、较亮。若三个颜色值（R，G，B）都为最大值，则产生白色；若三种颜色的值都为 0 时，则产生黑色，如图 4.16 所示。

(2) CMY 色彩空间。

将青、品红、黄色按不同比例混合起来也可以产生任何一种颜色。这三种基色就构成了 CMY 几何色彩空间坐标系。该空间以青（C）、品红（M）和黄（Y）组成三维坐标，在三个坐标轴上分别指定一个 0~100 的值。在彩打和彩印中使用墨色而不是光来表现颜色。印在纸上的墨本身不会发光，会吸收和反射环境光源中不同波长的光波，表现出不同颜色。CMY 色彩模型是以墨的颜色为基础，墨色百分比越高，则色彩越暗。由 100% 青、100% 品红和 100% 黄的组合可产生黑色，如图 4.17 所示。

在实际应用中，全色印刷均采用 CMYK 色彩模型，它只是在 CMY 基础上添加了一个附加色黑色（K）而已。这样将为图像提供真正的黑色和更宽的色调范围。

(3) RGB 彩色空间与 CMY 彩色空间的关系。

通过图 4.16 和图 4.17 的对比可以看出，RBG 模式与 CMY 模式正好相反，即一个模式的基色恰好是另一个模式的合成色。此外，红与青、绿与品红、蓝与黄都是互为补色的关系。

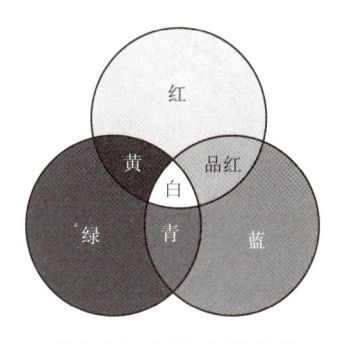

图 4.16　RGB 色彩空间　　　　　　　图 4.17　CMY 色彩空间

RGB 色彩空间是通过色彩相加方式产生颜色光波的，而 CMY 色彩空间是通过减色方式产生颜色光波的。这两种色彩空间模式的三原色间存在如表 4.1 所示的关系。

表 4.1　空间模式中的色彩关系

	R（红）	G（绿）	B（蓝）
C（青）		255/100	255/100
M（品红）	255/100		255/100
Y（黄）	255/100	255/100	

目前大多数图形编辑处理软件都支持这两种色彩空间模式。在实际应用中，若需要显示图像，则应使用 RGB 色彩模式；若彩色印刷，则应使用 CMY 或 CMYK 色彩模式。一般来说，在计算机编辑图像时可使用 RGB 色彩模式，而在最后形成彩色印刷文件时，再将 RGB 模式转换成 CMYK 模式。

4.3.2　色彩的性格属性

各种色彩都有其独特的性格，简称色性。它们与人类的色彩生理、心理体验相联系，从而使客观存在的色彩仿佛有了复杂的性格。

1. 红色

红色的波长最长，穿透力强，感知度高。它易使人联想起太阳、火焰、热血、花卉等，代表了温暖、兴奋、活泼、热情、积极、希望、忠诚、健康、充实、饱满、幸福等向上的倾向，但有时也被认为是幼稚、原始、暴力、危险、卑俗的象征。红色历来是我国传统的喜庆色彩。

深红及带紫色的红给人感觉是庄严、稳重而又热情的色彩，常见于欢迎贵宾的场合。含白的高明度粉红色，则给人柔美、甜蜜、梦幻、愉快、幸福、温雅的感觉，几乎成为女性的专用色彩。

2. 橙色

橙与红同属暖色，具有红与黄之间的色性，它使人联想起火焰、灯光、霞光、水果等物象，是最温暖、响亮的色彩。让人感觉活泼、华丽、辉煌、跃动、炽热、温情、甜蜜、愉快、幸福等，但也有疑惑、嫉妒、伪诈等消极倾向性表情。

含灰的橙呈咖啡色，含白的橙呈浅橙色，俗称血牙色，与橙色本身都是服装中常用的甜美色彩，也是众多消费者特别是女性、儿童、青年喜爱的服装色彩。

3. 黄色

黄色是所有色相中明度最高的色彩，给人以轻快、光辉、透明、活泼、光明、辉煌、希望、功名、健康等印象。但黄色过于明亮而显得刺眼，并且与其他色相混合极易失去其原貌，故也有轻薄、不稳定、变化无常、冷淡等不良含义。

含白的淡黄色平和、温柔，含大量淡灰的米色或本白则是很好的休闲自然色，深黄色却另有一种高贵、庄严感。由于黄色极易使人想起许多水果的表皮，因此它能引起富有酸性的食欲感。黄色还被用作安全色，因为这种颜色极易被人发现，如室外作业的工作服。

4. 绿色

在大自然中，除了天空和江河、海洋，绿色所占的面积最大，草、叶植物，几乎到处可见，它象征生命、青春、和平、安详、新鲜等。绿色最适应人眼的注视，有消除疲劳、调节功能。

黄绿带给人们春天的气息，颇受儿童及年轻人的喜欢。蓝绿、深绿是海洋、森林的色彩，有着深远、稳重、沉着、睿智等含义。含灰的绿，如土绿、橄榄绿、咸菜绿、墨绿等色彩，给人以成熟、老练、深沉的感觉，是人们广泛选用及军、警规定的服色。

5. 蓝色

与红色、橙色相反，蓝色是典型的寒色，表示沉静、冷淡、理智、高深、透明等含义，随着人类对太空的不断开发，它又有了象征高科技的强烈现代感。

浅蓝色系明朗而富有青春朝气，为年轻人所钟爱，但也有不够成熟的感觉。深蓝色系沉着、稳定，是中年人普遍喜爱的色彩。其中略带暖味的群青色，充满着动人的深邃魅力，藏青则给人以大度、庄重印象。靛蓝、普蓝因在民间广泛应用，似乎成了民族特色的象征。当然，蓝色也有其另一面的性格，如刻板、冷漠、悲哀、恐惧等。

6. 紫色

紫色具有神秘、高贵、优美、庄重、奢华的气质，有时也让人感觉孤寂、消极。尤其是较暗或含深灰的紫，易给人以不祥、腐朽、死亡的印象。但含浅灰的红紫或蓝紫色，却有着类似太空、宇宙色彩的幽雅、神秘之时代感，为现代生活所广泛采用。

7. 黑色

黑色为无色相无纯度之色。往往让人感觉沉静、神秘、严肃、庄重、含蓄，另外，也易让人产生悲哀、恐怖、不祥、沉默、消亡、罪恶等消极印象。尽管如此，黑色的组合适应性却极广，无论什么色彩，特别是鲜艳的纯色与其相配，都能取得赏心悦目的良好效果。但是不能大面积使用，否则，不但其魅力大大减弱，也会产生压抑、阴沉的恐怖感。

8. 白色

白色给人的印象是洁净、光明、纯真、清白、朴素、卫生、恬静等。在它的衬托下，其他色彩会显得更鲜丽、更明朗。多用白色却可能产生平淡无味的单调、空虚之感。

9. 灰色

灰色是中性色，其突出的性格为柔和、细致、平稳、朴素、大方，它不像黑色与白色那样会明显影响其他的色彩。因此，作为背景色彩非常理想。任何色彩都可以和灰色相混合，略有色相感的含灰色能给人以高雅、细腻、含蓄、稳重、精致、文明而有素养的高档感觉。当然滥用灰色也易暴露其乏味、寂寞、忧郁、无激情、无兴趣的一面。

10. 土褐色

含一定灰色的中、低明度的各种色彩，如土红、土绿、熟褐、生褐、土黄、咖啡、咸菜、古铜、驼绒、茶褐等色，性格都显得不太强烈，其亲和性易与其他色彩配合，特别是和鲜色相伴，效果更佳。它也使人想起金秋的收获季节，故均有成熟、谦让、丰富、随和之感。

11. 光泽色

除了金、银等贵金属色以外，所有色彩带上光泽后，都有其华美的特色。金色富丽堂皇，象征荣华富贵，名誉忠诚；银色雅致高贵，象征纯洁、信仰，比金色温和。它们与其他色彩都能配合。几乎达到"万能"的程度。小面积点缀，具有醒目、提神作用；大面积使用则会过于炫目，有负面影响，显得浮华而失去稳重感。如若巧妙使用、装饰得当，不但能起到画龙点睛的作用，还可产生强烈的高科技现代美感。

4.3.3 色彩的视觉心理

不同波长色彩的光信息作用于人的视觉器官，通过视觉神经传入大脑后，经过思维，与以往的记忆及经验产生联想，从而形成一系列的色彩心理反应。

1. 色彩的冷暖感

色彩本身并无冷暖的温度差别，是视觉色彩引起人们对冷暖感觉的心理联想。

暖色：人们见到红、红橙、橙、黄橙、红紫等色后，马上联想到太阳、火焰、热血等物象，产生温暖、热烈、危险等感觉。

冷色：见到蓝、蓝紫、蓝绿等色后，则很易联想到太空、冰雪、海洋等物象，产生寒冷、理智、平静等感觉。

色彩的冷暖感觉，不仅表现在固定的色相上，而且在比较中还会显示其相对的倾向性。如同样表现天空的霞光，用玫红色画早霞那种清新而偏冷的色彩，感觉很恰当，而描绘晚霞则需要暖感强的大红色了。但如与橙色对比，前面两色又都加强了寒感倾向。

人们往往用不同的词汇表述色彩的冷暖感觉，暖色——阳光、不透明、刺激的、稠密、深的、近的、重的、男性的、强性的、干的、感情的、方角的、直线型、扩大、稳定、热烈、活泼、开放等。冷色——阴影、透明、镇静的、稀薄的、淡的、远的、轻的、女性的、微弱的、湿的、理智的、圆滑、曲线型、缩小、流动、冷静、文雅、保守等。

中性色：绿色和紫色是中性色。黄绿、蓝、蓝绿等色，使人联想到草、树等植物，产生青春、生命、和平等感觉。紫、蓝紫等色使人联想到花卉、水晶等稀贵物品，故易产生高贵、神秘感觉。至于黄色，一般被认为是暖色，因为它使人联想起阳光、光明等，但也有人视它为中性色，当然，同属黄色相，柠檬黄显然偏冷，而中黄则感觉偏暖。

2. 色彩的轻重感

色彩的轻重感主要与色彩的明度有关。明度高的色彩使人联想到蓝天、白云、彩霞、许多花卉以及棉花、羊毛等，产生轻柔、飘浮、上升、敏捷、灵活等感觉。明度低的色彩易使人联想到钢铁、大理石等物品，产生沉重、稳定、降落等感觉。

3. 色彩的软硬感

色彩的软硬感也主要来自色彩的明度，但与纯度亦有一定的关系。明度越高感觉越软，明度越低则感觉越硬，但白色反而软感略高。明度高、纯度低的色彩有软感，中纯度的色也呈柔感，因为它们易使人联想起骆驼、狐狸、猫、狗等好多动物的皮毛，还有毛呢、绒织物等。高纯度和低纯度的色彩都呈硬感，如它们明度又低则硬感更明显。色相与色彩的软硬感几乎无关。

4. 色彩的前后感

由各种不同波长的色彩在人眼视网膜上的成像有前后，红、橙等光波长的色在后面成像，感觉比较迫近；蓝、紫等光波短的色则在外侧成像，在同样距离内感觉就比较后退。实际上这是视错觉的一种现象，一般暖色、纯色、高明度色、强烈对比色、大面积色、集中色等有前进感觉；相反，冷色、浊色、低明度色、弱对比色、小面积色、分散色等有后退感觉。

5. 色彩的大小感

由于色彩有前后的感觉，因而暖色、高明度色等有扩大、膨胀感，冷色、低明度色等有显小、收缩感。

6. 色彩的华丽与质朴感

色彩的三要素对华丽及质朴感都有影响，其中纯度关系最大。明度高、纯度高的色彩，丰富、强对比的色彩感觉华丽、辉煌。明度低、纯度低的色彩，单纯、弱对比的色彩感觉质朴、古雅。但无论何种色彩，如果带上光泽，都能获得华丽的效果。

7. 色彩的活泼与庄重感

暖色、高纯度色、丰富多彩色、强对比色感觉跳跃、活泼、有朝气，冷色、低纯度色、低明度色感觉庄重、严肃。

8. 色彩的兴奋与沉静感

其影响最明显的是色相，红、橙、黄等鲜艳而明亮的色彩给人以兴奋感，蓝、蓝绿、蓝紫等色使人感到沉着、平静。绿和紫为中性色，没有这种感觉。纯度的关系也很大，高纯度色呈兴奋感，低纯度色呈沉静感。最后是明度，暖色系中高明度、高纯度的色彩呈兴奋感，低明度、低纯度的色彩呈沉静感。

4.3.4 色彩视觉与营销

色彩实际上是人类沟通的一种语言。人们用色彩表达感情、宣泄情绪、尽情地沟通，因此色彩堪称是一种世界性语言。在历史的长河中，在不同的领域、不同的环境、不同的时间，色彩给了我们一个五彩缤纷的世界。色彩代表着一种历史的过程、一种文化的内涵、一种信仰的精神、一种力量的聚集。如今传统的营销手法已不能满足消费者的需求，而色彩营销则表现出一种无形而又非常有效的沟通方式，其能让消费者很自然地引起消费行为。色彩是一把打开消费者心灵的无形钥匙。所以说，色彩营销必将引起新一轮的市场营销风暴，色彩营销将会受到前所未有的关注与应用。

色彩营销就是指企业等社会组织在对消费者心理和习惯进行研究的基础上，充分利用色彩的表现手法，来体现企业形象、产品特征、商业环境及社会人文环境等的营销组合，以满足不同个性消费者（社会）需求特点的一种营销活动。

色彩营销是把现代美学、心理学、营销学有机结合起来的一种边缘学科理论。色彩营销把色彩和营销有机结合起来，一方面组织调查目标市场消费者的色彩偏好及需求；另一方面组织将色彩应用于产品当中，这里面包括产品外观设计、产品内在设计、产品包装设计、产品陈列设计等。同时组织采用各种色彩营销组合策略运用在组织形象宣传、广告、产品促销等营销活动中，从而满足目标市场消费者的需求，实现美学、色彩、商品三者的有机结合，最终促成交换，实现企业（或社会）的目标。近年来，色彩营销经过一定的发展，其内涵已经不断的扩大和完善，应用领域也不断扩大。色彩营销已经突破了传统营销概念（认为营销只属于营利性组织的专利，这里所指的营利性组织就是企业），其将传统的灌输手法，表现成无形的却又非常有效的沟通，很自然地引起消费者的购买行为。色彩营销已经渐趋成熟和完善，它突破了企业的范畴，从而更广泛地应用到社会其他方面。

有关色彩效用对顾客购买习惯与心理的影响的调查和研究，已被广泛应用于商业活动中：运用色彩对顾客心理的影响作用，不同色彩会让顾客产生不同的心理状态和感觉。企业可根据自己生产经营商品的特点，选择不同的色彩达到促销的目的。黄色、橙色和红色的组合构成常常被用来刺激和吸引顾客的注意力；柔和的蓝色色调暗示干净和宁静，紫色的搭配则通常与奢侈品联系在一起；绿色和棕色因能引起对自然的联想，所以经常被环保类产品采用为包装色，而金色、银色和黑色的精确配置有效地提供了物品高品质的保证。

色彩对顾客购买行为有明显的影响作用。根据色彩理论研究和对顾客购买行为的分析，色彩对顾客购买情绪和行为的影响方式有四种。

（1）色彩追求。当市场出现流行色时，顾客会对流行色进行追踪寻求，产生一种随潮购买行为。

（2）色彩兴趣。如顾客对某种色彩产生好奇和兴趣能激发其购买热情和欲望，会欣然购买。

（3）色彩惊讶。当顾客突然发现某商品具有自己喜爱的而平时少见而求之不得的色彩时，会迅速调整购买行为，果断而兴奋地购买。

（4）色彩愤怒。当顾客认为某种商品是不祥、忌讳的色彩时，会产生一种潜伏的不安全感，厌恶而不屑一顾，甚至反感。企业在运用色彩促销时要尽量利用前三种的影响作用，防止出现第四种情况。

4.4 视觉形式美的基本法则

4.4.1 视觉形式美的内涵

形式美法则是人类在创造美的形式、美的过程中对美的形式规律的经验总结和抽象概括。有外国学者指出，"所谓的视知觉，也就是视觉思维"。无论是作为视觉的欣赏还是创作，追求美的感受是归宿。形式美在带给人们视觉上享受的同时，更给予了人们心灵和精神上的抚慰与鼓舞。

形式美包括"外形式"和"内形式"两个方面。外形式指材料的线、形、色、光、声、质等外形因素，内形式是上述因素按一定规律组合起来以完美表现内容的结构形式。形式美通过人的感官给人以美感，引起人的特定想象和情感时，它就成为审美对象。一般认为，形式美是按一定的格调和法则表现出来的，诸如对称、均衡、和谐、整体性、节奏、多样统一性等。研究、探索形式美的法则，能够培养人们对形式美的敏感，指导人们更好地去创造美的事物。掌握形式美的法则，能够使人们更自觉地运用形式美的法则表现美的内容，达到美的形式与美的内容高度统一。

形式美是一种具有相对独立性的审美对象。它与美的形式之间有质的区别。美的形式是体现合规律性、合目的性的本质内容的那种自由的感性形式，也就是显示人的本质力量的感性形式。形式美与美的形式之间的重大区别表现在：首先，它们所体现的内容不同。美的形式所体现的是它所表现的那种事物本身的美的内容，是确定的、个别的、特定的、具体的，并且美的形式与其内容的关系是对立统一，不可分离的。而形式美则不然，形式美所体现的是形式本身所包容的内容，它与美的形式所要表现的那种事物美的内容是相脱离的，而单独呈现出形式所蕴含的朦胧、宽泛的意味。其次，形式美和美的形式存在方式不同。美的形式是美的有机统一体不可缺少的组成部分，是美的感性外观形态，而不是独立的审美对象。形式美是独立存在的审美对象，具有独立的审美特性。

在日常生活中，美是每一个人追求的精神享受。当接触任何一件有存在价值的事物时，它必定具备合乎逻辑的内容和形式。在现实生活中，由于人们所处经济地位、文化素质、思想习俗、生活理想、价值观念等不同而具有不同的审美观念。然而单从形式条件来评价某一事物或某一视觉形象时，对于美或丑的感觉在大多数人中间存在着一种基本相通的共识。这种共识是从人们长期生产、生活实践中积累的，它的依据就是客观存在的美的形式法则，称之为形式美法则。在人们的视觉经验中，高大的杉树、耸立的高楼大厦、巍峨的山峦尖峰等，它们的结构轮廓都是高耸的垂直线，因而垂直线在视觉形式上给人以上升、高大、威严等感受；而水平线则使人联系到地平线、一望无际的平原、风平浪静的大海等，因而产生开阔、徐缓、平静等感受……这些源于生活积累的共识，使人们逐渐发现了形式美的基本法则。在西方，自古希腊时代就有一些学者与艺术家提出了美的形式法则的理论，时至今日，形式美法则已经成为现代设计的理论基础知识。在设计构图的实践上，更具有它的重要性。

4.4.2　视觉形式美的构成法则

形式美的构成因素一般划分为两大部分：一部分是构成形式美的感性质料；另一部分是构成形式美的感性质料之间的组合规律，或称构成规律、形式美法则。构成形式美的感性质料主要是色彩、形体、线条、声音等。把色彩、线条、形体、声音按照一定的构成规律组合起来，就形成色彩美、线条美、形体美、声音美等形式美。

构成形式美的感性质料组合规律，也即形式美的法则主要有齐一与参差、对称与平衡、比例与尺度、黄金分割律、主从与重点、过渡与照应、稳定与轻巧、节奏与韵律、渗透与层次、质感与肌理、调和与对比、多样与统一等。这些规律是人类在创造美的活动中不断地熟悉和掌握各种感性质料因素的特性，并对形式因素之间的联系进行抽象、概括而总结出来的。

1. 和谐

宇宙万物，尽管形态千变万化，但它们都是按照一定的规律而存在的，大到日月运行、星球活动，小到原子结构的组成和运动，都有各自的规律。爱因斯坦指出：宇宙本身就是和谐的。和谐的广义解释是：判断两种以上的要素，或部分与部分的相互关系时，各部分所给人们的感受和意识是一种整体协调的关系。和谐的狭义解释是：统一与对比两者之间不是乏味单调或杂乱无章。单独的一种颜色、单独的一根线条无所谓和谐，几种要素具有基本的共通性和融合性才称为和谐。比如一组协调的色块、一些排列有序的近似图形等。和谐的组合也保持部分的差异性，但当差异性表现为强烈和显著时，和谐的格局就向对比的格局转化。

2. 对比

对比又称对照，把反差很大的两个视觉要素成功地配列于一起，虽然使人感受到鲜明强烈的感触而仍具有统一感的现象称为对比，它能使主题更加鲜明，视觉效果更加活跃。对比关系主要通过视觉形象色调的明暗、冷暖，色彩的饱和与不饱和，色相的迥异，形状的大小、粗细、长短、曲直、高矮、凹凸、宽窄、厚薄，方向的垂直、水平、倾斜，数量的多少，排列的疏密，位置的上下、左右、高低、远近，形态的虚实、黑白、轻重、动静、隐现、软硬、干湿等多方面的对立因素来达到的。它体现了哲学上矛盾统一的世界观。对比法则广泛应用在现代设计当中，具有很大的实用效果。

3. 对称

自然界中到处可见对称的形式，如鸟类的羽翼、花木的叶子等。所以，对称的形态在视觉上有自然、安定、均匀、协调、整齐、典雅、庄重、完美的朴素美感，符合人们的视觉习惯。平面构图中的对称可分为点对称和轴对称。假定在某一图形的中央设一条直线，将图形划分为相等的两部分，如果两部分的形状完全相等，这个图形就是轴对称的图形，这条直线称为对称轴。假定某一图形，存在一个中心点，以此点为中心通过旋转得到相同的图形，即称为点对称。点对称又有向心的"求心对称"，离心的"发射对称"，旋转式的"旋转对称"，逆向组合的"逆对称"，以及自圆心逐层扩大的"同心圆对称"等。在平面构图中运用对称法则要避免由于过分的绝对对称而产生单调、呆板的感觉，有的时候，在整体对称的格局中加入一些不对称的因素，反而能增加构图版面的生动性和美感，避免了单调和呆板。

4. 平衡

在衡器上两端承受的重量由一个支点支持，当双方获得力学上的平衡状态时，称为平衡。平面构成设计上的平衡并非实际重量×力矩的均等关系，而是根据形象的大小、轻重、色彩及其他视觉要素的分布作用于视觉判断的平衡。构图上通常以视觉中心（视觉冲击最强的地方的中点）为支点，各构成要素以此支点保持视觉意义上的力度平衡。在实际生活中，平衡是动态的特征，如人体运动、鸟的飞翔、野兽的奔驰、风吹草动、流水激浪等都是平衡的形式，因而平衡的构成具有动态性。

5. 比例

比例是部分与部分或部分与全体之间的数量关系。它是精确详密的比率概念。人们在长期的生产实践和生活活动中一直运用着比例关系，并以人体自身的尺度为中心，根据自身活动的方便总结出各种尺度标准，体现于衣食住行的器用和工具的制造中。比如早在古希腊就已发现迄今为止全世界公认的黄金分割比1∶1.618正是人眼的高宽视域之比。恰当的比例则有一种协调的美感，成为形式美法则的重要内容。美的比例是平面构图中一切视觉单位的大小，以及各单位间编排组合的重要因素。

黄金分割又称黄金率、中外比，是把一根线段分为长短不等的a、b两段，使其中长线段的比（即a+b）等于短线段b对长线段a的比，列式即a∶(a+b)=b∶a，其比值为

0.618 033 9……这种比例在造型上比较悦目,因此,0.618又被称为黄金分割率。

黄金分割长方形的本身是由一个正方形和一个黄金分割的长方形组成的,可以将这两个基本形状进行无限的分割。由于它自身的比例能对人的视觉产生适度的刺激,它的长短比例正好符合人的视觉习惯,因此使人感到悦目。

应用在美学上最简单的方法就是按照黄金分割率0.618排列出数列2,3,5,8,13,21,……并由此可得出2∶3、3∶5、5∶8、8∶13、13∶21等无数组数的比,这些数的比值均为0.618的近似值,这些比值主要适用于画面长宽比的确定、地平线位置的选择、光影色调的分配、画面空间的分割以及画面视觉中心的确立等。

6. 重心

重心在物理学上是指物体内部各部分所受重力的合力的作用点,对一般物体求重心的常用方法是:用线悬挂物体,平衡时,重心一定在悬挂线或悬挂线的延长线上;然后握悬挂线的另一点,平衡后,重心也必定在新悬挂线或新悬挂线的延长线上,前后两线的交点即物体的重心位置。在视觉构图中,任何形体的重心位置都和视觉的安定有紧密的关系。人的视觉安定与造型的形式美的关系比较复杂,人的视线接触画面,视线常常迅速由左上角到左下角,再通过中心部分至右上角经右下角,然后回到画面最吸引视线的中心视圈停留下来,这个中心点就是视觉的重心。但画面轮廓的变化、图形的聚散、色彩或明暗的分布等都可对视觉重心产生影响。因此,画面重心的处理是平面构图探讨的一个重要方面。在视觉广告设计中,一幅广告所要表达的主题或重要的内容信息往往不应偏离视觉重心太远。

7. 节奏与韵律

节奏本是指音乐中音响节拍轻重缓急的变化和重复。节奏这个具有时间感的用语在构成设计上是指以同一视觉要素连续重复时所产生的运动感。

韵律原指音乐(诗歌)的声韵和节奏。诗歌中音的高低、轻重、长短的组合,匀称的间歇或停顿,一定地位上相同音色的反复及句末、行末利用同韵同调的音相加以加强诗歌的音乐性和节奏感,就是韵律的运用。视觉设计中单纯的单元组合重复易于单调,由有规则变化的形象或色群间以数比、等比处理排列,使之产生音乐、诗歌的旋律感,称为韵律。有韵律的构成具有积极的生气,有加强魅力的能量穿针引线。

8. 联想与意境

画面一般通过视觉传达而产生联想,达到某种意境。联想是思维的延伸,它由一种事物延伸到另外一种事物上。例如图形的色彩:红色使人感到温暖、热情、喜庆等;绿色则使人联想到大自然、生命、春天,从而使人产生平静感、生机感、春意等。各种视觉形象及其要素都会产生不同的联想与意境,由此而产生的图形的象征意义作为一种视觉语义的表达方法被广泛地运用在平面与视觉设计中。

拓展阅读

中国传统五色观——阴阳五行、缤纷五色

你知道金木水火土五行对应的颜色吗?你知道东西南北中对应的颜色吗?还记得最近流行的中国红吗?除了红色,中国的传统颜色你还知道几个呢?

色彩令世界更加丰富多样，使人的生活体验具有更深邃的感知和领悟。中国传统色彩缤纷绚丽、意境优美，文化寓意深厚。色彩即人的视觉感受，经由色彩，人们又进一步联想到冷暖、强弱、刚柔，感受到不同的性格、民族、文化等。

中国传统五色观认为："青、赤、黄、白、黑"五色为正色。"阴阳五行"学说中（五行的顺序为水、火、木、金、土，分别对应黑、赤、青、白、黄），《周礼·考工记》中记载："杂五色，东方谓之青，南方谓之赤，西方谓之白，北方谓之黑，天谓之玄，地谓之黄。"

1. 红色

红色，是一种鲜艳的颜色，象征着吉祥喜庆，在五行中代表火，在方位中代表着南方。自古以来，逢年过节、婚嫁喜事，从张灯结彩，到服装用具、装饰配备，无不用大红的颜色来体现喜事的丰采，不仅表达了对节日的祝贺，内心的喜悦也从红红的喜气当中散发出来。这象征吉祥的红色，也绵延地传递了恒久的喜庆气息。

中国不仅是丝国和瓷国，也是漆器之国，是世界上最早使用漆器的国家。从浙江余姚河姆渡遗址出土的朱漆木碗到明清时期的剔红，朱色已经成为漆器的代表色之一。许多出土的漆器种类丰富，制作工艺和彩绘纹样更是精美叹绝。漆器之上往往是红与黑交相辉映，黑色博大、宽厚、深沉，红色鲜亮、强烈、古朴，一同彰显出漆器光洁柔和、华贵富丽的感觉。

在唐代的裙子中，以红、紫、黄、绿等色为多，而尤其以红色最流行，所以唐代诗人的笔下就常有红裙的身影，白居易的《官宅》："移舟木兰棹，行酒石榴裙"；白居易的《卢侍御四妓乞诗》："郁金香汗裛歌巾，山石榴花染舞裙"；白居易的《琵琶行》："钿头银篦击节碎，血色罗裙翻酒污"都是有关红裙的描写，可见当时红色裙子的流行时尚程度。

2. 青色

青色，代表着五行中的木，在方位中代表东方，在我国古代文化中有生命的含义，也是春季的象征，它象征着坚强、希望、古朴和庄重，中国古代器物和服饰常常采用青色。在我国古代社会中青色具有极其重要的意义。

"青，取之于蓝，而青于蓝"，这是古人对于传统染料提取过程总结的经验，又将对这种现象的观察暗寓人生道理。古代制作染料的原材料丰富各异，靛青是从蓝草中提取的，能够染出浓艳的蓝色，并且颜色牢固，制作靛青的蓝草常见的有蓼蓝、板蓝、马蓝等。另外，茜草、红花等可染红色，黄栀、姜黄、郁金等可染黄色，紫草可染紫红色。除了植物染料，矿物染料也有朱砂、赭石、雄黄、松烟等多种。

青花瓷的青色因为素净、雅致、清新而深受人们喜欢，从唐朝创烧到元代臻于成熟，再到明清盛烧不绝，青花瓷甚至已经成为中国风的一个标志。奇妙的青花得益于青料的使用，在元代青花瓷中，所使用的青料主要有两种。进口青料，俗称苏麻离青，它们通过丝绸之路带入中国，其原产地位于盛产钴矿的伊拉克索马拉。进口青料的成分低锰、高铁，青花成色纯正、深沉、浓艳，会有深蓝、翠蓝、紫蓝的不同色彩呈现，色料堆积厚的地方会有黑色的铁锈斑。国产青料的成分则高锰、低铁，青花成色青蓝，偏灰黑。

3. 黄色

黄色在中国古代是高贵的颜色，是象征大地的颜色，五行中代表着土，在方向中代表中心方位。汉以后的历代王朝，黄色以近金色的灿烂成为皇家专用色彩象征，平民百姓不得以赤黄为衣。宋太祖赵匡胤陈桥兵变时，诸将给他披上黄袍，便代表拥立为帝，成为一国之君,可见黄色即为代表皇权的高贵颜色。

汉乐府《陌上桑》中为我们描写了一位"缃绮为下裙,紫绮为上襦"的美丽女子,诗里的主人公罗敷穿着淡黄色的裙子和紫色的襦衣,黄、紫色互为补色,再点缀上"青丝""明月珠"的色彩,与莫奈的绘画有异曲同工之妙。

因彩而得名的"唐三彩"主要颜色有黄、绿、白、蓝,还有褐、赭、黑等,"三"更多指的是泛指,意为多彩。马和骆驼是唐三彩中较为典型的器型。

4. 白色

白色在中国古代色彩观念中,具有多义性。白色在方向中是西方的象征,代表五行中的金,在汉民族文化中,白色与死亡、丧事相联系,红白喜事中的白指的就是丧事。今天,在中国人的葬礼上,死者的亲属朋友通常还臂挽黑纱,胸襟上别着白色的小花,以此来表达对逝去亲人的哀悼和敬意。在中国传统戏剧的脸谱中,白色还代表着奸诈多谋和刚愎自用。白在封建社会是平民之色,平民百姓被称为白丁、白衣、白身。

5. 黑色

所谓天地玄黄,黑色在《易经》中被认为是天的颜色。从原始氏族社会到大秦王朝,黑色一直都是人们崇尚的颜色,可以说黑色在古代中国是众色之王,也是中国古代史上单色崇拜最长的色系,黑色包揽了中国文明的源头。在古代中国文化中,黑色是北方的象征,代表五行中的水,是五色之一,没有贬褒的含义。秦朝尚黑,我们在影视剧中可以看到,秦朝无论是帝王、大臣,还是兵士,他们的服饰、铠甲都是以黑色为主颜色的。

在中国传统文化中,色彩与诗文、习俗、工艺、美术等之间密不可分。在不同色度、不同冷暖的变化中,透着中国传统文化的底色,维系着古今华人的血脉联系。

学习单元五

网店视觉营销的整体规划与设计

网店视觉营销的整体
规划与设计

5.1　网店视觉的用户体验设计

5.1.1　网店视觉与用户体验

网店是以互联网技术为支撑的网络应用系统，由不同级别的网页构成。从信息与视觉传达的角度看，网页是一种通过视觉元素的引人注目而实现信息内容的传达，为了使网页获得最大的视觉传达功能，网页的设计必须适应人们视觉流向的生理和心理的特点，由此确定各种视觉构成元素之间的关系和秩序，使人浏览起来心情愉快，接收信息也会更加容易。网页设计的审美需求是对传统视觉传达设计美学的一种继承和延伸。两者的表现形式和目的都有一定的相似性，把传统视觉传达设计美的形式规律同现代的网页设计的具体问题结合起来，能够增加网页设计的美感和满足大众的视觉审美需求。

一般来说，人在阅读某种信息时，视觉总有一种自然的流动习惯，先看什么，再看什么，后看什么。知道了人的视觉阅读习惯，在设计网店的时候要遵循这种视觉心理学。视觉心理学的研究表明，人类的浏览习惯一般是从上到下、从左到右、从最显眼的到不显眼的。由此可见，平面的视觉影响力为上方强于下方、左侧强于右侧、平面的上部和中上部为最优的展示区域。在网店设计中一些突出或推荐的信息通常都放在这个位置。但这种视觉流程只是一种感觉，并非固定的公式，只要符合人们的心理顺序和逻辑顺序，就可以更为灵活地运用。在网店设计中，灵活而合理地运用这种视觉流程直接影响到传达信息的准确性和有效性。网店作为一种视觉语言，要讲究编排和布局，虽然主页设计不等同于平面设计，但它们有许多相近之处，应充分利用和借鉴。如何设计出达到预期效果的网店页面，是需要深刻理解消费者的需求并对其网购时的心理进行认真的分析研究，以吸引大量的网络消费者访问网店。

网店的视觉风格指的是一种富有特色的品质或形式的表达方式。艺术史学家迈尔·夏皮罗认为，风格是"某个个人或群体的艺术作品的经久不变的形式，有时则是持久不变的要素和表现"。"艺术风格作为一种表现形态，有如人的风度一样，它是从艺术作品的整体上所呈现出来的代表性特点，是由独特的内容与形式相统一、艺术家的主观方面的特点和题材的客观特征相统一所造成的一种难于说明却不难感觉的独特面貌。"网店的视觉风格，是指网店的整体形象给浏览者的综合感受，是通过网页上的视觉元素体现出来的。这种形式的体现来自色彩、图形、文字等元素，还依靠网站的布局、导航、交互方式等。这种形式产生的内在因素来自网站本身的内容，网站的视觉风格是网站内容的一种抽象的体现。从本质上说，网站的视觉风格作为一种表现形态，是从网站整体形式呈现出来的代表性特点，是内容与形式相统一、设计者的主观因素与客观特征相统一而形成的一种难以说明却不难感觉的独特面貌。

用户体验（User Experience，UE），指用户在使用产品或接受服务过程中建立起来的纯主观心理感受。以网上购物为例，用户体验包含从用户进入网店、查看商品、咨询、查阅评价、购买、收货、售后等完整购买周期中的所感所想。

现在很多互联网行业的从业人员动不动就提"用户体验"，但是在看了很多同行的网站后，发现很多的网站不仅没有把用户体验这个最重要的部分处理好，并且对用户体验的概念都比较模糊，更不知道从何下手，尤其对于电子商务网站而言，直接的后果就是网站的转化率提不上去，销售额无法突破。每个人对网站的使用习惯不一样，功能要求也不一样，要做到最好的用户体验只能是照顾最主要目标受众的需求，因此要实现用户体验的优化，前提之一是必须对自己的目标受众了如指掌。因此，要有一个详细的背景调查，分析目标受众的属性，分析他们的需求和行为特征，这样才能有的放矢，实现网站用户体验优化的目的。

目前各类应用的网店实际上是一个应用性网站，所以网店的用户体验包含部分网站的用户体验内容。关于网站的用户体验包含的要素比较多，总的来讲可以分为感官体验、交互体验、情感体验、浏览体验、信任体验等。

感官体验：呈现给用户视听上的体验，强调舒适性。

交互体验：呈现给用户操作上的体验，强调易用/可用性。

情感体验：呈现给用户心理上的体验，强调友好性。

浏览体验：呈现给用户浏览上的体验，强调吸引性。

信任体验：呈现给用户信任上的体验，强调可靠性。

1. 感官体验方面包含的要素

网站的设计风格：符合目标客户的审美习惯，并具有一定的引导性。网站在设计之前，必须明确目标客户群体，并针对目标客户的审美喜好，进行分析，从而确定网站的总体设计风格。

网站 Logo：确保 Logo 的保护空间，确保品牌的清晰展示而又不占据过多空间。

页面速度：正常情况下，尽量确保页面在 5 秒内打开。如果是大型门户网站，必须考虑南北互通问题，进行必要的压力测试。

页面布局：重点突出，主次分明，图文并茂。与企业的营销目标相结合，将目标客户最感兴趣的、最具有销售力的信息放置在最重要的位置。

页面色彩：与品牌整体形象相统一，主色调与辅助色不超过三种颜色。应用恰当的色彩明度和亮度，确保浏览者的浏览舒适度。

动画效果：与主画面相协调，打开速度快，动画效果节奏适中，不干扰主画面浏览。

页面导航：导航条要清晰明了、突出，层级分明。

页面大小：做到适合多数浏览器浏览（包括 15 英寸①、17 英寸显示器或大屏幕显示器）。

图片展示：比例协调、不变形，图片清晰。图片排列方式既不能过于密集，也不应过于疏远。

图标使用：简洁、明了、易懂、准确，与页面整体风格统一。

广告位：避免干扰视线，广告图片符合整体风格，避免喧宾夺主。

背景音乐：与整体网站主题统一，文件要小，不能干扰阅读。要设置开关按钮及音量控制按钮。

2. 交互体验方面包含的要素

会员申请：介绍清晰的会员权责，并提示用户确认已阅读条款。

会员注册：流程清晰、简洁。待会员注册成功后，再详细完善资料。

表单填写：尽量采用下拉选择，需填写部分应注明要填写的内容，并对必填表单字段做出相应的限制。

表单提交：表单填写后需输入验证码，防止注水。提交成功后，应显示感谢提示。

按钮设置：对于交互性的按钮必须清晰突出，以确保用户可以清楚地点击。

点击提示：点击浏览过的信息颜色需要显示为不同的颜色，以区分于未阅读内容，避免重复阅读。

错误提示：若表单填写错误，应指明填写错误之处，并保存原有填写内容，减少重复工作。

在线问答：用户提问后，后台要及时反馈，后台显示有新提问以确保回复及时。

意见反馈：当用户在使用中发生任何问题时，都可随时提供反馈意见。

在线调查：为用户关注的问题设置调查，并显示调查结果，提高用户的参与度。

在线搜索：搜索提交后，显示清晰列表，并对该搜索结果中的相关字符以不同颜色加以区分。

页面刷新：尽量采用无刷新（Ajax）技术，以减少页面的刷新率。Ajax 是一种网络开发技术，它将 JavaScript 和 XML 技术结合在一起，用户每次调用新数据时，无须反复向服务器发出请求，而是在浏览器的缓存区预先获取下次可能用到的数据，界面的响应速度因此得到了显著提升。

新开窗口：尽量减少新开的窗口，以避免开过多的无效窗口，设置弹出窗口的关闭功能。

资料安全：确保资料的安全保密，对客户密码和资料进行加密保存。

显示路径：无论用户浏览到哪一个层级、哪一个页面，都可以清楚地看到该页面的路径。

3. 浏览体验方面包含的要素

栏目的命名：与栏目内容准确相关，简洁清晰，不宜过于深奥。

栏目的层级：最多不超过三层，导航清晰，运用 JavaScript 等技术使得层级之间伸缩便利。

---

① 1 英寸 = 25.4 毫米。

内容的分类：同一栏目下，不同分类区隔清晰，不要互相包含或混淆。
内容的丰富性：每一个栏目应确保足够的信息量，避免栏目无内容情况出现。
内容的原创性：尽量多采用原创性内容，以确保内容的可读性。
信息的更新频率：确保稳定的更新频率，以吸引浏览者经常浏览。
信息的编写方式：段落标题加粗，以区别于内文。采用倒金字塔结构。
新文章的标记：为新文章提供不同标识（如 new），吸引浏览者查看。
文章导读：为重要内容在首页设立导读，使得浏览者可以了解到所需信息。文字截取字数准确，避免断章取义。
精彩内容的推荐：在频道首页或文章左右侧，提供精彩内容推荐，吸引浏览者浏览。
相关内容的推荐：在用户浏览文章的左右侧或下部，提供相关内容推荐，吸引浏览者浏览。
收藏夹的设置：为会员设置收藏夹，对于喜爱的产品或信息，可进行收藏。
栏目的订阅：提供 Rss 或邮件订阅功能。
信息的搜索：在页面的醒目位置，提供信息搜索框，便于查找到所需内容。
页面打印：允许用户打印该页资料，以便于保存。
文字排列：标题与正文明显区隔，段落清晰。
文字字体：采用易于阅读的字体，避免文字过小或过密造成的阅读障碍。可对字体进行大中小设置，以满足不同的浏览习惯。
页面底色：不能干扰主体页面的阅读。
页面的长度：设置一定的页面长度，避免页面过长而影响阅读。
分页浏览：对于长篇文章进行分页浏览。
语言版本：为不同国家的客户提供不同的浏览版本。
快速通道：为有明确目的的用户提供快速入口。

4. 情感体验方面包含的要素

客户分类：将不同的浏览者进行划分（如消费者、经销商、内部员工），为客户提供不同的服务。
友好提示：对于每一个操作进行友好提示，以增加浏览者的亲和度。
会员交流：提供便利的会员交流功能（如论坛），增进会员感情。
售后反馈：定期进行售后的反馈跟踪，提高客户满意度。
会员优惠：定期举办会员优惠活动，让会员感觉到实实在在的利益。
会员推荐：根据会员资料及购买习惯，为其推荐适合的产品或服务。
鼓励用户参与：提供用户评论、投票等功能，让会员更多地参与进来。
会员活动：定期举办网上会员活动，提供会员网下交流机会。
专家答疑：对用户提出的疑问进行专业解答。
邮件/短信问候：针对不同客户，为客户定期提供邮件/短信问候，增进与客户间的感情。
好友推荐：提供邮件推荐功能。
网站地图：为用户提供清晰的网站指引。

5. 信任体验方面包含的要素

搜索引擎：查找相关内容可以显示在搜索引擎前列。

企业介绍：真实可靠的信息发布，包括公司规模、发展状况、公司资质等。
投资者关系：上市公司需为股民提供真实准确的年报、财务信息等。
服务保障：将公司的服务保障清晰列出，以增强客户信任。
页面标题：准确地描述公司名称及相关内容。
文章来源：为摘引的文章标注摘引来源，避免版权纠纷。
文章编辑作者：为原创性文章注明编辑或作者，以提高文章的可信度。
联系方式：准确有效的地址、电话等联系方式，便于查找。
服务热线：将公司的服务热线列在醒目的地方，便于客户查找。
有效的投诉途径：为客户提供投诉或建议邮箱或在线反馈。
安全及隐私条款：对于交互式网站，注明安全及隐私条款可以减少客户顾虑，避免纠纷。
法律声明：对于网站法律条款的声明，可以避免企业陷入不必要的纠纷中。
网站备案：让浏览者确认网站的合法性。
相关链接：对于集团企业及相关企业的链接，应该具有相关性。
帮助中心：对于流程较复杂的服务，必须具备帮助中心进行服务介绍。

5.1.2　网店用户体验的要素

对于以销售商品与服务为目标的电子商务网站平台与网店来讲，用户体验是电子商务网店运营中至关重要的一环，用户体验之旅是否舒适愉快，将直接影响到网店的口碑和销售。一次理想的网上购物体验之旅应该是这样的：顾客通过自然搜索或广告引流来到店铺，首先被店铺精美的 VI/UI 体系、有序的商品陈列和专业性主图所打动；点击进入商品详情页面，再被访问的流畅性、文案描述的诱惑性、卖点表达和使用说明的全面性、产品细节的品质、店铺信誉度等要素震撼；与客服交流能时刻感受到客服服务的热情及专业；通过简易的操作下单支付，收到货物以后，产品精美的包装、贴切的赠品、实实在在的性能，极大地满足了消费者的内心期待。

对于这方面国内外学者进行了一些相关研究，有学者通过抽取网上购物完整过程中影响用户体验的主要因子，建立了如图 5.1 所示的电子商务网店用户体验模型。从模型上可以看出，网店的消费者体验包括视觉体验、产品体验、功能体验与情感体验四个大的方面。

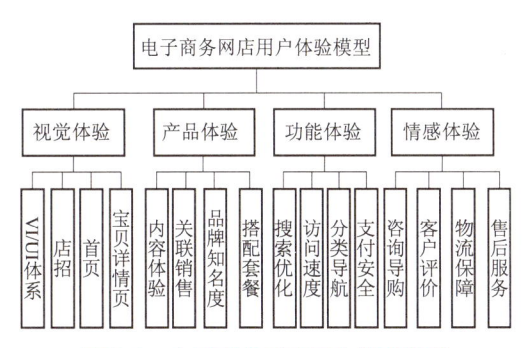

图 5.1　电子商务网店用户体验模型

但在现实中，消费者对于不同页面的浏览习惯不一样，对于商品的需求出发点也不一样，消费者的用户体验存在着很多变数。因此，要做好用户体验就需要抓住主流客户的消费需求以及浏览习惯。所以开始实施用户体验的设计以及优化之前，首先需要完成的工作就是对自己的主流客户进行一些研究分析和调查统计。通过多维度的消费者调查，了解消费者是怎样的人群，了解目标客户想看到的以及需要的具有哪些特征，了解客户的消费行为和消费目的，这样才能做好用户体验。

对于淘宝、天猫、京东等平台内的店铺与商户来说，需要完成的用户体验设计并不像平台独立站点一样有很多要素，因此可以根据实际的需要，强调部分用户体验要素。

例如：

视觉感官体验：在视觉上重视给予消费者最直观的感受。

界面交互体验：用户对于界面的习惯程度以及方便性。

情感因素体验：对于店铺的心理接受程度和认可程度。

浏览习惯体验：在浏览店铺时能否被展示的商品所吸引。

信任体验：对于店铺的可信度、品牌的支持度上的心理反馈。

1. 视觉感官体验应重点关注的要素

（1）设计的风格：能够符合主流消费群体的审美喜好，有一定的美学体现。

（2）店铺名或者品牌的Logo：对于店铺品牌的体现需要给予一定的独立空间展示和宣传店铺及品牌Logo，不能将过多的文字和图片放在Logo周围，会影响品牌的塑造。

（3）页面打开速度：确保店铺页面能够在5秒内打开，让消费者能够浏览到重要信息。如果是拥有一定规模的品牌店铺，则需要进行一定的压力测试。

（4）页面整体布局：能够重点突出，核心展示优势商品，同时给人以店铺商品丰富多样的感觉。对于商品的品类规划，以及商品的陈列格局都有比较科学的排版布置。

（5）页面色彩匹配：能够和品牌里面的色调统一协调，在设计上主色的运用不能超过三种。确保运用柔和的主体色，能够方便消费者浏览商品，高亮的颜色容易加速消费者的视觉疲劳。

（6）适当的视频展示：通过视频的展示能够更加有效地突出商品的卖点，同时视频的特效广告也能够提升店铺品牌形象。

（7）页面导航的科学性：导航条能够弥补商品的不完全展示，所以在导航上应该对商品进行正确分类，根据不同属性科学地展示商品。

（8）页面的科学性：不同的浏览器以及不同的显示屏对于页面的呈现会有差异，要尽量考虑到各种浏览器和显示屏的完美展示。

（9）图片的完全展示：首先保证图片不变色、不变形。其次保证图片清晰美观，尽量不要用过多的文字覆盖图片里的商品主体，这样容易降低店铺的档次。

（10）图标的使用：图标不能过于花哨，应与页面整体风格统一，选择三种以内的图标会让店铺形象更加协调。

（11）海报的展示：以商品的促销与销售为目的，展示与商品销售有关的海报，海报的设计符合视觉审美，能抓住消费者心理。

2. 界面交互体验应重点关注的要素

（1）流程的体现：这里的流程包括购物流程与售后服务流程，对初级消费者来说，流程的体现非常重要，网店规划设计时应明确购物流程、售后服务流程。可以应用流程图的形式来表现。

（2）按钮的设置：要求页面中各类按钮明确清晰，以提高浏览量。

（3）点击暗示：对于店铺主推的商品，可以设置一些点击暗示，强调点击的必要性与利益性，引导消费者深度浏览。

（4）客服在线：页面上的客服系统是交互体验的一个重要渠道，是解答消费者疑问的重要通道，所以旺旺等客服系统终端必须在线，而且客服的通道可以有多个，以提升客服的反应时间，及时与消费者沟通，体现卖家的专业性。

（5）客服终端的位置：应该根据需要放置在重要与方便的位置。

（6）搜索栏：一般在页面的右上方"搜本店"，也可以进行优化，增加"本店搜索"功能模块，可以包含搜索的关键字和价格等。

（7）路径优化：为消费者提供方便，增加店铺的点击次数和成交量。

3. 情感因素体验应重点关注的要素

（1）商品的分类命名：商品的分类命名是比较重要的，决定商品的类别归类，命名应根据消费者的习惯，从消费者的角度进行分类归纳与命名。

（2）分类的层级：做到层次鲜明，展示核心的分类。例如女单鞋可以有比较多的分类属性，如平底单鞋、高跟单鞋、中低跟单鞋等，根据材料分有真皮、PU 皮、织物布等，还可以根据价格区间进行分类。

（3）分类内容：因为不同类的商品分类内容比较多，但不宜过多地交叉。

（4）商品的原创性：在设计上要体现商品的原创性，显示厂家自己生产的信息，设计个性化的店铺页面，在搜索引擎中避免复杂或同类。

（5）商品更新率：不断更新店铺的信息，更新店铺推出的新款商品，更新热销商品信息，以吸引老客户，提升消费者的黏度。

（6）信息的描述方式：尽可能多地采用图文结合的形式来描述信息，也可以采用动态图像或视频的格式展示信息。

（7）新品的标记：对于新发布的产品要给予标记，方便消费者发现和购买，让店铺保持新鲜度。

（8）辅助推荐：在店铺的首页、左侧栏、自定义栏、编辑栏等多个地方可以对店铺的活动进行提醒与引导，增加店铺曝光率。

（9）活动推荐：可以通过友情链接等形式推荐店铺参加的各种平台活动。

（10）相关商品的推荐：可以通过友情链接的形式展现需要推荐的相关商品，以方便消费者，节省消费者的寻找时间。

（11）收藏设置：在醒目的位置设置收藏商品或者店铺收藏按钮，方便消费者收藏。

（12）文字排列：规范地排列相应的文字，字体大小设置合适，排版方式应能被大众接受。

（13）页面长度：选择合理的页面长度值，一般浏览页面长度以鼠标滑轮滚动 2~3 次为宜。

4. 浏览习惯体验应重点关注的要素

（1）友好提示：运费、赠品、较好的物流、满就送等提示要明显，用利益的"诱惑"让更多的消费者了解店铺。

（2）搜索引擎优化：优化商品的标题，优化搜索的方式，使消费者更容易搜索。

（3）会员交流：通过创建淘帮派、客户服务群等途径，引领行业群体的交流。

（4）售后服务：做好售后服务的相关内容，明确售后服务的责任等，及时跟踪和反馈消费者的消费、使用信息，解答消费者使用过程中的问题，明确退换货问题。

（5）会员优惠：明确对会员的优惠政策。

5. 信任体验应重点关注的要素

（1）企业简介：可以在页面中适当介绍企业的基本状况，提升消费者的信任度。

（2）服务保障：明确服务的条目、售后的保修维护政策等。

（3）投诉入口：设置明细的投诉入口，增强消费者的信任保障。

（4）法律申明：明确相应的法律申明，增强消费信心，可以提供合法的生产许可证明、授权证明、获得的荣誉证明等。

5.1.3 提升流量的用户体验

目前，淘宝、天猫、京东、苏宁易购等平台，已经有数量非常庞大的商家、卖家与网店。但是在网店装修设计、推广、运营等问题上很多商家还比较茫然，不知道先从哪里入手，不知道如何来建设自己的网店。关于这个问题，须先了解以下几个概念：

（1）网店流量：通常所说的网站流量（Traffic）是指网站的访问量，是用来描述访问一个网站的用户数量以及用户所浏览的网页数量等指标，常用的统计指标包括网站的独立用户数量、总用户数量（含重复访问者）、网页浏览数量、每个用户的页面浏览数量、用户在网站的平均停留时间等。此外，网站流量还有一层意思，就是一个网站服务器所传送的数据流量的大小（数据流量常用字节数/千字节数等指标来描述），在网络营销中所说的网站流量一般与网站的实际数据流量没有一一对应关系。

（2）网店转化率：网店转化率是指所有到达网店并产生购买行为的人数和所有到达店铺的人数的比率。即：转化率 =（产生购买行为的客户人数/所有到达店铺的访客人数）× 100%。以淘宝网为例，根据淘宝网典型转化路径，网店转化率又可细分为店铺转化率、类目/活动转化率、整站转化率。图5.2所示为网店转化率。

图 5.2 网店转化率

对于一家新开的网店，不管是淘宝集市店、天猫商城店，还是京东等其他平台的店铺，如果没有消费者进网店来浏览里面的产品，就意味着不会有成交量与销售量。因此，大多数商家开始千方百计地想办法吸引流量。但是，有流量访问网店页面，哪怕是较大的流量，也存在转化率低，甚至没有转化率的情况。况且，目前淘宝、天猫等各平台的流量较大的一部分是通过付费引流产生的，如果有流量没有转化率，就意味着亏损。

那么转化率怎么来呢？如何才能提升有效流量，确保转化率呢？这是一个非常重要的问题，实际上影响转化率的因素很多，涉及方方面面。而且线下实体店引流与网店引流区别相对比较大。

在这里我们着重从网店布局排版和视觉设计的角度去分享一些网店装修设计方面的经验。

实体店中导购员可以主动与来访的消费者进行面对面的沟通，可以及时地根据消费者的需求介绍产品，推荐其他关联产品与类似产品，通过各种形式引导消费者购买产品。而在网店中，客服人员是不可能主动发起与消费者的沟通的，处在被动地位，而消费者处在主动地位，客服人员无法抓住消费者给他们介绍推荐适销对路的产品。在这种情况下，商家就要研究如何全面地、全方位地在网页上展示销售商品的特征、属性、优越性等就显得非常重要了。否则消费者根本不知道你的产品跟同类产品的区别在哪里，你的竞争力在哪里，所以企业在建设网店之前必须对网店及其用户体验进行全面的规划与设计。

5.2 网店视觉营销与体验设计整体规划

5.2.1 从目标消费者的角度确定网店定位

网店定位就是确定商品销售的目标消费者群体，即搞清楚网店的消费人群是谁，是哪些群体，分析产品适用的人群。但需要注意的是，有些商品类目消费人群跟适用人群是同一个群体，有些类目的消费人群跟适用人群不是同一个群体。比如买童装，一定是成年人买来给孩子穿的，一般情况下不会是10岁的孩子自己访问童装网店给自己买衣服的。所以在网店建设之前必须认真仔细地分析目标客户与消费人群，确定网店的定位。消费人群和产品适用人群的分析可以包括以下几个方面，甚至可以从更多的角度考虑分析。

（1）消费人群的年龄段。
（2）消费人群的收入水平。
（3）消费人群的性别。
（4）消费人群的工作环境。
（5）消费人群的社交圈。
（6）消费人群的文化程度。
（7）消费人群所处的人生阶段。
（8）消费人群注重的产品细节、功能、整体外观等方面。
（9）消费人群的性格。
（10）消费人群的审美观。
（11）适用人群的年龄段。
（12）适用人群的性别。
（13）适用人群的社交圈。
（14）适用人群注重的产品细节、功能、整体外观等方面。
（15）适用人群的审美观。
（16）适用人群所处的人生阶段。
（17）消费人群与适用人群之间的人际关系。

5.2.2 网店视觉营销规划要素

1. 引流方法策划

流量是网店建设、提升和发展最重要的影响因素之一，有流量不一定有成交，但没有流量就一定没有成交。流量作为店铺发展的必备因素，其价值的高效利用也越来越成为企业与商家关注的焦点。对于一家企业或一个网店来讲，流量的产生一般都要进行营销推广，比如软文、广告、直通车、淘宝客、第三方平台、参加活动等都是增加流量的方法。对引流的方法在业务开展前要做简要的策划，要了解各种引流方式所需要的成本，要有相应的预算。

但是，有流量以后就要尽最大的限度把流量转化为有效流量，这就需要依靠网店的价值与优势，即必须做好网店的建设，做好网店装修、网店的视觉营销整体规划等。一般情况下，一个建设质量较高的网店，不仅能让消费者眼前一亮，能延长页面停留时间，还可以提高转化率，增加成单量。优质的网店装修能给消费者带来好的心情，营造良好的购物环境；优秀的店铺装修能吸引顾客的关注，塑造店铺形象和品牌；优质的店铺装修能刺激购物欲望，留住消费者，提升成交量和消费者忠诚度。

2. 基于用户体验的网店整体视觉设计策划

当网店的定位与目标消费群体确定以后，必须以用户体验为基本指导理念，开展网店整体的视觉设计与视觉营销策划。网店视觉营销整体规划要注意以下几个方面。

（1）网店的品牌：用来确定广告定位主诉求，是信任状况的整体体现。

（2）网店销售的产品：放大产品属性与特征，使产品具备诱惑力，是旺销状况的体现。

（3）网店的文化：品牌文化底蕴场景式融入，潜移默化地引导消费者。

（4）网店的风格：整体风格统一，创意细节体现网店的特征。

（5）网店商品促销文案：符合品牌诉求的语言风格，把握整体的统一性。

（6）网店的色彩：突出企业主色，用辅助色衬托。

（7）网店消费者体验：功能性布局具备方便性、可浏览性、易读性。

（8）网店购物流程：网店购买支付流程清晰化是从细节出发，留住消费者的一种有效手段。网店购物流程的设计要根据不同平台的设计来进行，目的就是尽可能促使访问的消费者购买商品，产生有效流量。消费者的购物流程可以归纳为三种方式：直接购买方式、购物主流程的购物方式、购物车购物方式。直接购买方式是消费者浏览电子商务购物平台，在平台商品类目与导航的指引下，搜索相应的商品类目，进入搜索结果页面，根据消费者不同的偏好，如价格优先、信誉优先、销量优先、人气优先等综合排序，选择理想的商品，然后进入店铺，浏览商品详情页，选择商品尺码、规格、颜色后，直接购买进入支付环节，并确认支付的过程；购物主流程的购物方式是消费者进入电子商务平台，并注册为平台会员以后，在平台商品类目与导航的指引下，搜索相应的商品类目，进入搜索结果页面，根据消费者不同的偏好，如价格优先、信誉优先、销量优先、人气优先等综合排序，选择理想的商品，然后进入店铺，浏览商品详情页，选择商品尺码、规格、颜色后，把相应的商品加入购物车，经过同类商品的比较以后，确定购买哪款商品、哪个店铺的商品，然后在个人账户系统中点击购买，并确认支付的过程；购物车购买方式与直接购买方式类似，无非是把多个商品加入购物车，然后一起购买支付。其中，购物主流程的购物方式是目前各平台应用最多的。对于企业与网店来说，一定要弄清消费者购物的流程，才能进行更好的规划与设计。

5.2.3　商品推荐与关联营销策划

实际上商品的销售是比较复杂的一门学问，因为不同的消费者具有不同的消费习惯与消费偏好，在网店的整体策划中也要考虑商品推荐与关联营销，网店店铺的商品推荐策划是考虑如何向消费者或者忠诚的客户推荐季节流行的商品、销量比较好的商品、品质比较优的商品、价格比较实惠的商品、功能更强大的商品、最新款式的商品等。图5.3所示为某一店铺的商品推荐。

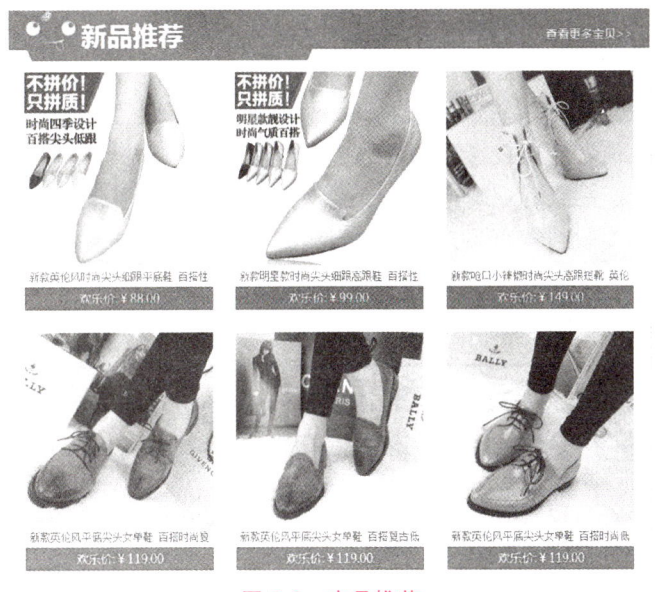

图5.3　商品推荐

关联营销是一种建立在双方互利互益的基础上的营销，在交叉营销的基础上，在事物、产品、品牌等所要营销的东西上寻找关联性，来实现深层次的多面引导。同时，关联营销也是一种新的、低成本的、企业在网站上用来提高收入的营销方法。关联营销有时候也叫绑缚营销，目前关联销售在很多店铺里面已经开始使用了。关联营销是指一个商品详情页同时放了其他同类、同品牌可搭配的等有关联的商品。由此达到让客户多看些商品的目的，以便提高成交率。关联销售可以在不同店铺、不同品牌的商品之间开展，也可以在同一店铺、同一品牌内部开展，就是同一家企业对同款产品的交叉但有关联的引导销售，即一款产品销售页面上除了本身产品的一些信息之外，将同类型或者有关联的产品信息放在上面，实现多款对比，提高消费者的自主选择和网站黏性。

关联营销具有的优势概括起来有：能够提升转化率，让更多的消费者来购买店铺的商品；能够提高客单价，让消费者一次买更多的商品；能够提高店内商品的曝光率，可以让浏览店铺的消费者更好地了解网店店铺和网店销售的产品。

关联营销商品的选择可以用以下三种方法：选择互补关联的商品，互补关联的商品强调搭配的商品和主推商品有直接的相关性，如主推商品为鼻贴，就可以搭配面膜、洗面奶等产品；选择替代关联的商品，替代关联指主推商品和关联商品可以完全替代，如主推商品为圆领 T 恤，那么关联产品可以是 V 领 T 恤，也可以是立领等；选择潜在关联商品，潜在关联重点强调潜在互补关系，这种搭配方式一般不推荐，但是多类目店铺可以考虑，如主推商品为泳衣，那潜在关联的商品可以为防晒霜或者项链等，表面上这两种产品毫无关系，但是潜在意义上，买泳装的人可能在户外游泳，因此防晒霜也是必要的。

关于关联推荐在页面上布局的位置，大多数商家喜欢把关联产品的信息放在商品详情描述的前面，其目的是快速让消费者浏览到其他的商品，增加购物车商品数量，也有些商家把关联推荐放在商品详情页的后面。关联营销的策划还需要注意以下几个方面：

（1）在商品描述前加入关联产品或者配套产品，是一种可行的方法，但是必须控制展示商品的数量，否则会直接影响用户体验。

（2）在商品描述中嵌入关联商品，需要注重质量、注意数量，否则页面会显得啰唆，使消费者没有耐心继续浏览下去。

（3）在商品描述完后的位置插入关联商品。一般来说，能够花费这么久的时间浏览店铺商品描述的，证明该消费者比较喜欢网店的产品，有一定的购买欲望，那么在商品详情最后加上相关产品、热卖产品或者配套产品，无论从点击率、购买率来看，都会有明显的提高。

合理地嵌入相关关联销售商品，才能够起到事半功倍的效果，当然，关联营销的设置很灵活，可以根据自己网店的特点进行设置。不管怎么设置，都要遵循关联性的大前提。图 5.4 所示为一组关联推荐商品。

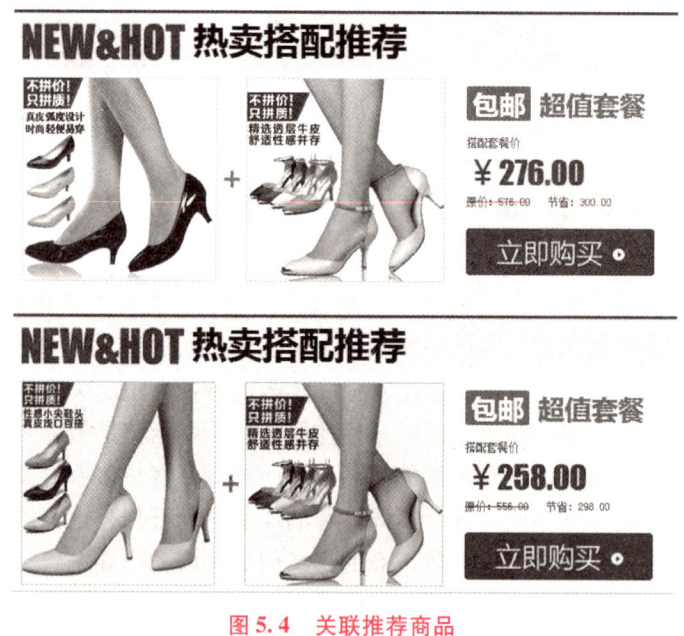

图 5.4 关联推荐商品

5.2.4 网店的视觉布局

网店的布局设计在不同的平台上是不一样的，淘宝与天猫平台上也有普通店铺与旺铺之分。但一般的网店店铺最关键的展示区有店铺首页、商品（宝贝）分类页、商品（宝贝）详情展示页，其他的展示区还有很多，比如个人空间、信用区、店铺介绍区等。这些功能区域在设计时要进行合理的布局。

（1）店铺首页：在旺铺设计上用户可以自由发挥的余地较大，可以内置网页程序代码；专业的网店店铺设计，可以充分利用首页空间，达到美化店铺，对产品对店铺背景进行宣传的目的。

（2）商品分类页：针对产品（宝贝）的分类模块的特点进行装修装饰，采用不同的设计和布局以及素材的搭配，达到预想到的效果，让人感觉店铺设计美观大方。在网店的装修设计中，系统后台有自定义分类模块、左侧分类模块与右侧自定义模块等，要对这几个模块进行合理布置。

自定义分类模块，相当于一个网店店铺的横向目录，通过点击不同的分类项可以展示不同的页面，因此，在此页面的设计上一定要条理清晰，以加深店铺的浏览深度，这也是消费者经常重点关注的模块。一个好的自定义分类，可以凸显店铺风格定位、商品重点推荐、特惠活动、与顾客的互动等。这个模块可以自定义，即商家在系统后台可以自行设计。

左侧分类模块，是提高店铺浏览深度的一个重要操作，而其中的类目排列则为重中之重，通过左侧模块可以向消费者展现店铺销售的各类商品，通过合理的排序，可以让消费者方便快速地找到需要的商品。在系统后台商家（企业）可以增加相应的模块，如帮派入口、新款推荐、热销商品、特价促销、一元换购等，这些模块的添加，会增加消费者的黏性，提升消费者反复点击或者购买的行为，让消费者停留的时间更长。

右侧自定义模块，是店铺首页的黄金展位，建议设置最新店铺活动、热销款、主打商品、快速导航。右侧模块可以选择放置当下店铺主推的产品大图，尽量不要用密密麻麻的文字填满。模块中部，产品的排列不需要过分整齐，进行有层次的展示，差异产生关注点击。

（3）商品详情展示页面：商品详情页对于网上销售的商品来讲是非常重要的。消费者在搜索到商品以后，基本上都是通过商品详情页了解商品的特征与属性，而事实上商品的销售也关键看这个页面，商品详情页是否做得美观、舒适、可信，商品属性描述得是否清楚等，均影响消费者对商品品质与价值的把握。一般来讲，为了使商品详情页更适应消费者的阅读，使商品详情页更美观漂亮，商家会使用各类方法与技巧，比如用商品描述模板、给商品拍很多细节照片、把商品详情图设计得非常悦目等，这些都需要巨大的工作量和投入，可见商品详情页的重要性是不言而喻的。对于业绩比较好的网店商铺，商品详情页的上半部分一般设置店铺的店招，左边有分类栏，下面部分设置同类商品推荐模块，使网店页面整体协调，并最大限度地吸引消费者在店铺里浏览。图5.5所示是一淘宝网店商品详情页的布局结构。

商品详情展示页是直接决定交易达成的关键因素之一，什么样的商品详情页既方便，又能提高店铺的转化率呢？

首先，要考虑消费者的购物逻辑，消费者在网络平台的购物逻辑与实体商店的购物逻辑相似，在安排商品详情页的信息流逻辑顺序时，也应当尊重消费者递进的情感需求。比如去商场买一部手机，可能一眼看中一个放在柜台醒目位置的型号，这相当于消费者从网店店铺首页进来；接下来可能会走近看看机器的整体外观，询问相关配置信息，这就需要商品详情页的主图和产品介绍图与相关文字来提供给消费者；接下来拿起样机看看功能、材料、做工、配件等，这时候相当于浏览网店商品详情页的功能展示图、商品细节图。如果消费者觉得满意，符合需求，一般情况下会再了解售后服务信息以及优惠活动、物流等情况，然后就是下单成交。以上是一般的购物逻辑。

图5.5 商品详情页布局

根据以上所述，在设计商品详情页的时候应考虑如下信息：商品的主图、商品整体图、价格、产品基本信息、规格尺寸、细节、使用方法、质量认证、售后保障等。通过归纳可以整理为以下几个模块来展现商品与服务的详细信息。

商品展示类——款式、色彩、搭配、细节、卖点、包装。

吸引购买类——卖点强化、情感打动、热销盛况、买家好评。

品牌形象类——荣誉、资质、生产、销量。

促销信息类——热卖推荐、关联销售、促销活动、优惠套餐。

购物指导类——购买、付款、收货、验货、退换货、保修。

在确定了商品详情页需要表述的内容以后，就需要根据实际情况来分析与确定商品详情页展示内容的逻辑结构与展现顺序。根据消费者一般的购物主流程，可以根据以下顺序来逐一地为消费者展现商品与服务信息。

店铺活动信息——刺激消费，流量引导，提高转化率。

商品整体展示图——吸引顾客，强化卖点，情感共鸣。

商品介绍文字——清晰完整的商品介绍功能与特征，可以图文并茂，促成交易。

商品细节图——多角度展示、场景展示、细节展示、包装外观展示、包装配件清单展示。

品牌介绍——品牌故事、荣誉资质、生产实力、加强信任。

购物须知——交易条款、常见问题、售后相关、联系方式。

但不是所有类目的商品都用以上流程排序，企业应根据不同的商品类目、不同品牌的特征与内涵，以及平台促销活动情况，因地制宜、因时制宜地设计商品详情页。商品详情页承载的信息量很大，一般要优先选择消费者首先关注的信息作为导航，放在页面的前几屏展示出来，其他次重要信息可以放在页尾，也可以新建页面描述，还可以通过客服告知。

5.2.5 网店的视觉风格

网店的视觉风格设计是一个比较复杂的事项，既要体现企业理念、企业文化，又要考虑网店的特征、所销售的商品的特征、商家的促销手段，还要考虑消费群体的特征，又反映了创作者的主观因素，所以，网店的视觉风格设计是一项综合性的内容。

概括地说，网店的视觉风格是指网店的整体形象给浏览者、消费者的综合感受。也就是说，网店的视觉风格是通过网店首页、分类页与商品详情页上的视觉元素体现出来的。这种形式的体现来自网店整体的色彩、图形、文字、视频、声音等元素，还依靠网店的布局、导航、交互方式等。而这种形式产生的内在因素来自网店本身所包含的内容，网店的形式实际上就是网店内容的存在方式，网店的视觉风格就是网店内容的一种抽象的体现。从本质上说，网店的视觉风格作为一种表现形态，是从网店整体形式呈现出来的代表性特点，是内容与形式相统一、设计者的主观因素与网店的客观因素相统一而形成的一种难以说明却不难感觉的独特面貌，网店的视觉风格归根结底就是如何更好地为消费者服务，网店的视觉风格与实体店装修风格在功能与作用上有类似之处。

网店的视觉风格设计一般应考虑以下内容：

1. 了解商品的品牌

进行网店的视觉风格设计首先要深入了解一下所销售的商品品牌，了解品牌的内涵，如果商品没有品牌至少要有品牌意识，以真正理解商品品牌的内涵，熟悉品牌背后的故事，生产或销售企业的规模、愿景、企业文化、企业的管理机制等内容，以便更好地把握设计。保证网店的视觉风格最大限度地在形式和情感上体现出该品牌的精髓。图5.6所示为一款女式包的风格规划设计。

图5.6　视觉风格设计（1）

2. 确定字体

根据学者Oliver的说法，网页设计95%的部分都是字体。设计师必须准确地把握字体，因为这是网站与访客之间交流最重要的手段之一，网店的视觉风格与网店的风格类似。可以把字体划分为不同的等级。首先确定标题级别的字体：如 h1、h2、h3、h4、h5 和 h6。然后是正文字体，如加粗字体和斜体字。另外还要确定在次级链接、导入语等地方使用的文字字体。对将要在设计中应用的文字的字型、字号、颜色等有明确的界定。图 5.7 所示为一款女式包的字体风格规划设计。

图 5.7　视觉风格设计（2）

3. 选择色彩

特定的色彩能让消费者联想到特定的商业品牌，比如"可口可乐"品牌的红色。所以在确定设计风格时，要比较合理地选择色彩级别，应选用一级色作为网店的主色调，且网店的主色不应超过三种。合理设计选用的二级色与三级色，可能需要在界面中增添二级色甚至三级色，在对色彩级别的使用进行规划时应有说明，如何使用色彩需要在设计风格指南中明确地体现出来。在设计方案中还应包括白、灰、黑等中性色，以达到突出对比、强调主色的目的。图 5.8 所示为色彩风格规划设计。

图 5.8　视觉风格设计（3）

4. 选择图标与符号

在视觉风格设计中应充分发挥图标与符号的优势，因为图标与符号可以使消费者和浏览者瞬间就能理解网店页面表达的内容与事件。如果使用得当，一个图标与符号可以比色彩、文字和图片赋予网店内容更多的意义。当使用图标时，一定要认真考虑消费者群体因素、宗教因素和历史因素，以免引起消费者不必要的误解。另外还要了解企业、商家的品牌定位和价值取向。图 5.9 所示为与前面几幅图配套的图标风格设计。

图 5.9　视觉风格设计（4）

5. 选择图片

图片是表达事物的一种有效语言，一图胜千言。使用与网店的风格相匹配的图片会为整个设计增色不少，给人以强烈的或者非常悦目的视觉效果，但是图片的使用一定要考虑商品品牌的含义与价值观，要能展示商品的属性与特征，图片的主色调应与整体设计相吻合。

6. 确定视觉文案

文案是商品详情页不可或缺的组成部分，一般分为说明文字、广告语、情感表述等，文案风格在视觉规划中应该统一。不同类型的文字，在字体、字号上也应区别对待。说明性文字重在功能，而广告 Banner 文案则可融于更多的情感表达。文案一般与图片配合使用，用来表现商品的口碑、特色、品质等，精彩的文案创意搭配适宜的视觉设计，是许多店铺迅速抓住人心的秘诀。

7. 确定标题导视牌风格

商品详情页中的标题栏一般不包含实质内容，它相当于实体购物商场的导视牌，是商品详情页面导航的重要一环。在一个信息流逻辑合理清晰的详情页中，它起到提示和承上启下的作用，能够告诉消费者浏览时所在页面位置，方便上下搜寻信息。页面中各个区块标题栏的图形、边框、文字和颜色等也要有统一的风格，要层次清晰、主题明确。

8. 创意图表风格

在商品详情页中，图表往往用来说明商品使用方法、功能特性，以及规格参数等。除了基本的说明功能以外，图表上的小创意也能够成为页面当中的亮点。图表在设计中要遵守整体规划，做到风格统一和谐。

消费者从产生购买心理到发生购买行为，首先会经过观察，然后引起兴趣，之后产生联想，引起购买欲望，收到货后评价，店家的服务或货品满足了顾客，顾客对店家产生信心，购买后有可能成为网店忠诚的客户，通过向朋友推荐可能会带来更多的客源。因此，网店的视觉风格设计规划是网店建设中非常重要的内容。

5.3 网店配色

5.3.1 网店配色基本原则

1. 网店色彩搭配的作用

（1）体现风格，突出主题。一个好的网店一定要有其独特的风格和文化，而每一种色彩也有其情感效果和象征意义。设计师可利用色彩自身的表现力及情感效应，通过色彩这一无声的语言告诉用户所要表达的主题，使网店的内容与形式有机地结合起来，起到突出主题的作用。

（2）划分区域，统一风格。网店内容丰富，品种繁多，信息量大，设计师可利用不同的色彩进行网店界面的视觉区域划分、网店信息的分类布局。利用不同色彩给人不同的心理效果，进行主次顺序的区分、视觉流程的规整，使网店具有良好的易读性和方便的导向性。对网店色彩进行系统的规划和设计，可以使网店的整体风格统一，给浏览者留下完整、有序的视觉印象。

（3）吸引视线，加深印象。俗话说得好："远看色彩近看花，先看颜色后看花，七分颜色三分花。"网店的色彩搭配不但可以给浏览者留下深刻印象，而且能起到吸引视线的作用。设计者要充分利用色彩的力量美化页面，或神秘幽深，或清新婉约，或高贵淡雅，或活泼幽默，以引起浏览者的关注，同时大大增强网店的艺术性和吸引力，从而提高访问率，提升网店的知名度。

2. 网店色彩搭配原则

（1）保持整体性。色彩的整体性，就是页面上各部分的色彩从色调和比例上都有各自的角色，主色调、辅助色、点睛色、背景色一起组合成有节奏韵律、和谐统一的色彩关系。好的网店色彩不仅要保持单一页面用色的整体性，还要注意同一个网店的不同页面要能够大面积或小面积地使用同一色彩和LOGO，通过色彩给浏览者一个说明，告知浏览者这几个页面之间的联系，因而产生整个网店的韵律和谐之美。

（2）与主题相呼应。不同的色彩有不同的象征意义，给人的心理感受也不同。在网店装修时，要使网店色彩符合网店的主题，与网店整体形象统一，风格一致。如教育类的网店一般选择冷色系，以蓝色、灰色居多，表达一种含蓄、奋智的风格，有一种内敛的、浓浓的书香气息；儿童类的网店以鲜艳色彩为主，体现儿童天真活泼的特点；卖游戏产品的网店往往是画面制作精美，颜色丰富，对比强烈，风格独特，个性鲜明，使得网店有很强的诱惑力与视觉冲击力；高科技电子产品类的网店可以选用蓝色作为主色调，因为蓝色给人的心理印象是崇高、深远、广大而睿智；保健类的网店不宜大面积地采用刺激性强的大红、黄和橙等色彩，因为它们易造成人们心理上的紧张感和恐慌感，而绿色象征生命与希望，给人健康、安全的感觉，适宜作为保健类网店的主调色。

（3）体现功能性。合理的网店色彩设计能够使网店结构清晰、层次分明，能够提高用户接收信息的主动性和参与信息反馈的积极性。装修网店时，一定要考虑到网店的浏览用户，不同的用户会有各自的需求，不同年龄层次的用户对色彩的喜好也不同，而合理的色彩设计会引导用户方便地浏览店内页面，指引用户快速到达目的页面。

（4）突出独特性。在网店云集的互联网上，网店的色彩只有与众不同、有自己独特的风格，才能显得个性鲜明，给浏览者留下深刻的印象。尤其在同类网店中，网店的色彩不但要符合此类网店的用色特点，还要有其独到之处。网店设计是一种艺术活动，只有按照内容决定形式的原则，大胆进行艺术创新，才能设计出既符合网店主题，又有一定艺术特色、风格独特、个性鲜明的网店。

5.3.2 网店配色的方法

1. 确定网店的主色调及辅助色

网店中可以采用多种色彩，但一个网店中只能有一个主色调。选择主色调时，应首先确定网店的主题、服务对象和所要表达的气氛，以及利用色彩所希望达到的目的。不同的网店定位，会有不同的色彩取向，该色彩取向决定了这个网店的风格，或温馨，或活泼，或前卫，或浪漫等。一般可以先选定一种色彩，在调色盘中调整该色彩的明度和纯度，寻找达到对比统一的色彩搭配，在这种色彩搭配中会有一组处于主导地位的色相体系，通常是邻近色，这组邻近色就是页面中的主色调，它们会与一些小面积的补色或对比色构成对比关系，这些小面积的色彩就是辅助色。主色调主导着整个网店的风格和意境，而辅助色的面积虽小，却起着缓冲和强调的作用。辅助色与主色调搭配合理，可使整个页面特色鲜明，引人注目。网店的辅助色可用主调色的邻近色，也可用对比色。一般情况下，可选择一两种辅助色配合使用，整个网店的色彩最好控制在三种颜色之内。在色调的使用方面，采用高饱和度的色彩，如黄色、红色作为网店的主色调，能展现活泼、乐观、希望、充满生命力的气氛，具有强烈的视觉吸引力。但要注意不宜大面积使用，否则会造成视觉疲劳；采用具有中、低明度和饱和度的复合色或消色如浅灰、蓝灰、暗绿、枣红等作为网店的主色调，既不炫目，也不黯淡，对眼睛的刺激适中，营造出严肃、优雅、稳重、富有内涵的氛围；以粉彩等柔和色调为主色调的网店，则可营造出明朗、轻松、欢快的气氛，如粉红、柠檬黄、天蓝、新绿等。

2. 网店色彩的搭配方式

主色调、辅助色、文字色、底色、图形色都是网店设计中不可缺少的色彩，但网店的色彩品种不宜过多，否则会过于花哨，喧宾夺主。主色调、辅助色、文字色等不一定要采用不同的色相，有时网店色彩简单明了更能突出主题，产生舒适的视觉效果。合理选配网店色彩，形成主色调为主、小色块为辅，既对比又调和的色彩画面，会赋予网店以活力和个性，最大限度地吸引买家的视线。

同类色的搭配：同类色指色相相同而明度、纯度不同的颜色。如深浅不同的蓝色搭配在一起，或是红色、橘红色的同一色相搭配在一起，对比不强烈，使页面容易达到统一和谐的效果，这也是较常见的配色方法。网店设计忌用单一色彩以免产生单调的感觉，通过调整色彩的纯度和明度可以使单一色彩产生丰富的变化。

邻近色的搭配：邻近色指在色相环上邻近的色彩。如蓝色和绿色、黄色和红色等，这种色彩搭配丰富而不花哨。采用邻近色来设计网店，可以使网店避免色彩杂乱，易于达到页面的和谐统一。

互补色的搭配：互补色也称对比色，是色相环中相隔最远的两种颜色，互补色的搭配是最强烈的色彩搭配，如红与绿、黄与紫、蓝与橙等。合理使用互补色会产生强烈的视觉效果，能够使网店特色鲜明、重点突出。在设计网店色彩时，一般以一种颜色为主色调；互补色作为辅助色，可以起到画龙点睛的作用。

黑、白、灰色的搭配：黑、白、灰色虽然不如彩色那样张扬、奔放，但它们含蓄、沉稳、淡雅的色彩特征更符合都市人的气质，更能展现浓郁的人文气息与高雅的审美情趣。黑色是一种特殊的颜色，如果使用恰当，往往产生很强烈的艺术效果。灰色是一种中立色，能让人产生中庸、平凡、温和、谦让、高雅的心理感受，高级灰是经久不衰、最耐看的颜色，任何颜色加入灰色都能显得含蓄而柔和，但也容易给人颓废、沮丧、沉闷的心理感受，如果搭配不当，页面容易显得灰、暗、脏。页面可以用无彩色构成主体部分，以少量有彩色与它构成对比，更能生动展示个性，这种搭配常用于现代派的网店中。

图 5.10～图 5.14 所示为一组网店配色规划设计。

图 5.10　网店配色（1）

图 5.11　网店配色（2）

图 5.12　网店配色（3）

图 5.13　网店配色（4）

图 5.14　网店配色（5）

3. 网店色彩搭配常见的色系类型

（1）白色系：白色是全部可见光均匀混合而成的，称为全光色，是光明的象征色。在网店设计中，白色具有高级、科技的意象，通常需要和其他颜色搭配使用。纯白色会带给人寒冷、严峻的感觉，所以在使用白色时，都会掺一些其他的色彩，如象牙白、米白、乳白、苹果白等。另外，在同时运用几种色彩的页面中，白色和黑色可以说是最显眼的颜色。在网店设计中，当白色与暖色（红色、黄色、橘红色）搭配时可以增加华丽的感觉；与冷色（蓝色、紫色）搭配可以传达清爽、清快的感觉。正是由于上面所述的特点，白色常用于传达明亮、洁净感觉的产品中，比如结婚用品、卫生用品、女性用品等。

（2）橙色系：橙色通常会给人一种有朝气、活泼的感觉，它可以使原本抑郁的心情豁然开朗。橙色象征着爱情和幸福。充满活力的橙色会给人健康的感觉，且有人说橙色可以提高厌食症患者的食欲。所以橙色常用于食品类、卡通玩偶类产品。

（3）红色系：红色是强有力、喜庆的色彩，具有刺激效果，容易使人产生冲动，是一种雄壮的精神体现，给人热情、有活力的感觉。在网店设计中，大多数情况下红色都用于突出颜色，因为鲜明的红色极容易吸引人们的目光。高亮度的红色通过与灰色、黑色等非色彩搭配使用，可以得到现代且激进的感觉。低亮度的红色通过冷静沉着的感觉营造出古典的氛围。

（4）绿色系：绿色本身具有一定的与健康相关的感觉，所以也经常用于与健康相关的网店。绿色还经常用于某些公司的公关站点或教育站点。当搭配使用绿色和白色时，可以得到自然的感觉；当搭配使用绿色和红色时，可以得到鲜明且丰富的感觉。同时，一些色彩专家和医疗专家们提出绿色可以适当缓解眼部疲劳，为耐看色之一。

（5）蓝色系：高彩度的蓝色会营造出一种整洁轻快的感觉，低彩度的蓝色会给人一种都市化的现代派映像，蓝色和绿色、白色的搭配在我们的现实生活中也是随处可见的。主颜色选择明亮的蓝色，配以白色的背景和灰色的辅助色，可以使网店显得干净而简洁，给人庄重、充实的印象。蓝色、青绿色、白色的搭配可以使页面看起来非常干净、清新。

（6）紫色系：神秘的紫色通常用于以女性为对象或以艺术作品为主的网店，较暗色调的紫色可以表现出成熟的感觉，但女性用品网店中使用的通常都是清澈的紫色。不同色调的紫色可以营造出非常浓郁的女性化气息。而且在白色的背景色和灰色的突出颜色的衬托下，紫色可以显示出更大的魅力。紫色通常代表神秘和尊贵高尚。正因为紫色的这种特点，从古至今紫色在很多领域发挥着不可或缺的作用。

（7）黑色系：在网店设计中，黑色具有高贵、稳重、科技的意象，许多科技产品的用色，如电视、摄影机、音响大多采用黑色调；在其他方面，黑色庄严的意象也常用在一些特殊场合的空间设计；生活用品和服饰用品设计大多利用黑色来塑造高贵的形象，它也是一种永远流行的主要颜色。黑色的色彩搭配适应性非常广，无论什么颜色与黑色搭配都能取得鲜明、华丽、赏心悦目的效果。

（8）黄色系：黄色本身具有一种明朗愉快的效果，所以能够得到大部分人的认可，通过结合紫色、蓝色等颜色可以得到温暖愉快的效果。高彩度的黄色与黑色的结合可以得到清晰整洁的效果，这种配色实例在网站中是经常可以见到的。黄色是明亮的且可以给人甜蜜幸福感觉的颜色。黄色多用来表现喜庆的气氛和富饶的景色，同时黄色还可以起到强调突出的作用，所以使用于特价标志或者想要突出的图标背景色。

5.3.3　常见的网店配色方案

（1）配色方案一（紫色）：

版面表格边框颜色：#983498

版面标题表格颜色：#d890d8

版面内容表格颜色1：#f8dcf8

版面内容表格颜色2：颜色1和颜色2在bbs风格中互相穿插排列#fff0ff

版面标题表格字体颜色：#602060

版面内容表格字体颜色：#602060

提醒语句颜色：#602060

（2）配色方案二（粉色）：

版面表格边框颜色：#f00078

版面标题表格颜色：#ff98do

版面内容表格颜色1：#ffe8f0

版面内容表格颜色2：颜色1和颜色2在bbs风格中互相穿插排列#fff6fc

版面标题表格字体颜色：#602060

版面内容表格字体颜色：#602060

提醒语句颜色：#602060

（3）配色方案三（果绿色）：

版面表格边框颜色：#507010
版面标题表格颜色：#a0dc40
版面内容表格颜色1：#e8f8d0
版面内容表格颜色2：颜色1和颜色2在bbs风格中互相穿插排列#f8fcf0
版面标题表格字体颜色：#003300
版面内容表格字体颜色：#003300
提醒语句颜色：#309478

（4）配色方案四（深绿色）：
版面表格边框颜色：#288058
版面标题表格颜色：#88d8b0
版面内容表格颜色1：#e0f4e8
版面内容表格颜色2：颜色1和颜色2在bbs风格中互相穿插排列#f0f8f0
版面标题表格字体颜色：#205838
版面内容表格字体颜色：#205838
提醒语句颜色：#287048

（5）配色方案五（金黄色）：
版面表格边框颜色：#co7800
版面标题表格颜色：#ffc562
版面内容表格颜色1：#ffeed0
版面内容表格颜色2：颜色1和颜色2在bbs风格中互相穿插排列#Fffaf0
版面标题表格字体颜色：#754900
版面内容表格字体颜色：#754900
提醒语句颜色：#8c5800

（6）配色方案六（湖蓝色）：
版面表格边框颜色：#007ca6
版面标题表格颜色：#15b9ff
版面内容表格颜色1：#cef3ff
版面内容表格颜色2：颜色1和颜色2在bbs风格中互相穿插排列#ecfbff
版面标题表格字体颜色：#00637b
版面内容表格字体颜色：#00637b
提醒语句颜色：#007a99

（7）配色方案七（宝石蓝色）：
版面表格边框颜色：#002cae
版面标题表格颜色：#7d9aff
版面内容表格颜色1：#d0dcff
版面内容表格颜色2：颜色1和颜色2在bbs风格中互相穿插排列#eef2ff
版面标题表格字体颜色：#001c7b
版面内容表格字体颜色：#001c7b
提醒语句颜色：#000000

（8）配色方案八（西瓜红色：娇艳）：

版面表格边框颜色：#ff51b0

版面标题表格颜色：#ff8cc6

版面内容表格颜色 1：#ffe1f0

版面内容表格颜色 2：颜色 1 和颜色 2 在 bbs 风格中互相穿插排列#fff4fa

版面标题表格字体颜色：#bf0069

版面内容表格字体颜色：#bf0069

提醒语句颜色：#602060

（9）配色方案九（水橘红色）：

版面表格边框颜色：#ff8e68

版面标题表格颜色：#ffa98c

版面内容表格颜色 1：#ffe9e1

版面内容表格颜色 2：颜色 1 和颜色 2 在 bbs 风格中互相穿插排列#fff9f7

版面标题表格字体颜色：#9b2700

版面内容表格字体颜色：#9b2700

提醒语句颜色：#000000

（10）配色方案十（粉绿色）：

版面表格边框颜色：#00b700

版面标题表格颜色：#b0ffb0

版面内容表格颜色 1：#e8ffe8

版面内容表格颜色 2：颜色 1 和颜色 2 在 bbs 风格中互相穿插排列#f7fff7

版面标题表格字体颜色：#006a00

版面内容表格字体颜色：#006a00

提醒语句颜色：#000000

（11）配色方案十一（蓝紫色）：

版面表格边框颜色：#4040e3

版面标题表格颜色：#9b9bf0

版面内容表格颜色 1：#dedefa

版面内容表格颜色 2：颜色 1 和颜色 2 在 bbs 风格中互相穿插排列#f5f5fe

版面标题表格字体颜色：#151595

版面内容表格字体颜色：#151595

提醒语句颜色：#000000

（12）配色方案十二（淡蓝色）：

版面表格边框颜色：#0053ec

版面标题表格颜色：#a2c2ff

版面内容表格颜色 1：#e8f0ff

版面内容表格颜色 2：颜色 1 和颜色 2 在 bbs 风格中互相穿插排列#f4f9ff

版面标题表格字体颜色：#6c0091

版面内容表格字体颜色：#6c0091

提醒语句颜色：#6c0091

（13）配色方案十三（雪青色）：

版面表格边框颜色：#cd37ff

版面标题表格颜色：#ebacff

版面内容表格颜色1：#f9e6ff

版面内容表格颜色2：颜色1和颜色2在bbs风格中互相穿插排列#Fdf4ff

版面标题表格字体颜色：#205838

版面内容表格字体颜色：#205838

提醒语句颜色：#287048

（14）配色方案十四（青绿色：中等，缺色时再使用）：

版面表格边框颜色：#00935b

版面标题表格颜色：#00ce81

版面内容表格颜色1：#dffff3

版面内容表格颜色2：颜色1和颜色2在bbs风格中互相穿插排列#F7FFFc

版面标题表格字体颜色：#005b39

版面内容表格字体颜色：#005b39

提醒语句颜色：#005b39

（15）配色方案十五（酱红色）：

版面表格边框颜色：#db3700

版面标题表格颜色：#ff8c6a

版面内容表格颜色1：#ffd2c4

版面内容表格颜色2：颜色1和颜色2在bbs风格中互相穿插排列#ffede8

版面标题表格字体颜色：#8a1f00

版面内容表格字体颜色：#8a1f00

提醒语句颜色：#8a1f00

5.4　店铺LOGO设计

5.4.1　网店LOGO设计原则

　　LOGO设计是一种符号的设计，是企业、机构、商品和各项设施的象征形象，网店店铺LOGO是网店的一种标识，是企业或者网店特有的符号。LOGO设计涉及政治、经济、法制以及艺术等各个领域。LOGO设计的特点是由标志的功能、形式决定的。LOGO设计一般可分为文字LOGO设计、图形LOGO设计以及文字和图形相结合的LOGO设计三种形式。一款成功的标志设计，化抽象为形象，将设计概念由抽象的评议表现逐步转化为具体的形象设计，应该是创意和表现有机结合的产物。

1. LOGO的特点

（1）功能性：LOGO的本质在于它的功用性。经过艺术设计的LOGO虽然具有观赏价值，但 LOGO 主要不是为了供人观赏，而是为了实用。LOGO 是人们进行生产活动、社会活动必不可少的直观工具。LOGO 有为人类共用的，如公共场所 LOGO、交通 LOGO、安全 LOGO、操作 LOGO 等；有为国家、地区、城市、民族、家族专用的旗徽等 LOGO；有为社会团体、企业、活动专用的，如会徽、会标、厂标、社标等；有为某种商品专用的商标；还有为集体或个人所属物品专用的，如图章、签名、画押、落款、烙印等，都各自具有不可替代的独特的使用功能。具有法律效力的 LOGO 尤其兼有维护权益的特殊使命。

（2）识别性：LOGO 设计最突出的特点是各具独特面貌，易于识别，显示事物自身特征，标示事物间不同的意义，区别与归属是 LOGO 的主要功能。各种 LOGO 直接关系到国家、集团乃至个人的根本利益，绝不能相互雷同、混淆，以免造成错觉。因此 LOGO 必须特征鲜明，令人一眼即可识别，并过目不忘。

（3）显著性：显著性是 LOGO 又一重要特点，除隐形 LOGO 外，绝大多数 LOGO 的设置就是要引起人们注意。因此色彩强烈醒目、图形简练清晰，是 LOGO 通常具有的特征。

（4）多样性：LOGO 种类繁多、用途广泛，无论从其应用形式、构成形式还是表现手段来看，都有着极其丰富的多样性。其应用形式，不仅有平面的（几乎可利用任何物质的平面），还有立体的（如浮雕、圆雕、任意形立体物或利用包装、容器等的特殊式样做 LOGO 等）。

（5）准确性：LOGO 设计无论要说明什么、指示什么，无论是寓意还是象征，其含义必须准确。首先要易懂，符合人们的认识心理和认识能力。其次要准确，避免意料之外的多解或误解，尤应注意禁忌。让人在极短时间内一目了然、准确领会无误，这正是 LOGO 优于语言、快于语言的长处。

（6）持久性：LOGO 与广告或其他宣传品不同，一般都具有长期的使用价值，不轻易改动。

2. 网店 LOGO 的作用

（1）LOGO 是网店或者网站链接的标志和门户。

Internet 之所以叫作"互联网"，其最基本的特性在于各个网站之间可以连接。要让人们进入目标网站，必须提供一个让其进入的门户。而 LOGO 图形化形式的链接，比文字形式的链接更能吸引人的注意。

（2）LOGO 是网店形象的重要体现。

就一个网店来说，LOGO 即是网店的名片。而对于一个追求精美的网店来说，LOGO 更是它的灵魂所在，即所谓的"点睛"之处。

（3）LOGO 能使消费者便于选择。

一个好的 LOGO 往往会反映网店拥有者及制作者的某些信息，特别是对一个商业网站来讲，可以从网站中基本了解到这个网站的类型，或者基本的内容信息。在一个布满各种 LOGO 的链接页面中，这一点会突出地表现出来。

3. LOGO 的设计原则

LOGO 的设计原则，与其他标志图案的设计原则一样，首先应遵循人们的认识规律和视觉规律，突出主题，做到尽可能引人注目。人的认识规律是人认识事物的一般过程，比如从上到下、从左到右、从小到大、从远到近的视觉习惯。网店 LOGO 的设计一般要求做到突出主题，设计者必须非常了解站点的定位和发展方向，能够在方寸之间概括出站点的理念和功能作用。并且要求视觉效果强烈,容易识别、辨认和记忆,达到引人注目的效果。

作为具有传媒特性的LOGO,为了在最有效的空间内实现特有的视觉识别功能,一般是通过特示图案、特示文字及其他的组合来表示的,其表现形式一般分为特示图案、特示文字、合成文字三种。

(1)特示图案:属于表象符号,独特且醒目,图案本身易被区分和记忆,通过隐喻、联想、概括、抽象等绘画表现手法来表现被标识体,对其理念的表达既概括又形象,但与被标识体关联性不够直接,受众容易记忆图案本身。

(2)特示文字:属于表意符号。一般来说是把在沟通与传播活动中,反复使用的被标识体的名称或是其产品名,用一种文字形态加以统一。含义明确、直接,与被标识体的联系密切,易于被理解和认知,对所表达的理念也具有说明的作用,但因为文字本身的相似性容易模糊受众对标识本身的记忆,从而对被标识体的长久记忆发生弱化。所以特示文字,一般作为特示图案的补充。创作时要求选择的字体应与整体风格一致。

(3)合成文字:合成文字是一种表象与表意的综合,是指文字与图案相互结合的设计形式。兼具文字与图案的属性,但会导致相关属性的影响力相对弱化。其主要的综合功能是能够直接将被标识体的印象,透过文字造型让观者理解,经过造型后的文字,也比较容易使观者留下深刻印象与记忆。

在网站设计中,LOGO的设计是不可缺少的一个重要环节,LOGO是网站特色和内涵的集中体现,对于有些网店来讲LOGO也是必不可少的。设计LOGO时一般要注意以下几个问题:

外观尺寸和基本色调要根据站点页面的整体版面设计来确定,而且要考虑到在其他印刷、制作过程中进行放缩等处理时的效果变化,以便使LOGO能在各种媒体上运用时保持视觉的相对稳定。

要重视简单设计与表现的法则,简单容易被接收,简单容易产生联想,简单提高了效率,简单就是美。

生活是一切艺术与设计的源泉,设计LOGO时也要深入生活并从中发现创作的切入点。下面以一个LOGO的设计与制作为例说明LOGO的制作方法和技巧。

5.4.2 网店LOGO设计与制作方法

关于网店LOGO的设计方法很多,不同的企业会采取不同的方法,下面以Photoshop工具为例设计一网店的LOGO,具体方法如下:

(1)新建立一个文件,尺寸设置为宽度24厘米,高度16厘米,文件名命名为"LOGO设计",分辨率为72像素/厘米。色彩模式为RGB,背景色为白色。

(2)执行"编辑——首选项——单位与标尺"命令,设置标尺单位为厘米,如图5.15所示。并执行"视图——显示标尺"命令,使标尺显示。

(3)执行"编辑——首选项——参考线、网格、切片和计数"命令,设置参考线颜色为"浅红色",网格的颜色为#FACACA,网格线间隔设置为10毫米,如图5.16所示。

(4)运用"移动工具"分别从文件两边的标尺中拖出纵向和横向参考线,并执行"视图——显示——参考线"和"视图——显示——网格"命令,如图5.17所示。

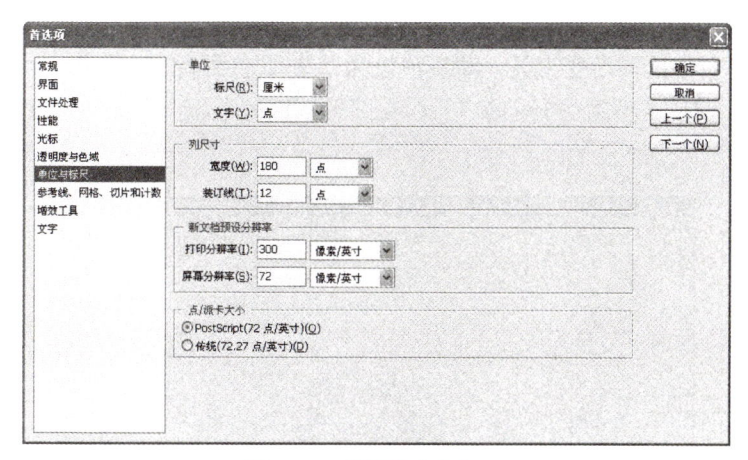

图 5.15　编辑单位与标尺

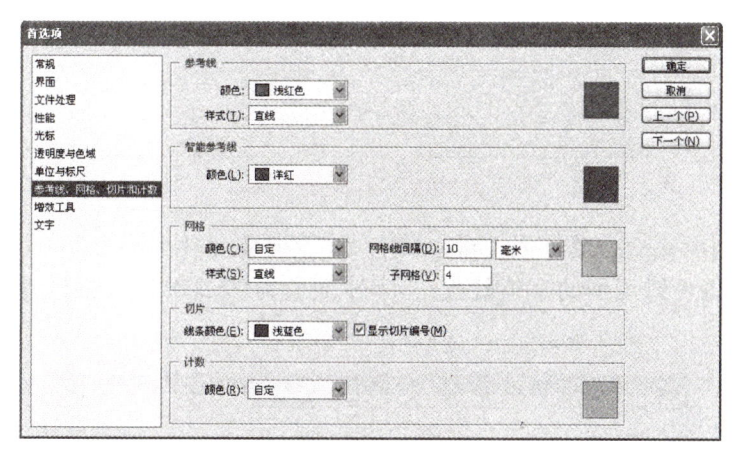

图 5.16　参考线与网格设置

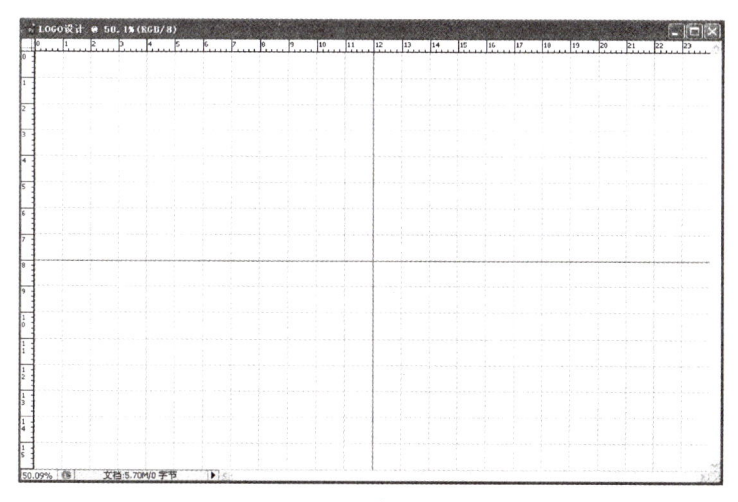

图 5.17　显示参考线与网格

（5）在图层面板底部的"创建新图层"按钮上单击，创建一个新图层。运用"椭圆选框工具"，羽化值为 0，按住"Alt"键，以参考线的中心为圆心，同时按住"Shift"键制作圆形选区。圆形选区的半径为 3 个网格。

（6）在工具箱中选取渐变工具，渐变预设为"前景色到背景色"，前景色为#eaf3f0，背景色为#8a939a，渐变类型为"径向渐变"，在圆形选区偏上部分开始做渐变，效果如图 5.18 所示。

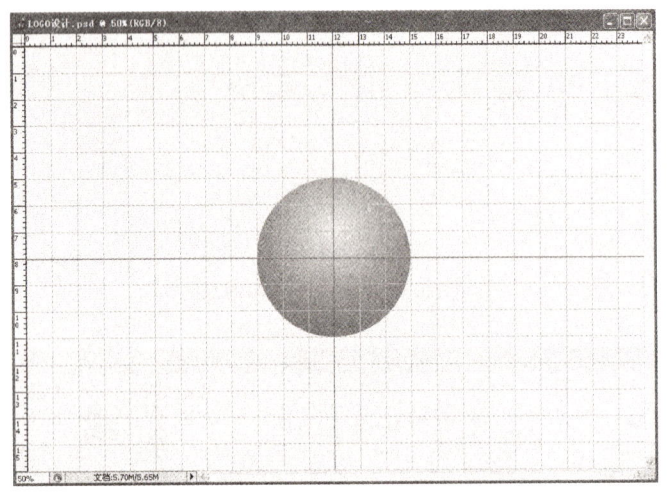

图 5.18　绘制圆形图形

（7）选择工具箱中的文本工具，输入文本"e"，设置字体大小为 260 点，字体为"gothic725 BD BT"（也可以用别的字体替代），字体颜色为#990000，中心与圆对齐，如图 5.19 所示。

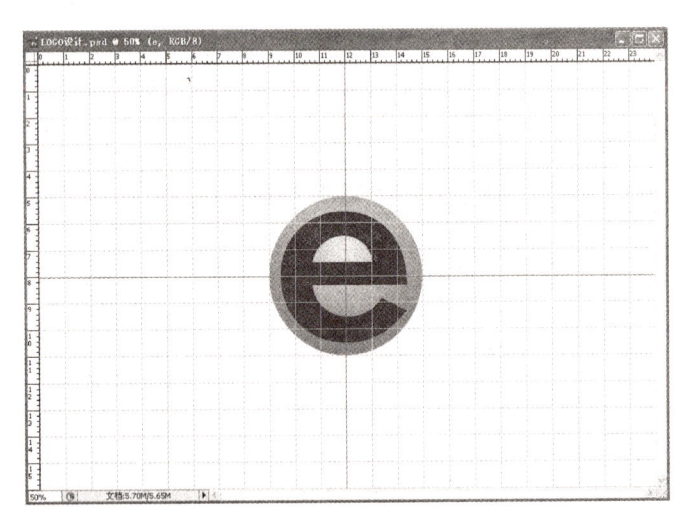

图 5.19　创建文字

（8）在图层面板底部的"创建新图层"按钮上单击，创建一个新图层，运用"椭圆选框工具"，在工具属性面板中设置羽化值为 0，勾选"消除锯齿"选项，模式为正常，以两条参考线为中心，相对精确地绘制椭圆形选区，如图 5.20 所示。

（9）设置前景色为#cccccc，在新建的图层"图层 2"中，执行"Alt"+"Delete"命令，用前景色对椭圆选区进行填充。在图层面板把"图层 2"的位置移到"图层 1"下面，如图 5.21 所示。

图 5.20　创建椭圆选区　　　　　　　　　　　图 5.21　图层调整

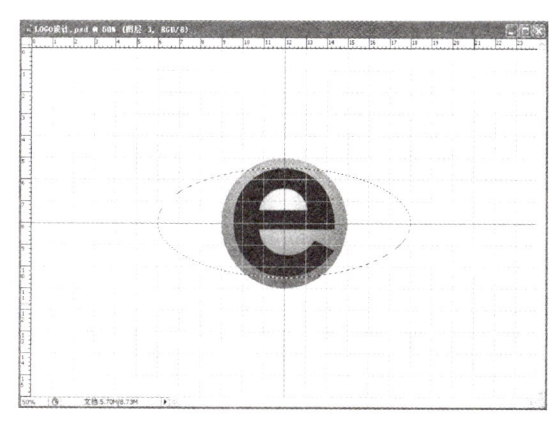

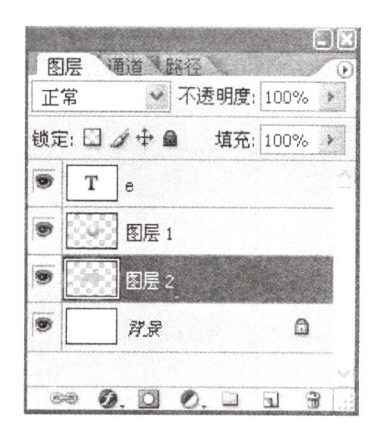

（10）执行"Ctrl"+"D"命令，取消椭圆形选区，选择工具箱中的"移动工具"，适当向下移动椭圆填充区域，效果如图 5.22 所示。

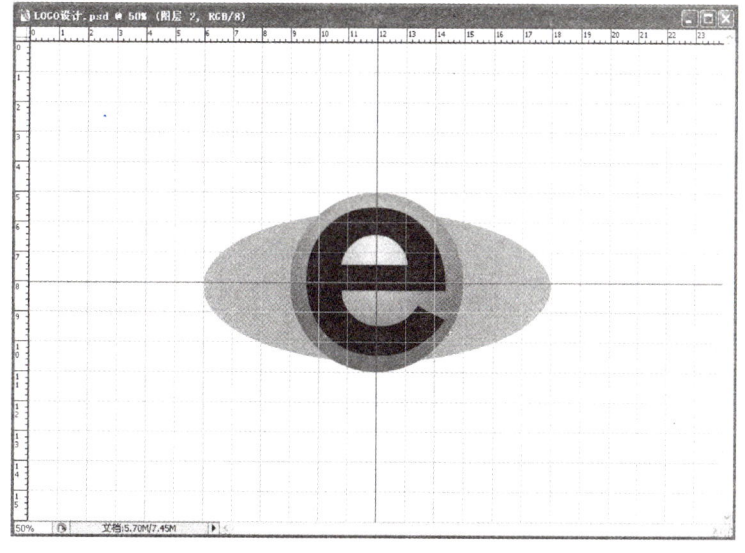

图 5.22　绘制和编辑椭圆

（11）运用"椭圆选框工具"，在工具属性面板中设置羽化值为0，勾选"消除锯齿"选项，模式为正常，建立一个与上面的椭圆类似的椭圆选区；执行"选择——变换选区"命令，对椭圆选区的大小和位置进行适当调整，效果如图 5.23 所示。

（12）按"Enter"键确定选区的变换操作，确定当前图层为"图层 2"，执行"Delete"命令删除部分填充，如图 5.24 所示。

（13）选择"橡皮擦工具"，设置笔刷形状为圆形，笔刷硬度为100%，直径为100像素，不透明度为100%。对"图层 2"中的图形进行部分擦除，效果如图 5.25 所示。

（14）把"图层 2"拖到图层面板底部的"创建新图层"上，复制"图层 2"为"图层 2 副本"，位置在"图层 2"的下面。

（15）设置前景色为#999999，按住"Ctrl"键，在"图层 2 副本"的图层缩览图上单击选择"图层 2 副本"上的图像，并用前景色进行填充，取消选区。

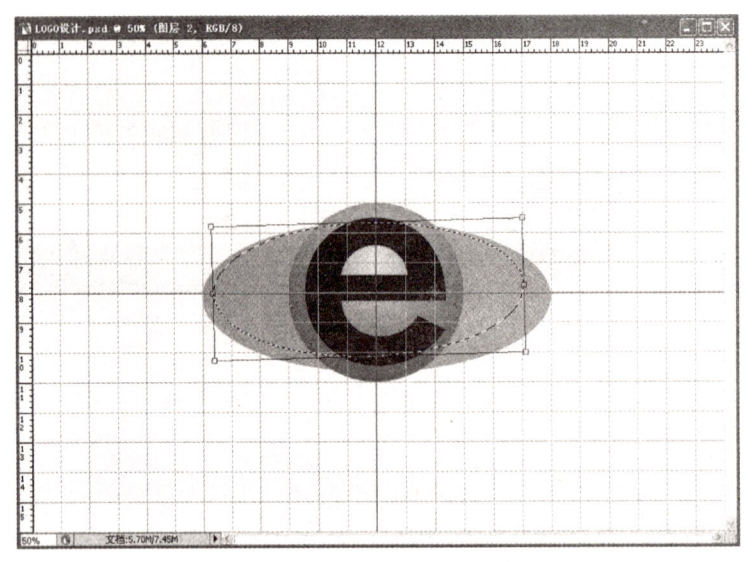

图 5.23　创建和编辑新椭圆选区

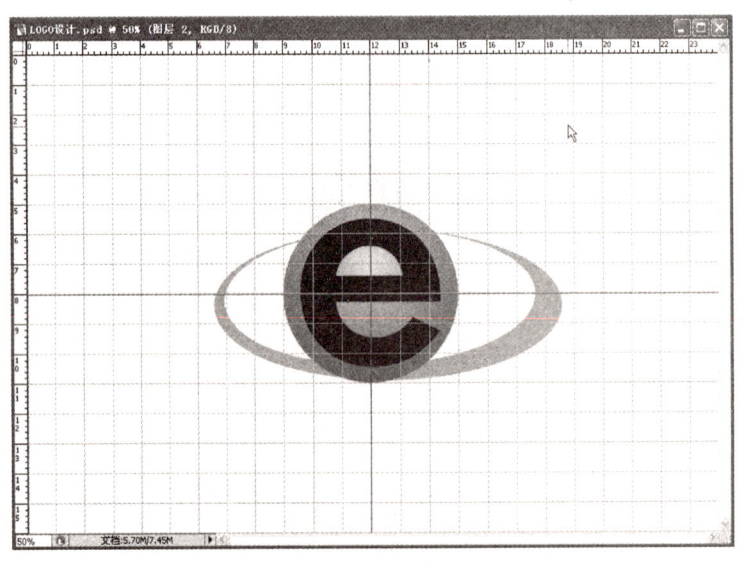

图 5.24　删除填充

（16）运用"橡皮擦工具"对"图层 2 副本"中的图像进行编辑，效果如图 5.26 所示。

（17）运用"画笔工具"，设置笔刷形状为圆形，直径为 60 像素，笔刷硬度为 100%。在"图层 1"的上方新建一个图层，为"图层 3"，运用"画笔工具"绘制一个圆，如图 5.27 所示。

（18）选择工具箱中的文本工具，输入中文名称，字体为"幼圆体"，大小为 14 点，加粗，具体设置如图 5.28 所示；输入英文名称，字体为"Arrus BT"（也可以为别的字体），大小为 8 点，如图 5.29 所示。

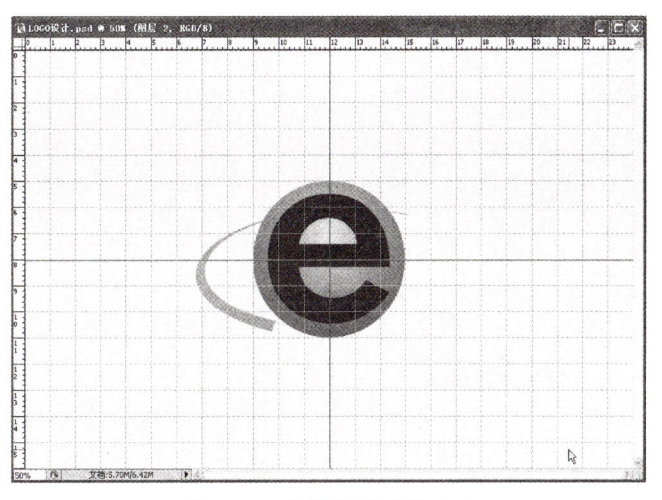

图 5.25　编辑曲线形状（1）

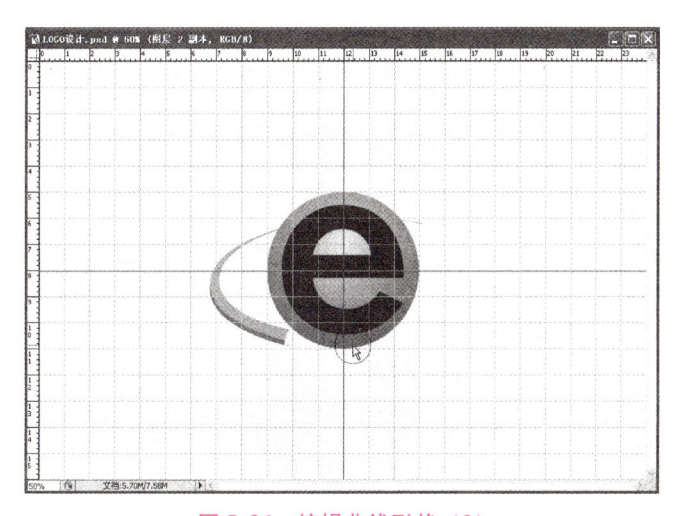

图 5.26　编辑曲线形状（2）

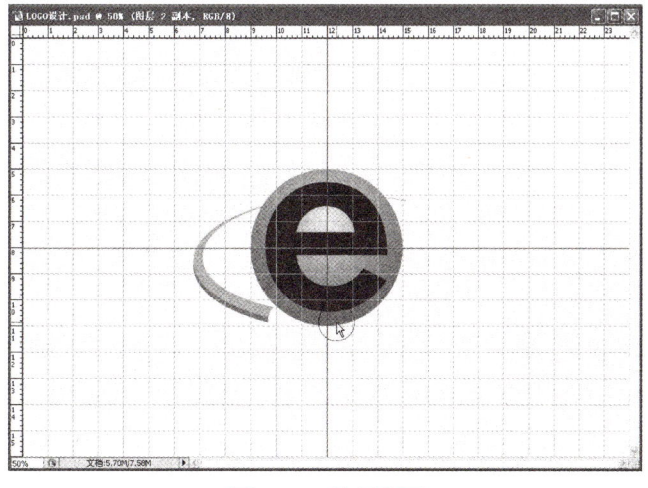

图 5.27　绘制小圆

图5.28 中文字体参数设置　　　图5.29 英文字体参数设置

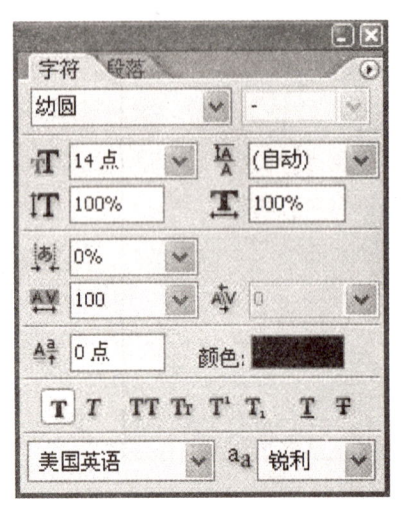

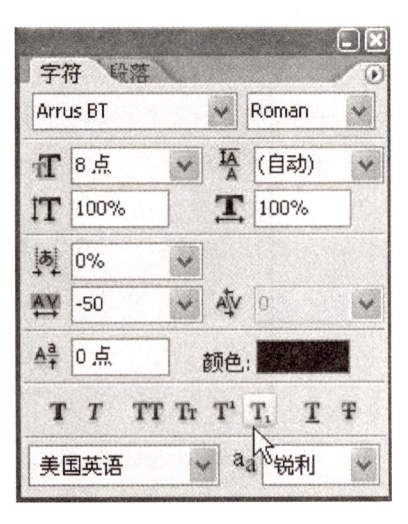

（19）运用移动工具，调整文本的位置，如图5.30所示。

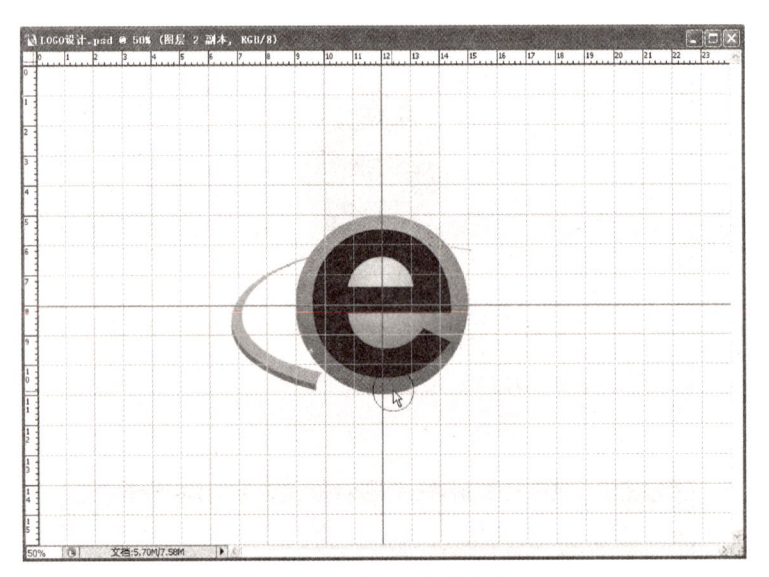

图5.30 建立和调整文本

（20）执行"视图——显示"菜单命令，取消显示网格和参考线。

（21）中图层面板，选择"e"文字图层，在样式面板中选择"红色胶体"样式；选择大圆所在的图层"图层1"，在样式面板中选择"选中状态的绿色胶体"按钮样式，效果如图5.31所示。

（22）选择小球所在的图层"图层3"，在样式面板中选择"蓝色胶体"样式，双击图层面板中的"图层3"打开图层样式设置面板，设置"内阴影"中的混合色彩为#0000ff，并确定，如图5.32所示。

图 5.31　设置图层样式

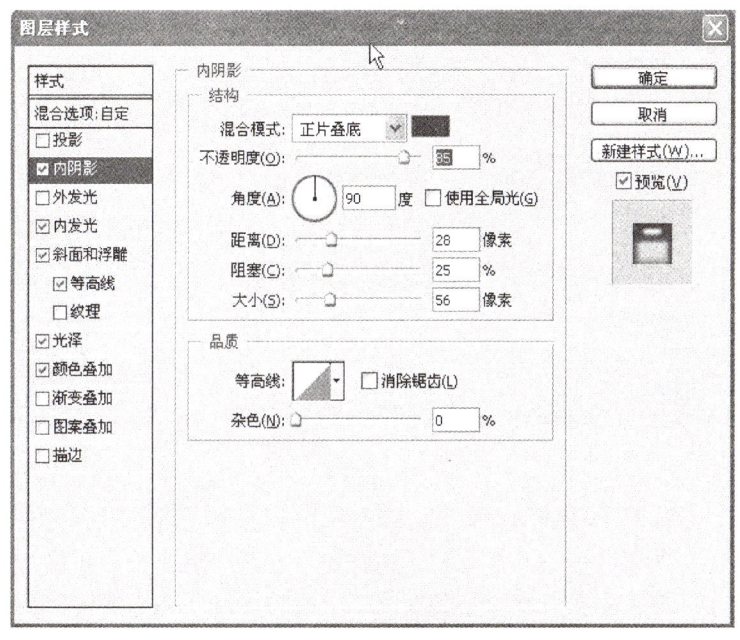

图 5.32　图层参数设置

（23）选择弧线所在的图层"图层 2"，给弧线添加图层样式，设置"光泽"与"渐变叠加"两个选项，并调整色彩和相关参数，其中光泽色彩为#00ff66，渐变叠加渐变色为从#0000ff 到白色线性渐变。调整文字颜色均为黑色，最后效果如图 5.33 所示。

图 5.33 最后效果

5.5 网店店招设计

5.5.1 网店店招的设计原则

网店店招就是店铺的招牌，实际上店招是旺铺的招牌，跟实体店的招牌是一样的。对网店来说，店招的地位非常重要，是店铺商品品牌特征、企业文化内涵的浓缩，是整个店铺整体的风格体现。图 5.34 所示为一网店的店招。

图 5.34 店招的位置

网店的店招一般在整个店铺的最上方，如上图所示，上面除了"淘宝网"的连接与搜索就没有别的内容了。所以其位置非常重要，在设计店铺时一定要精心布置，既要让新顾客印象深刻，又要让老顾客产生新鲜感。一般来说，店招的设计要突出促销信息或者卖点，简明扼要。设计的整体理念为大气、精致，目的是达到对店铺最有效的阐释，内容一般包括：商品 LOGO、关注本店、收藏本店、网店店铺名称或者企业名称、店铺配送红包、优惠券、店铺性质、季节性商品等。图 5.35 ~ 图 5.38 所示为店招的不同设计样式。

图 5.35 店招设计（1）

图 5.36　店招设计（2）

图 5.37　店招设计（3）

图 5.38　店招设计（4）

网店店招的尺寸一般有多种，可以是 950 像素×150 像素、950 像素×120 像素或者 950 像素×96 像素等，其中 950 像素×150 像素、950 像素×120 像素包含店内导航的高度，950 像素×96 像素一般不包含导航的高度。

在网店后台的实际设计中，店招设计分为"在线编辑"和"选择文件"两种编辑与发布方式。"在线编辑"是淘宝官网的，需要每月付出一定费用才能使用。而"选择文件"是自己设计好的店招。店招也并不是一成不变的，要根据所销售的商品的情况来确定，注意随着季节的变化及时调整更新。店招色彩尽可能鲜艳明了，使消费者在视觉上不会感觉单调乏味。在使用英文字母时，要有设计感和层次分明感，避免消费者觉得盲从。店招整体风格要与店内促销广告、销售商品的属性统一协调。

5.5.2　网店店招的设计与制作方法

网店店招的设计与制作在一般情况下运用 Photoshop 或者 Coreldraw 等软件来进行，不管运用何种工具，其设计与制作的原理和方式是一样的，下面讲述运用 Photoshop 进行设计的案例，具体如下：

（1）根据尺寸要求与风格要求在 Photoshop 中建立新文件，其中文件大小的宽度为 950 像素，高度为 96 像素，分辨率为 72 像素/英寸，色彩模式为 RGB 模式，具体如图 5.39 所示。

图 5.39　创建文件

（2）在 Photoshop 软件工具箱中选取"画笔"工具，设置不透明度为 21%，画笔笔刷大小为 90 像素，如图 5.40 所示。

图 5.40　画笔设置

（3）在工具面板底部的拾色器中选取前景色，前景色 RGB 分别为 6、68、182，然后用画笔工具分别在文件的左侧与右侧上色，尽量使颜色自然协调，如图 5.41 所示。

图 5.41　背景颜色

（4）打开本书上一节中设计制作完成的网店 LOGO 图标文件，合并除背景图层以外的其他图层，选取工具面板中的移动工具，把 LOGO 所在图层的图像拖移到店招文件中，如图 5.42 所示。

图 5.42　放置 LOGO

（5）确定当前图层为 LOGO 所在的图层，执行"Ctrl"+"T"自由变换命令，按住"Shift"键，等比例调整 LOGO 图像的大小，使之到适合的位置，如图 5.43 所示。

图 5.43　编辑 LOGO

（6）在 Photoshop 软件工具箱中选择"渐变填充"工具，设置渐变类型为"线性渐变"，设置渐变颜色，在 0 与 100% 两个位置的颜色均为白色，中间位置的颜色为一种蓝色，其 RGB 为 6、68、182，如图 5.44 所示。

（7）运用软件工具面板中的矩形选择工具，设置羽化值为 0，在 LOGO 图的右侧绘制一竖立的长方形选区，在图层面板新建一个图层，以新的图层为当前图层，运用上一步设置好的渐变工具从上到下对长方形选区进行渐变填充，最后取消选择，执行"Ctrl"+"T"命令在长方形进行压缩，使之变成如图 5.45 所示的一条带有渐变颜色的线，并放置在合理的位置。

（8）运用 Photoshop 软件工具箱中的文本工具，在文本工具属性中设置字体为"方正兰亭特黑简"，大小为 22.25 点，颜色为黑色，其他选项为默认选项，如图 5.46 所示，在相应的位置输入文字。

图 5.44　渐变颜色设置

图 5.45　绘制渐变线条

图 5.46　建立文字

（9）继续运用 Photoshop 软件工具箱中的文本工具，在文本工具属性中设置字体为"微软雅黑"，显示模式为"Regular"，字体大小为 12 点，其他选项默认，颜色为黑色。在上述文字下方输入相应的文字，并调整好文字位置，如图 5.47 所示。

图 5.47　调整文字

（10）继续运用 Photoshop 软件工具箱中的直排文本工具，在文本工具属性中设置字体为"宋体"，大小为 12 点，选择加粗选项，颜色为黑色，如图 5.48 所示，在文件的右侧分批次输入相应的文本。

图 5.48　建立文本

（11）在工具面板中选择形状路径工具，在工具属性面板中选择"路径"选项，如图 5.49 所示，以文本为基准建立一矩形路径。

图 5.49　建立路径

（12）在软件工具面板，选取画笔工具，打开画笔设置选项，设置画笔形状大小为 1 像素，硬度为 100%，间距为 270%，在图层面板建立一个新的图层，设置前景色为红色，执行描边路径命令，对路径进行描边，如图 5.50 所示。

图 5.50　描边路径

（13）对描边路径所在的图层进行复制图层，用移动工具对描边进行调整位置，最后效果如图 5.51 所示。

图 5.51　最后效果

5.6　网店 Banner 设计

5.6.1　网店 Banner 设计原则

与 LOGO 一样，Banner 是任何购物网站开发与建设过程中不可缺少的元素，LOGO 与 Banner 都有动态和静态之分，其创作的主要工具就是 Photoshop 与 Flash。Adobe Flash 是用来制作 LOGO 与 Banner 的动画，造型、背景、素材编辑、图像特效等用 Photoshop 来完成。Photoshop 主要用于设计无动画的 LOGO 与 Banner。

在网络营销术语中，Banner 是一种网络广告形式。Banner 广告一般是根据网站的风格和不同需要放置在网页上的不同位置，在用户浏览网页信息的同时，吸引用户对购物网站内容和广告信息的关注，从而获得网络营销的效果。

在各类购物网站中，Banner 有多种表现规格和形式，早期的网络广告还有一种相对小一点的广告，称为按钮式广告（Button），常用的按钮广告尺寸有四种：125 像素×125 像素，120 像素×90 像素，120 像素×60 像素，88 像素×31 像素。随着网络广告的不断发展，新形式和规格的网络广告不断出现，因此美国交互广告署（IAB）也在不断颁布新的网络广告标准。其中最常用的是 486 像素×60 像素的标准标志广告，由于这种规格曾一度处于主导地位，在早期的网络广告领域，如没有特别指名，通常都是指标准标志广告。这种标志广告有多种不同的称呼，如横幅广告、全幅广告、条幅广告、旗帜广告等。通常采用图片、动画、Flash 等方式来制作 Banner 广告。

对于网店来讲，主要目的就是销售商品，为消费者服务，所以网店 Banner 的设计也比较自由，形式多样。在一些打折网店、时间性促销网店，Banner 的设计更加丰富，图 5.52～图 5.54 所示为一些通栏式的 Banner 风格设计。

图 5.52　Banner 风格设计（1）

图 5.53　Banner 风格设计（2）

图 5.54　Banner 风格设计（3）

在各类平台的众多网店中，Banner 的形式也是非常丰富、多种多样的。其中比较重要的一个类型是横幅广告，Banner 尺寸一般在 1 920 像素×260 像素，或者 950 像素×300 像素等，有些高度数值会更大，要看具体的设计，要根据网店的情况来确定。当用户访问一个网店的时候，主页面的信息展示是非常重要的，它在很大程度上影响了用户是否决定浏览本网站。在网店页面设计中光靠文字大面积地堆积，很难直观而迅速地告诉用户来到这里会得到什么有用的信息。因此，Banner 设计在网店整体运行中起到了至关重要的展示作用，特别是首页的 Banner，能使有效的、重要的信息传达给用户，让用户和文字之间的互动变得生动而有趣，吸引其浏览网店的注意力。关于 Banner 的位置，一般在网店首页的导航栏下面，处在视觉的核心位置。图 5.55 所示为聚划算平台上的冬季保暖鞋 Banner 的定位与位置设计。

关于网店 Banner 的设计，本书认为要注意以下几个方面：

1. 网店 Banner 的构成与设计形态分解

自然界的万物形态构成都离不开点、线、面。它们是视觉构成的基本元素，具有不同的情感特征，因此，要善于采用不同的组合去表现不同网站不同 Banner 的情感诉求。

图 5.55　网店 Banner 定位

（1）点的聚合。

在 Banner 中，点的排列能引起浏览者视觉流动，点能引入时间的因素，利用点的大小、形状与距离的变化，可以设计出富于节奏韵律的画面。点的连续排列构成线，点与点之间的距离越近，线的特性就越显著。点的密集排列构成面，同样，点的距离越近，面的特性就越显著。

（2）线的应用。

线分为四类：直线、曲线、折线以及三者的混合。直线又有水平线、垂直线、斜线三种形式。其中，水平线给人平静、开阔、安逸的感受；垂直线给人崇高、挺拔、严肃的感受；曲、折、弧线具有强烈的动感，更容易引起视线的前进、后退或摆动。

（3）面的分割。

面在设计中的概念，可以理解为点的放大、点的密集或线的重复。Banner 元素在不同大小色块元素的风格对比下，能获得清晰、条理的秩序，同时在整体上也显得和谐统一。

2. Banner 设计的形式美法则

在 Banner 设计中遵循形式美的法则，采用特殊的形式结构，会使网页变得个性十足，并能很好地区别于同类网站，让人记忆深刻。

（1）有机形的柔和与美。

有机形是由一定数量的曲线组合而成的，是自然物外力与内力相抗衡而形成的形态。有机形富有内在的张力，给人以纯朴、温暖而富有生命力的感觉。例如在图 5.56 中，曲线与个性化的插图形成强烈的对比。

图 5.56　网站 Banner（1）

（2）偶然形的独特魅力。

偶然形是在力的作用下随机形成的图形，有很强的随机性，它具有天然成趣的效果，利用偶然因素提炼美的方法，让 Banner 设计更加与众不同。Photoshop 中画笔的定义、画笔的形状、散布、纹理，以及滤镜效果等有很强的随机性，可以应用于 Banner 设计。

（3）预留大面积的 Banner 空间创作。

在网页设计中可以为 Banner 设计预留空间，如果 Banner 设计占用很大的空间，且占用的空间是重要而有价值的面积，设计过程中可能会比较难处理，但是如果处理得好的话，它将会事半功倍，而且信息传达非常有效，如图 5.57 所示。

图 5.57　网站 Banner（2）

（4）有效的措辞与行为导向按钮。

在 Banner 设计中通过真实产品的展示，并配以鼓动人心的措辞口号及醒目的文字，可以直接诱导用户点击的行为导向按钮，让网页获得更多的用户点击和关注度，能起到非常好的设计效果，如图 5.58 所示。

图 5.58　网站 Banner（3）

（5）丰富的产品展示组合效果。

用堆积方法设计 Banner 特效，来展示不同的作品示例，并附上一条介绍性质的口号，使网页变得更有说服力，内容丰富而且整个页面富有层次感，能收到比较好的效果，如图 5.59 所示。

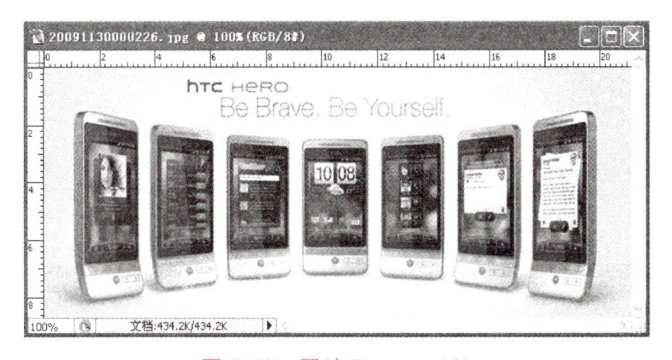

图 5.59　网站 Banner（4）

5.6.2 网店 Banner 设计与制作方法

好的 Banner 设计，虽然都是由图片加文字组成，但也绝不是"1+1=2"那么简单地叠加。如同一首乐曲，可以是古典交响乐，可以是流行电子乐，抑或民间小调，形式多样，手法不一。有时候需要像作诗般字斟句酌，有时候也会有妙手偶得的惊喜。受制于互联网视觉设计的特点，往往需要通过设计师的经验思考，在较短的时间内制作出能够通情达意的作品。下面为一运用 Photoshop 软件进行的网店 Banner 设计与制作方法举例。

（1）运行 Photoshop 软件，执行"Ctrl"+"N"命令创建一个新文件，设置新图像文件的大小为宽度 1 920 像素，高度为 260 像素（高度要根据具体情况来定），图像分辨率为 72 像素/英寸，颜色模式为 RGB 模式，背景色为白色，具体如图 5.60 所示。

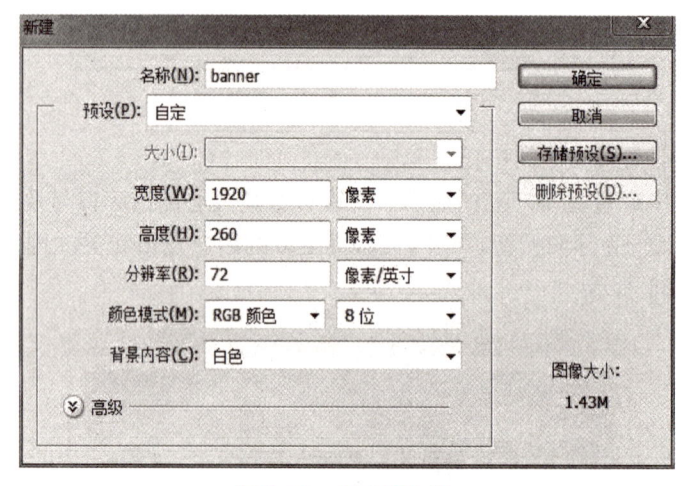

图 5.60　创建新文件

（2）搜索 Banner 设计的背景图片，注意背景图像的宽度必须大于或等于 1 920 像素，选择好背景图像后，在 Photoshop 中打开图像文件，如图 5.61 所示。

图 5.61　背景图像选择

（3）将选择好的背景图像，应用软件的移动工具拖进第一步创建的 Banner 图像文件中，并运用移动工具进行位置的调整，把需要的部分图像放置在合适的位置，如图 5.62 所示。

图 5.62　添加背景

（4）在 Photoshop 软件的图层面板，设置背景图像所在的图层不透明度为 40%，以降低图像的不透明度，使背景图像与白色的背景图层融合，效果如图 5.63 所示。

图 5.63　设置不透明度

（5）把事先拍摄好的、事先计划好要重点推荐与推销的商品图像在软件中打开，如图 5.64 与图 5.65 所示为三天线穿墙王无线路由器。运用 Photoshop 软件中的魔术棒选择工具，先在图像的白色区域进行选择，然后执行"Ctrl"+"Shift"+"I"反选命令把无线路由器产品图像选中。

图 5.64　无线路由器侧面　　　　图 5.65　无线路由器背面

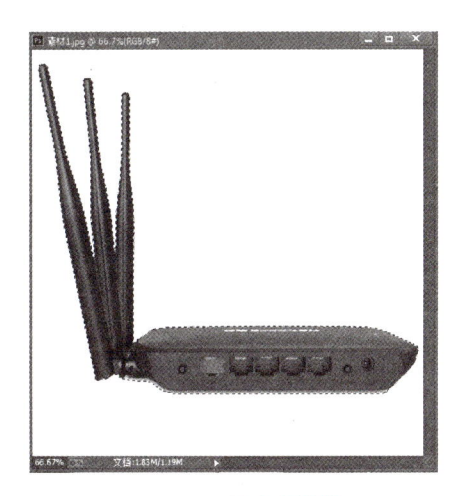

（6）运用软件的移动工具分别把上一步选择完成的无线路由器侧面图与无线路由器背面图拖移到 Banner 文件中，执行"Ctrl"+"T"命令对无线路由器图像进行大小与位置调整，效果如图 5.66 所示。

图 5.66　放置促销商品图

（7）接下来运用文本工具添加文本，选择字体为"方正兰亭特黑"，字体大小为72点，设置字体为"斜体"，字体颜色为"蓝色"，RGB数值为（6、68、182），字体显示模式为"犀利"，输入"数码惠聚"几个字，效果如图5.67所示。

图5.67 文字设置

（8）执行"Ctrl"+"T"自由变换命令，对"数码惠聚"文字进行旋转调整，转动一定的角度，如图5.68所示。

图5.68 旋转文字

（9）继续运用文本工具输入文字，选择字体为"方正兰亭特黑"，字体大小为24点，设置字体为"斜体"，字体颜色为"蓝色"，RGB数值为（53、98、4），字体显示模式为"犀利"，输入促销文字，然后执行"Ctrl"+"T"命令对文字的角度与位置进行调整，如图5.69所示。

图5.69 文本设置（1）

（10）运用上一步的方法与技巧，继续输入文本，除"1212"四个字的大小为30点，颜色为RGB（192、6、6）以外，其他文字属性与上一步相同，然后一样进行位置与角度调整，如图5.70所示。

图5.70 文本设置（2）

（11）继续运用文本工具输入文字，选择字体为"方正兰亭特黑"，字体大小为24点，设置字体为"斜体"，字体颜色为"蓝色"，RGB数值为（6、68、182），字体显示模式为"犀利"，输入如下图所示的促销文字，然后执行"Ctrl"+"T"命令对文字的角度与位置进行调整，如图5.71所示。

图 5.71　文本设置（3）

（12）运用软件的多边形选择工具，在工具属性栏中设置羽化值为 0，在如图 5.72 所示的位置创建一个三角形选区。

图 5.72　创建选区

（13）在图层面板新建一个图层，并且用 RGB 数值为（6、68、182）的蓝色对三角形选区进行填充颜色。并对这个图层进行图层样式设置，图层样式为"斜面与浮雕"中的"内斜面"，方式为"雕刻清晰"，具体参数设置如图 5.73 所示。

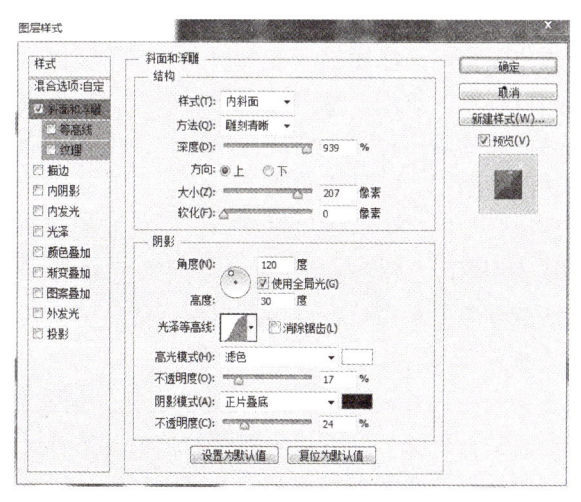

图 5.73　图层样式

（14）设置好图层样式后，执行"Ctrl"+"D"取消选择命令，如图 5.74 所示。

图 5.74　图像效果

（15）把上面创建的三角形样式所在的图层进行 4 个复制，分别放置在如图所示的位置，同时运用"Ctrl"+"T"命令适当调整三角形样式图像的角度、大小、位置与不透明度，完成 Banner 设计，最后效果如图 5.75 所示。

图 5.75　完成效果

5.7　提升转化率的用户体验优化策略

用户体验优化（User Experience Optimization，UEO），即针对目标受众的需求，通过改善网店的布局结构、视觉效果、交互性、信任度、物流体系、服务水平，使客户的购物过程更加舒适和愉悦。

1. 视觉体验优化策略

视觉在人类的感觉系统中占核心地位，甚至可以遮蔽其他感觉通道，因此它成为一种影响消费者行为的重要先决因素。电子商务的兴起改变了人们的生活，"逛网店"不仅是一种消费方式，也成了一种休闲方式。网店凭借精致的装修、缤纷有序的商品、周全的细节展示，通过强烈的视觉冲击唤起顾客的购买欲望，已演化为一种新型的市场营销手段——视觉营销。网店的视觉体验优化需重点关注店招、首页和宝贝详情描述。店招就是网店最上面的横幅，作为顾客进入网店后视觉的焦点，是店铺文化的浓缩，直接决定了店铺在其心中的第一印象。精致简约、别具创意的店招将大大增加客户继续停留在网店里浏览、选择商品的可能性。店招设置时需遵循两大原则：一是简单明了，将主营商品用文字、图像明确地告知给顾客；二是和谐美观，店招要与网店的整体风格统一，图文搭配要合理，色彩渲染与商品类别、品性要和谐，如婚庆商品用大红渲染，健康食品用绿色渲染，传递网店主打商品的特色。店铺首页作为一个店铺形象展示窗口，直接影响到店铺品牌宣传以及买家的购物体验及转化率。首页的布局需掌握三个要点：一是重点突出，在视觉热点集中的页头位置布局主款、新品、热卖等营销重点产品，并以强有力的视觉冲击抓住消费者眼球；二是陈列有序，在有限的首页空间进行产品的合理陈列，既追求视觉的价值塑造，又致力于最高效的空间功能规划，建议商品陈列采用符合消费者浏览网页的 F 形眼球轨迹；三是流畅贯通，在店铺橱窗或者重点推介产品之后可加上一定逻辑的产品分类导航，引导买家用最快的时间找到其所需要的商品。宝贝详情页作为很多流量的入口以及客户确定最终购买页面，地位非同小可。网上购物与实体购物相比，是一个更漫长的过程，客户可以精挑细选，全面比较，在这个时候会变得相对理性。此时宝贝描述页面作为"静态推销员"，起到了传达商品细节、质量、使用感觉等的重要作用。详情页设计应该做到逻辑清晰、表述准确、细致到位、排版整体风格一致、浑然天成、赏心悦目，让顾客充分感受到浏览乐趣。详情页需展示商品多角度拍摄效果，让顾客能够全方位地了解商品的外观，针对商品局部的一些有特点的元素应进行突出特写。另外，商品的规格参数模块是用户判断商品整体感觉的主要方式之一，应以整齐的版面设计展现。

2. 产品体验优化策略

如果说视觉体验传递给用户一种愉悦的感觉，则产品体验需传递给用户一种诱惑的感觉，通过展示品牌、荣誉、资质、卖点打动顾客。注重定义品质感和知名度，用来打消顾客的购买顾虑，让顾客一看就觉得很放心；宝贝的名称应尽量全面，突出优点和特色，文字描述应尽可能把商品的功能、特性、型号、质地、风格、生产、仓存、包装、使用须知、保养方法、邮费说明、售后说明等表达清楚，避免只有图片而无文字相配导致产生不信任以致最后跑单的情况。关联销售和搭配套餐是提升网店转化率的不二法门。所谓关联销售，就是在一个宝贝描述页面中加上其他商品的图片和链接，以吸引买家点击查看。关联销售需注意宝贝的关联性，可结合淘宝网"关联宝"工具确定关联商品，在"关联宝"中输入宝贝标题搜索，便可以找出任意一款宝贝的推荐关联商品。关联宝贝的位置非常重要，既不能太靠前也不能太靠后，靠前容易喧宾夺主，靠后容易被忽视，可放在主打宝贝主图展示之后出现。搭配套餐必须要有，方便买家批量购买。根据客单价确定套餐价位，根据套餐价位组合宝贝，以宝贝均价为中心形成价格阶梯，通过单品与套餐的高中低组合，形成价格矩阵，引导买家消费。在搭配组合套餐里，应注意两个方面：一是产品的组合搭配；二是具体套餐的价格。建议根据活动产品特点及买家人群的行为习惯，综合考量后筛选最佳产品组合，通过设置有诱惑力的价格促使客户下单。

3. 功能体验优化策略

网店商品琳琅满目，在顾客享受视觉盛宴的同时，必须注重优化功能体验，让顾客能快速找到商品，迅捷浏览商品信息，要合理设计分类导航和搜索功能。网店导航的位置分为顶部、左侧栏和自由导航三种位置。顶部建议放置全局导航（网店的任何位置都会出现的导航元素），集中用户会用到的主要功能。全局导航的设计除了保证用户可快速到达常用页面之外，另一个重要作用就是可以快速回到起始位置，例如"首页"，因此它起到了"逃生舱"的作用，当用户迷失时可以随时回到熟悉的信息空间，重新建立位置感和安全感。全局导航的设计要具有一致性和稳定性：位置一致、形式一致、内容一致。经常变化全局导航会对网店的忠实用户产生非常消极的影响。他们会因找不到自己熟悉的内容而产生挫败感。避免将导航设计为"漂亮的图片＋超链"的形式，而应多采用常规的下拉分类形式。从用户体验的角度来讲，大多数买家已经习惯了简单、常规且"不漂亮"的分类导航。如果店铺导航的设计让买家花费很多时间去思考，下一步该点击什么，那这个导航的设计就是失败的，因为它违背了导航以"快为先"的原则。设计自由导航区时须注意两点：一是不要有某张图片过于抢眼。根据视线律动研究表明，在一个页面中如果有一区域视觉权重过强会导致浏览者的视线不稳定或在权重较高的区域来回浏览。二是不要过于浮夸。导航图片以传达信息为重，买家需要的是快速理解图片内容，而不是看店铺炫耀美工技巧。

4. 情感体验优化策略

情感体验具有深刻性和持久性的特点，是首次顾客发展成忠诚顾客的重要内因，意义重大。以咨询导购时的情感体验优化为例：购买前，是了解阶段，此阶段客服人员要遵循实事求是的原则及诚恳热情的态度，如实回答顾客提出的各种问题；购买时，是买家接受阶段，客服要充分利用有限时间进行互动沟通，顾客拍下付款后，立即发信息表示感谢并承诺闪电发货；发货后，及时发信息告知，并提醒到达的大致时间及注意查收；跟踪快递行程，签收时发信息给予确认，并希望对方提一些意见。使客户感受到尊重、受到良好的服务，客户就会从内心深处给予肯定、宽容和理解，即使出现一些问题，也很容易沟通。购买后，要按不同的等级自动为会员分类，定期对会员进行售后反馈跟踪，为会员举行优惠活动，并开设帮派和旺旺群管理新老客户。买家、卖家双方的互评其实是又一次的情感交流。如淘宝网针对买卖双方都提供了信用评价制度，当一次交易完成后，交易双方均可以根据交易的满意程度给对方好评、中评或差评。其中，买家给予的每个好评将会使卖家的信用增加一分，中评不加分，差评则会扣掉一分。随着交易数目的不断增加，买家满意度的不断提高，卖家获得的信用积分也就会越来越高。这一点对于卖家来说尤为重要，信用等级的高低客观地反映了卖家的诚信度与商品的保障性。信用等级越高，也就越容易获取新买家的信任，越利于提升网店转化率。对于给出好评的客户，应给予衷心感谢，并承诺提供会员优惠，这样买家才会觉得卖家是真的看了评价，对店铺的好感便会大大增加。需要注意的是，卖家给予买家的回复最好不要复制事前准备好的内容，或者利用评价来做店铺广告，这会增加买家的反感情绪。对于给予中差评的客户，应积极回应，抱着一颗歉意的心和买家好好沟通，最大限度地解决问题让买家满意。如果最后卖家的意见不能和买家的意见达成一致，那么卖家应该检讨自己，只有多改进才能使店铺快速成长。商品的包装是反映网店经营是否用心的标志之一，是店铺服务理念最直接的体现，是跟买家最直接的情感沟通，用包装赢得买家的心是很直接简单的一个方法。在包装上多增加有利于用户体验的细节，会让顾客更加对你有好感。如可在包裹中加上商品说明、附赠小礼品等，让顾客感到卖家的人性化和贴心。

拓展阅读

中国式浪漫——北京冬奥会会徽视觉设计中的文化形象
（来源：中国美术报、禹会文旅）

2022年的北京冬奥会作为一场视觉盛宴，既体现在赛道冰场上的激情时刻，也呈现为赛场内外、静态动态的艺术设计，这些视觉设计不仅将伴随整个北京冬奥时间，还将会在奥运会结束后长久流传，由它们塑造的视觉形象将随着时间的延展而淬炼出历史的穿透力。北京冬奥会的会徽、奖牌、火炬、吉祥物、赛事图标、比赛服等，均从中国传统文化资源中寻求灵感，让历史意涵扩展、生长，不仅续写着中国走向未来的文化主张，更用极富中国浪漫色彩的审美表达，传递着新时代中国的精神气质，与疫情之下一个负责任的大国对构建人类命运共同体的时代关切。

2017年12月15日，北京冬奥会会徽"冬梦"和冬残奥会会徽"飞跃"发布。会徽作为一届奥运会最重要的视觉标识，对于一届奥运会的宣传推广和市场开发具有极大价值。北京冬奥会会徽有五大特点：一是主题鲜明，"冬梦"表达了中国要办好冬奥会的决心，体现出"三亿人参与冰雪运动"的伟大目标和实现全民健身强国梦的目标；二是构图生动，把冰雪运动反映出来，巧妙幻化为中国汉字形象并传达给世界，会徽上半部分是滑冰运动员，下半部分是滑雪运动员，整体是一名运动员疾驰的形象，非常生动巧妙，同时，幻化的冬，也体现了中国文化的典型特点；三是手法现代，设计手法非常国际化，还特别考虑到立体呈现，为会徽今后的广泛应用提供了延展设计的广阔空间；四是色彩明快，会徽总体是冷色调，反映出冰雪特性，同时又以蓝色为主，代表了我们的梦想，中间有红黄两色的飘动条带，契合中国国旗元素的同时，还彰显出我们的热情；五是动感十足，整个会徽看起来充满冰雪运动特性。在"BEIJING 2022"字体的形态上还汲取了中国书法与剪纸的特点，增强了字体的文化内涵和表现力，也体现了会徽图形的整体感和统一性。

北京2022年冬残奥会会徽"飞跃",展现了汉字"飞"的动感和力度,巧妙地幻化成一个向前滑行、冲向胜利的运动员,同时形象化地表达了轮椅等冬残奥会特殊运动器械形态。上半部分线条刚劲曲折,下半部分柔美圆润,寓意运动员经过顽强拼搏、历经坎坷最终获得圆满成功。会徽展现了运动员不断飞跃、超越自我、奋力拼搏、激励世界的冬残奥精神。

学习单元六

网店促销文案的视觉化

网店促销文案的视觉化

6.1 文案字体的分类与常见类型

在对网店商品促销文案进行可视化设计之前，必须先了解字体设计，而了解字体结构是特别基础的一部分，本节从字体的分类、结构特征、设计原理以及常用的设计规律等几个方面讲解字体设计的基本知识与技能。

字体（Typeface）：字体是文字的外在形式特征。它是文字的风格，也是文字的外衣。字体的艺术性体现在其完美的外在形式与丰富的内涵之中。字体是文化的载体，是社会的缩影。

字库：字库顾名思义即字体库。随着计算机时代的到来，字库已成为人们工作、生活的一部分，人们每天都会接触它、使用它。一般来讲，一款字库的诞生，要经过字体设计师的创意设计、字体制作人员一笔一画的制作、修改，技术开发人员对字符进行编码、添加程序指令、装库、开发安装程序，测试人员对字库进行校对、软件测试、兼容性测试，生产部门对字库进行最终产品化和包装上市等几个环节。对字体厂商而言，推出一款什么样的字体，还要经历市场调研、专家研讨等环节，以保证推出的字库具有市场竞争力，同时，字体的字形以及编码，也要遵循国家语言文字的相关规定，保证字库产品符合标准。开发一款精品字库，往往需要付出2~3年的艰苦努力，是一项需要投入各种人力、物力、财力，充满激情和创造性的工作。在计算机操作系统中字体为font，这类字体是电脑必用字体，存在于系统的"fonts"文件夹里。

字体（Typeface）与字型（Font），都是排印学与书法领域的专有名词。一般普通人士都无法区分作为专业名词的"字体"与"字型"。font是指某套具有同样样式、尺寸的字形；typeface则是一个或多个font在一个或多个尺寸的集合。

各个中文使用地区对于typeface和font没有通用的翻译。中国大陆国家标准（GB/T 16964.1—1997，为国际标准的官方翻译）将typeface译为"字体名称"，font译为"字型"。我国台湾专业人士也将typeface译为"字体"。一般可将typeface译为"字体"，font译为"字型"。

篆书、隶书、燕体、楷书、草书、宋体、仿宋体、黑体等分别是某类相似风格（也称"书体"）的许多个字体的集合，而不是一种字体。两位书法家写出来的楷书就可称为两种字体；宋体在电脑上就有中易宋体和新细明体等字体。

1. 字体常见的类型

（1）宋体：宋体字是源于宋代的，但是宋体字在明代确立，所以至今在日本，宋体字仍被称作"明朝体"。宋体字是印刷行业应用最为广泛的一种字体，根据字的外形的不同，又分为书宋和报宋。宋体是起源于宋代雕版印刷时通行的一种印刷字体。宋体字字形方正，笔画横平竖直、横细竖粗、棱角分明、结构严谨、整齐均匀，有极强的笔画规律性，从而使人在阅读时有一种舒适醒目的感觉。在现代印刷中主要用于书刊或报纸的正文部分。宋体字的秀气、刚劲有力、变化得当，获得了后人的喜爱。

（2）楷书：楷书也叫正楷、真书、正书。从程邈创立的隶书逐渐演变而来，更趋简化，横平竖直。《辞海》解释说它"形体方正，笔画平直，可作楷模"，故名楷书。始于汉末，通行至今，长盛不衰。楷书的产生，紧扣汉隶的规矩法度，而追求形体美的进一步发展，汉末、三国时期，汉字的书写逐渐变波、磔而为撇、捺，且有了"侧"（点）、"掠"（长撇）、"啄"（短撇）、"提"（直钩）等笔画，使其在结构上更趋严整。如《武威医简》《居延汉简》等。楷书的特点在于规矩整齐，是字体中的楷模，所以称为楷书，一直沿用至今。

（3）草书：草书是为书写便捷而产生的一种字体。它始于汉初，当时通用的是"草隶"，即潦草的隶书，后来逐渐发展，形成一种具有艺术价值的"章草"。汉末，张芝变革"章草"为"今草"，字的体势一笔而成。唐代张旭、怀素又发展为笔势连绵回绕、字形变化繁多的"狂草"。近现代草书的代表是林散之，有"草圣"之美誉。其代表作有《中日友谊诗》《许瑶诗论怀素草书》等，其中《中日友谊诗》被称为"林散之第一草书"。

（4）隶书：隶书也叫"隶字""古书"。它是在篆书的基础上，为适应书写便捷的需要产生的字体。隶书是汉字中常见的一种庄重的字体，书写效果略微宽扁，横画长而直画短，讲究"蚕头燕尾""一波三折"。它起源于秦朝，在东汉时期达到顶峰，书法界有"汉隶唐楷"之称。也有说法称隶书起源于战国时期。隶书是相对于篆书而言的，隶书之名源于东汉。隶书的出现是中国文字的又一次大改革，使中国的书法艺术进入了一个新的境界，是汉字演变史上的一个转折点，奠定了楷书的基础。隶书结体扁平、工整、精巧。到东汉时，撇、捺、点等画为美化而向上挑起，轻重顿挫富有变化，具有书法艺术美。风格也趋多样化，极具艺术欣赏的价值。

（5）行书：行书是介于楷书与草书之间的一种书体，大约出现在西汉晚期和东汉初期。它是为了弥补楷书的书写速度太慢和草书的难于辨认而产生的。笔势不像草书那样潦草，也不要求像楷书那样端正。楷法多于草法的叫"行楷"。草法多于楷法的叫"行草"。行书始于汉末。

（6）黑体：黑体是机器印刷术的历史产物。黑体汉字抹掉了汉字手书体的一切人为印迹及其造字渊源，没有手书的起始和收笔；它以几何学的方式确立汉字的基本结构（它是构建性的，而非书写性的），其均匀的笔画宽度和平滑的笔画弧度表现出一种稳定的、充满机器意味的无时间性及共时性特征。

（7）仿宋体：仿宋体是印刷体。顾名思义是宋体的变体，也是印刷字体的一种，仿照宋版书上所刻的字体，笔画粗细均匀，有长、方、扁三体。

计算机字体（Computer Font），简称字体（Font），是包含一套字形与字符的电子数据文件。常见的字体格式主要有以下几种：

（1）光栅字体（.fon）。

这种字体是针对特定的显示分辨率以不同大小存储的位图，用于 Windows 系统中屏幕上的菜单、按钮等处文字的显示。它并不是以矢量描述的，放大以后会出现锯齿，只适合屏幕描述。不过它的显示速度非常快，所以作为系统字体而在 Windows 中使用。

（2）矢量字体（.fon）。

虽然扩展名和光栅字体一样，但是这种字体却是由基于矢量的数学模型定义的，是 Windows 系统字体的一类，一些 Windows 应用程序会在较大尺寸的屏幕显示中自动使用矢量字体来代替光栅字体的显示。

（3）PostScript 字体（.pfm）。

这种字体基于另一种矢量语言（Adobe PostScript）的描述，常用于 PostScript 打印机中，不过 Windows 并不直接支持这类字体，要在 Windows 使用这类字体需要安装"Adobe Type manger"（ATM）软件来进行协调。

（4）TrueType 字体（.ttf）。

这是我们日常操作中接触的最多的一种类型的字体，其最大的特点就是由一种数学模式来进行定义的基于轮廓技术的字体，这使得它比基于矢量的字体更容易处理，保证了屏幕与打印输出的一致性。同时，这类字体和矢量字体一样可以随意缩放、旋转而不必担心会出现锯齿。

2. 字体的分类

学习字体设计得先了解字体结构和组合形式，就像房屋装修一样，得先了解房屋结构和框架之后才能进行拆墙重新装饰设计。下面为常用的字体分类概念：

（1）衬线字体（如宋体）：衬线字体的特点是笔画开始、结束的地方有额外的装饰，而且笔画的粗细有所不同。衬线体因为笔画粗细不同，其可读性更佳，容易识别，装饰性强，有对比参照性。图 6.1 所示为宋体笔画开始与笔画结束部位的装饰。

（2）非衬线字体（如黑体）：非衬线字体在笔画开始与结束的部位没有额外的装饰，而且笔画的粗细差不多。这类字体简洁、时尚、轻松、干净。笔画对比较弱，不及衬线字体，如图 6.2 所示。

图 6.1　衬线字体　　　　图 6.2　非衬线字体

6.2　文案字体的风格

根据文字字体的特性和使用类型，文字的设计风格大致可以分为下列几种：

（1）秀丽柔美。字体造型优美清新，线条流畅，给人以华丽柔美之感，此种类型的字体，适用于女用化妆品、饰品、日常生活用品、服务业等主题。

（2）稳重挺拔。字体造型规整，富于力度，给人以简洁爽朗的现代感，有较强的视觉冲击力，这种个性的字体，适合于机械、科技等主题。

（3）活泼有趣。字体造型生动活泼，有鲜明的节奏韵律感，色彩丰富明快，给人以生机盎然的感受。这种个性的字体适用于儿童用品、运动休闲、时尚产品等主题。

（4）苍劲古朴。字体造型朴素无华，饱含古时之风韵，能带给人们一种怀旧感觉，这种个性的字体适用于传统产品、民间艺术品等主题。

另外，汉字轮廓形似方块，但是由于笔画不同，字体轮廓的形状就会呈现不同的形状，所以在视觉均衡上就会有些许视觉偏差。尤其是单体字和合体字组合笔画就会显得不好看。所以我们要在不同形状的字形上做调整和处理，让文字看起来更加完整、均衡。

字体是有性格的，我们常用"字如其人"来形容一个人的字迹，也就是说一个人的性格和阅历会投射到文字上。而字体正是文字的性格，是文字表意功能之上的美学体现。优秀的字体远在读者理解句意之前就通过字形与笔画风格将情感传达给读者了，所谓"未成曲调先有情"，传情达意正是字体设计的意义所在。

千人千面，每个人的性格都不尽相同，字体也是如此。蔡邕的《笔论》中讲道，"若虫食木叶，若利剑长戈，若强弓硬矢，若水火，若云雾，若日月"，说的便是字体的变幻无方。字体的性格多种多样，具体体现在不同的笔画粗细、线条曲直、架构疏密等方面。接下来我们就从这些维度来粗浅地分析一下字体的性格。

（1）粗与细：笔画粗则浑厚、浓重、有力，如雷霆万钧；笔画细则单薄、轻巧、纤弱，似弱柳扶风，这是一种最直接、粗浅的观感，如图 6.3 所示。

图 6.3 字体的粗与细

粗笔画字体在排版上会形成高密度的文本块，这是因为笔画加粗，字体的负空间就会减小，视觉面积加重，产生一种压迫感，进而形成视觉重心，产生强调的作用。所以粗体字经常用于标题和标语上，占据显眼的位置，产生强调的作用，如图 6.4 所示。

图 6.4 粗笔画字体

如果说粗体是"彪形大汉的一声断喝",那么细体则是"小家碧玉的吴侬软语",娓娓道来。细笔画字体在视觉面积上较淡、较轻,缩小了视觉面积后,笔画负空间增大,结构显得疏朗清透,较小的视觉分量亦不会让读者产生压迫感。

(2)曲与直:字体笔画的曲直走向赋予了字体力量和弹性。直线是峭壁、落石、参天古木,或是茫茫平野、千里阵云,直来直往的线条代表了坦荡、干脆、果敢,但也可能意味着死板与偏执。直线赋予字体的是一种阳刚的气质,那么曲线就代表了阴柔的一面。曲线是柔丝、浮云、蒲柳,是九曲回肠,更多了一分包容与婉转,如图6.5所示。

图 6.5　字体的曲与直

绝大多数字体并非是由单纯的直线或者单纯的曲线构成的,横竖为直,撇捺为曲,有曲有直才显得刚柔并济,有力量,也有弹性。如图6.6所示的北魏楷书起笔处与转折处皆如削金断玉,干脆利落,整个字体也就显得挺拔刚健、英气勃勃,在撇与捺处又有优美的曲线,多一分圆润,也就多一分飘逸灵动。

图 6.6　字体构造

超刚黑则是一款典型的纯直线型字体。粗壮的笔触加上凌厉的线条,使字体有着一种不容置疑的坚决态度,去掉了曲线,也就没有了一丝回旋的余地,如图6.7所示。

图 6.7　超刚黑字体

任何理论都会有特例的情况,比如说铁筋隶书虽然绝大多数笔画都是曲线,却处处透着力量感。虽纤细如线,却刚劲如铁。本质上就是因为它的弧度都是有弹性的,将弧度加入横画,非但不减刚劲,反而会有一种反弹的力道,如图6.8所示。

(3)松散与严谨:日常生活中的文字书写显得轻松活泼,有一种随性不羁之美。而文字

纤细如线
刚劲如铁

图 6.8　铁筋隶书

书于庙堂、铸于钟鼎，或者付梓成书、传于后世，则有一种严谨端庄的美。其本质的区别则是结构的松散与严谨之分，如图 6.9 所示。

方正喵呜体　　方正风雅宋

随性 ←——◆——→ 庄严

图 6.9　松散与严谨

天真活泼是少年的心性，儿童的世界没有太多的规则约束，儿童的字体也显得稚嫩活泼。所以结构松散的手写体经常运用于儿童题材或者轻松诙谐的阅读环境，如图 6.10 所示。

图 6.10　松散结构

（4）简与繁：这里所说的简与繁并不是简体与繁体，而是笔画细节的复杂程度。举个最简单的例子，衬线体相对来说要比非衬线体细节复杂一些，宋体也比黑体复杂一些。正如花纹繁复华丽是古典家具的典型特征，简洁实用的宜家家居是现代生活的典范一样，字体的繁复与简单在一定程度上也代表着古典与现代走向，如图 6.11 所示。

大标宋　　尚雅准宋　　悦黑

古典 ←——◆——→ 现代

图 6.11　字体的简与繁

Trajan Pro 是一款古罗马风格的字体，衬线处细节丰富、弧度优雅，线条粗细程度不一，最初是刻在古罗马的石柱上，有着浓厚的历史沉淀，因此常用于古典题材的电影海报，如图 6.12 所示。

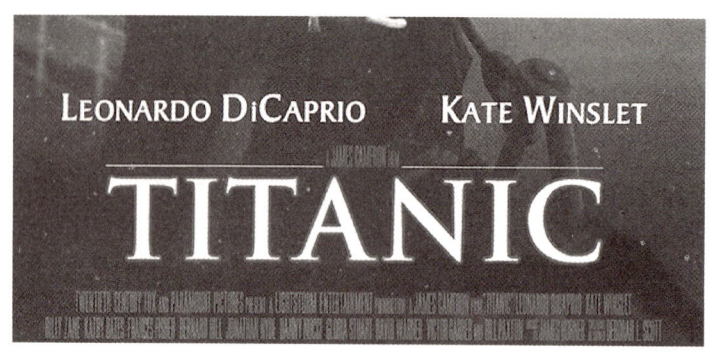

图 6.12　Trajan Pro 字体

Helvetica 被视为现代主义在字体设计界的典型代表，是一款经典的无衬线字体，剥除了多余的细节，以标准的几何形体做结构。反而是这种没有任何风格的字体形式成了一种风格。越简约，越现代，因此常用于现代企业的 LOGO 设计、杂志排版、导视系统等，如图 6.13 所示。

图 6.13　Helvetica 字体

6.3　文案字体设计的一般规则

文字是一种记录与传达语言的符号，是人类文明进步的重要标志。随着图形化时代的来临，文字与图形的关系在设计领域起着举足轻重的作用。当练习字体设计时，找有代表性的字体来做，这样不但可以激发创新思维，还可以提高学习者的思维能力。文字经过艺术化设计后，可以让文字形象变得情景化、视觉化，强化语言效果，对提升网店页面设计品质和商品详情页的视觉表现力具有极大的促进作用。那么如何才能设计好网店文案字体的视觉效果呢？一般可以从以下几个方面考虑：

1. 寻求字体与图形的结合

在进行字体设计时可以根据具体情况，把字体与代表性的图形结合起来，表示字体所表达的内容，比如，说到时间一般人们就会联想到钟表，说到爱情一般就会联想到爱心。但是在设计这些有代表性的文字时，不能把对应的图形直接放在字体里，这样的设计就没有意义了，而是要巧妙地把图形和字体本身结合起来，如图 6.14 所示。

2. 字形风格与表达内容相适应

文字经过艺术化设计以后，可使文字形象变得情境化、视觉化，强化了语言效果，成为更具有某种特质和倾向性的视觉符号。字体设计最基本的准则是在追求字体变化的同时要便

图 6.14 字体与图形的结合

于识别。字形变化的特点有以下几个方面：

（1）硬——力道、坚实、冲击、厚重、硬朗、猛烈。这类字体气势突出，视觉冲击力明显，个性张扬有力，节奏分明，可以用于表现强烈的信心和勇气，表现凝聚力和号召力，给人视觉上的震撼。由于这类字形富有张力，所以在表现刺激、冒险的情景时比较常用，如体育活动、极限运动的主题，以及在战争类、灾难类电影海报中，这类字形也比较常见，如图6.15所示。

图 6.15 硬风格字形

这类字体创意设计虽然比较自由，但应保持字与字之间的统一性。一组字体应保持一种统一的变化规则，不然会造成杂乱感，如图 6.16 所示。

图 6.16 硬风格字形的变化

（2）软——柔美、纤细、优雅、亲近、温和、飘逸。这类字体适合表现细腻情感，如情感类设计主题、女性设计主题、公益类设计主题等，通过柔美的曲线，可以让文字自身得到更大程度的展现，通过视觉感觉，形成人与字的情感共鸣，以达到最佳效果，如图 6.17 所示。

图 6.17 软风格字形

（3）旧——严肃、端正、正式、中性、规矩、传统、古朴、怀旧。这类字形在品牌类字体中比较常见，给人以饱满充实的信赖感和说服力，保持规则的字体外形，在字体内部进行适度的笔画修整，在严谨中求突破，在规矩中求创新，如图 6.18 所示。

图 6.18 旧风格字形

3. 进行适当的字体变形

字体变形是字体设计中最常见的方法与手段，字体变形的方法与技巧多种多样，有代替、共用、叠加、尖角、断指、错落连接、方正、横细竖粗、字体连接、随意手写、曲线、图形、拉伸等，各种方法的使用要根据具体情况来定。

替换法是在统一形态的文字元素中加入不同的图形元素或文字元素。其本质是根据文字的内容意思，用某一形象替代字体的某个部分或某一笔画，这些形象或写实或夸张。将文字的局部替换，是文字的内涵外露，在形象和感官上都增加了一定的艺术感染力，如图 6.19 所示。

图 6.19 字体的变形

尖角法是把字的角变成直尖、弯尖、斜尖、卷尖，可以是竖的角也可以是横的角，这样文字看起来会比较硬朗。

断指法是把一些封合包围的字，适当地断开一个口，或把左边断一截，或右边去一截，重点是要在能识别的情况下适当"断肢"，从而表现出它与众不同的特点来，如图 6.20 所示。

错落摆放法是把左右改为左上左下、上下排、斜排，就是一边高一边低，让文字错落有致排列，如图 6.21 所示。

图 6.20　字体的变形

图 6.21　错落摆放法

方正法是把所有字的弯全改成横平竖直、四四方方的。它本身的特点是简洁鲜明的，便于设计，对熟悉字体结构有很好的帮助，如图 6.22 所示。

图 6.22　方正法

横细竖粗法可以说是代替法的一种，该方法笔画简化，在字体中加入个人情感和生活，可以准确地把握创意方向，设计出合适自己的字体，如图 6.23 所示。

图 6.23　横细竖粗法

4. 对文案字体进行适当的衬托

对文案字体进行衬托主要是为了突出文案，增强可读性。

（1）通过增加字体面积提高视觉效果。对文案来说，最吸引人的、排在第一位的永远是颜色，放大字号，其实就是放大了整体文本的色块面积，来与较弱色彩进行区分，以达到吸引消费者眼球的目的。但只进行简单的字体放大，会产生内容粗糙的弊端。但可以为放大后的文本选择带有衬线的字体，来弥补文字形式上的粗糙感，也可以通过选择字体使文字的笔画复杂，较为复杂的笔画其实是无形中增加了颜色的面积，突出视觉效果。如图 6.24 所示，上面的字体是大小为 40 点的宋体，下面的字体是大小为 40 点的方正兰亭特黑字体，两者在视觉效果与字体面积上明显不同。

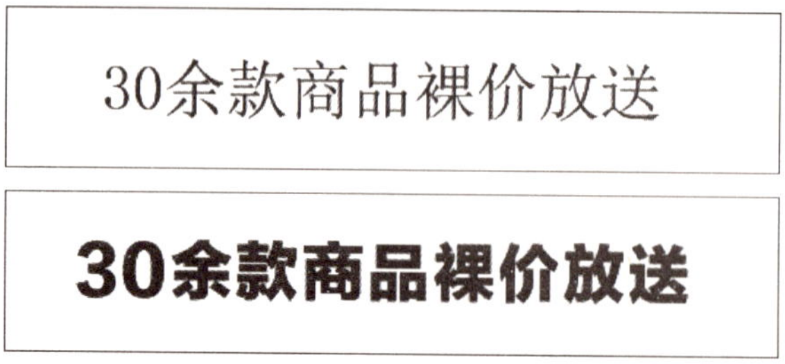

图 6.24　字体加粗

（2）通过改变字体颜色增加视觉效果。通过调整字体的颜色，从而使原本单调的单色文本，变成醒目的多色文本。但如果色彩搭配杂乱无章，除了增加阅读难度外，也会让消费者与阅读者产生文字内容粗糙的感觉。通过颜色的有序渐变和将文字内容进行刻意的色彩区分，这样两种方式可以摆脱原有杂乱色彩带来的廉价感。另外将原有杂乱的点状色彩，变为面积更大的面状色彩，无形中同样加大了色彩的可视比例，从而起到吸引视觉的目的。图 6.25 所示下面的文字在关键字上改变了颜色，以突出关键字的可阅读性。

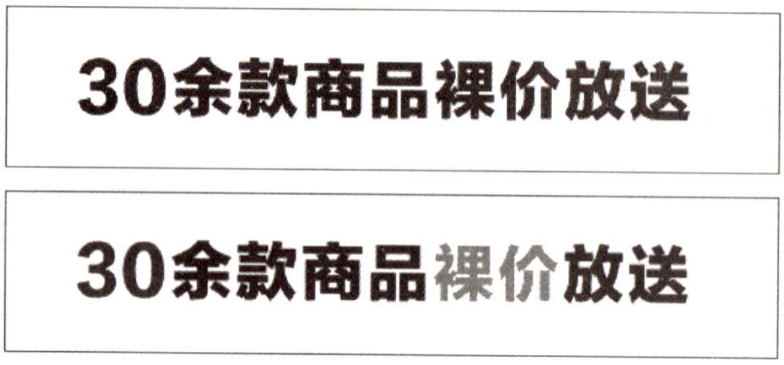

图 6.25　字体变色

（3）通过改变文本的底色来突出文字的可阅读性，也就是可以将文字反白处理，将色彩面积增大。如图 6.26 所示，下面的文字通过周围颜色的衬托，可读性更强，视觉效果更好。这就是通过最简单的方式增加色彩的面积，从而起到专注视觉的目的。但是需要注意的是，并不是颜色越多越亮就越好，错误的色彩搭配有时候会适得其反，使文字信息失去阅读者的信任。

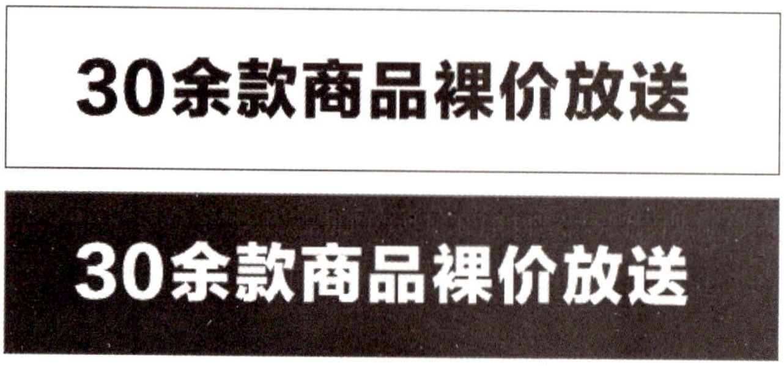

图 6.26　文字反白处理

（4）通过符号化的方式表达文本信息，突出关键文本信息。在同等色彩与字体字号的情况下，一般人最容易注意到的是文本中的数字与英文，因为在人的阅读习惯中，数字与英文是作为图形去理解的。因此通过阅读文本的内容，我们可以将文本中的某些信息，通过符号化的方式去表达，从而吸引人的注意力。如图 6.27 所示把"七折优惠"修改为"30% OFF 优惠"，以增强关键信息的可读性。

图 6.27　文本字符化

但是如果遇到了文本中的信息实在找不到合适的符号化处理方法时，那么可以通过人为增加符号的方式，使整段文字更加吸引人，如图 6.28 所示。

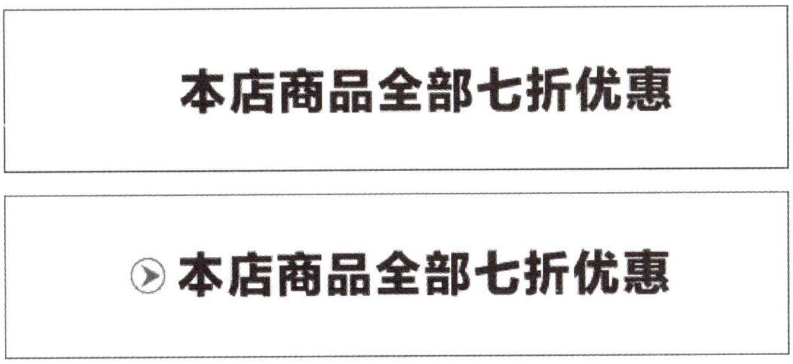

图 6.28　增加符号

（5）对于文本比较多的情况，要注意恰到好处地进行断行与设置行距。因为消费者一般情况下不会阅读长篇大论的文字，因此当文本信息过多时，需要充分考虑阅读者的习惯，设计工整的版式，以及进行合适的断行，设定合适的段间距与行距，让阅读者在阅读前就充分知道这段文字阅读起来很容易，而不会出现串行等情况。

最后还要注意文本与图片的位置关系，一般情况下，文字摆放在图片下方，会比放在图片上方更加让人愿意阅读。

5. 字体变形应注意的几个问题

在字体设计过程中，要注意字体变形后字体的可阅读性、字体的识别能力、字体的肩胛结构、字体的应用环境等内容。

（1）要注意字体设计的整体性。在字体设计中，很多设计项目都需要严谨仔细，设计师必须去认真地推敲尝试每一个笔画的变化方式，去选择最合适的表现方法，只有如此才能使每一个笔画都契合这个字体，符合整组字的空间规则。

（2）要充分应用 Photoshop 等图形绘制软件的功能。这些软件可以帮助完成字体设计中需要的各种圆角、对称、倾斜、等距分布、交差、减去等任务，还可以把字体轮廓化描边，快速运用基础字体来进行变形。

（3）要尽可能地保证文字的可阅读性。网店商品信息的视觉设计终归属于商业设计，要考虑到大部分消费者的文化背景和图形识别能力。

（4）完成字体变形后可以分步来进行细节的修饰，可以参考类似的优秀字体的间架结构，调节好每个字的笔画分布和重心均衡。在选定字体的风格后，给字体做相应的视觉梳理，例如，字与字的间距、笔画之间的间距、整体字形的倾斜角度、特殊地方做圆角处理等。

（5）掌握字体的肩胛结构，避免大小不一、分布不均、笔画不均等问题。统一应用笔画、倾斜等规则。鉴于字体形态的趣味性，加入了图形元素来丰富字体本身。同时兼具不同尺寸下的显示效果，做笔画的删减和间距调整。

6.4 网店促销文案的视觉化设计方法

网店促销文案的视觉化设计在借助以上知识的基础上，一般运用 Photoshop 等工具软件，进行设计。其设计与制作方法很多，要根据具体情况与具体需要采用不同的方式与方法，下面介绍两项实际的设计项目，以学习网店促销文案视觉化设计方法。

6.4.1 网店促销文案的视觉化设计方法（一）

本部分内容主要讲解促销文案的造型、肌理、颜色等的表现方法，通过软件的应用实现视觉效果，具体如下：

（1）运行 Photoshop 软件，执行"Ctrl"+"N"命令，设置文件大小宽度为 790 像素，高度为 400 像素，分辨率为 72 像素/英寸，RGB 颜色模式，背景色为白色。新建文件后，在图层面板建立一个新图层，用 RGB 值为（197、224、232）的一种浅蓝色填充文件，如图 6.29 所示。

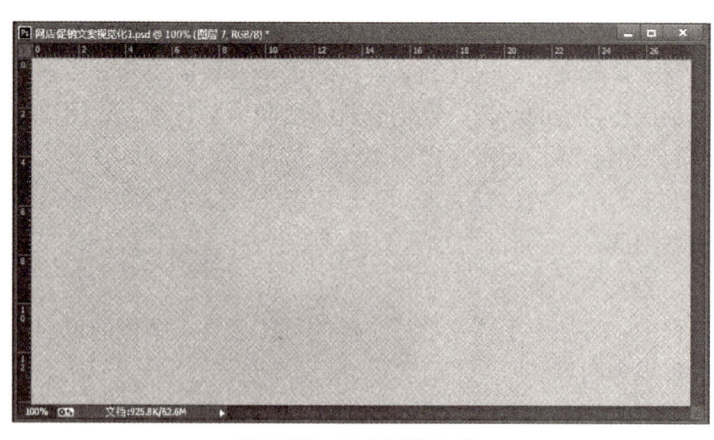

图 6.29　建立图像文件

（2）在软件中打开"网店促销图案视觉化素材 1"文件，为一幅正方形网格图案，运用软件的移动工具，把正方形网格图案移到新创建的文件中，并对网格图案的位置进行调整，效果如图6.30所示。

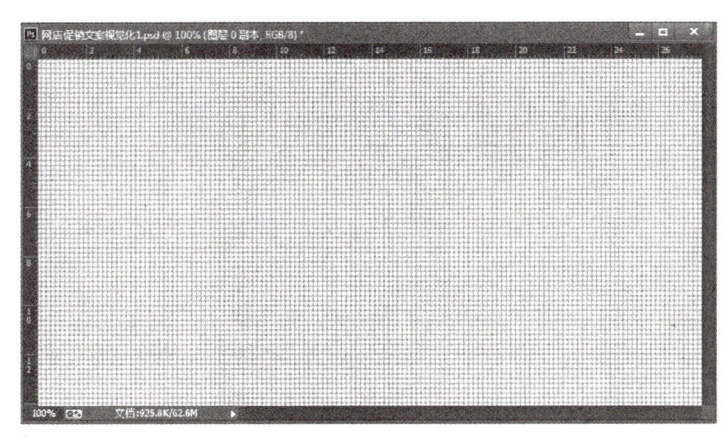

图6.30 网格图案

（3）执行"Ctrl"+"T"命令，对网格图案进行旋转编辑，转动的角度为45°，如图6.31所示。

图6.31 旋转图案

（4）在网格图案所在的图层，设置不透明度为15%，填充值为65%。运用文本工具输入文本"相信品牌的力量"，其中文本的字体为"微软雅黑"，字体大小为71点，字体的显示方式为"Bold"，字体颜色为RGB（253、104、10），字体的粗细状态为"加粗"，输入文字后放置在合适的位置上，如图6.32所示。

（5）双击文本"相信品牌的力量"所在的图层，设置图层样式，首先设置"斜面和浮雕"，结构参数中，样式为"内斜面"，方法为"雕刻清晰"，深度为276%，大小为3像素，方向为"上"，参数设置如图6.33所示。

（6）接下来设置图层样式中的描边样式，大小为1像素，描边颜色为RGB（248、130、3），具体参数如图6.34所示，设置图层样式后的文本效果如图6.35所示。

（7）复制"相信品牌的力量"文本图层为"相信品牌的力量"图层副本，在图层左边关闭"相信品牌的力量"图层不可见，只显示"相信品牌的力量"图层副本，在图层副本清除图层样式，把文字颜色设置为一种灰色，RGB为（146、146、146），如图6.36所示。

图 6.32　输入文字

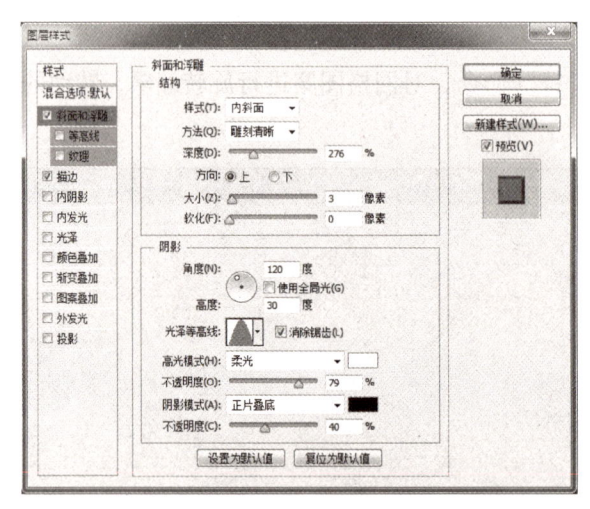

图 6.33　设置图层样式

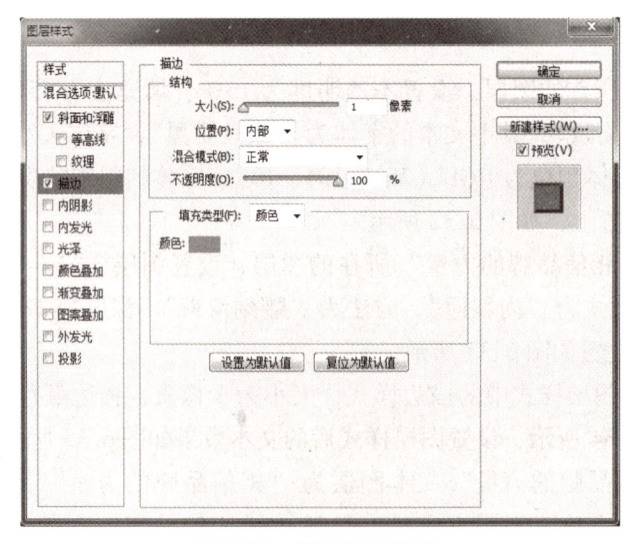

图 6.34　设置描边样式

图 6.35　图层样式效果

图 6.36　文字变色

（8）栅格化灰色的文本图层，执行 Photoshop 中的动感模糊滤镜，滤镜的方向为 90°，模糊强度值为 81，执行后的效果如图 6.37 所示。

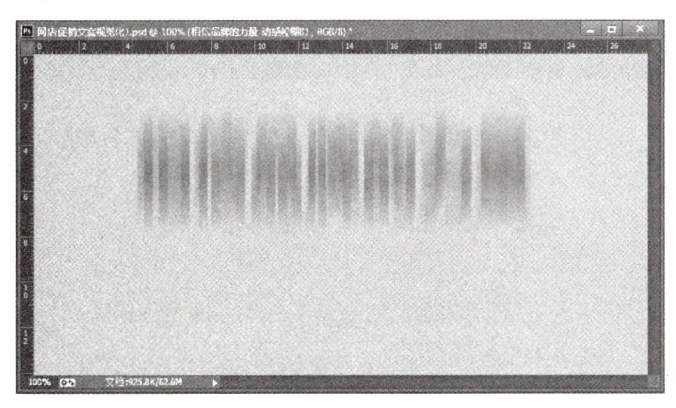

图 6.37　动感模糊

（9）移动图层的上下位置，把"相信品牌的力量"图层副本放置在"相信品牌的力量"图层的下方，如图 6.38 所示模糊灰色文本在主体文本的下方。

（10）运用矩形选择工具，羽化值设置为 0，沿着主体文本的下方，设置一个较大的矩形选区，在确定当前图层为模糊的阴影图层后，执行"Delete"命令，删除下半部分的阴影，如图 6.39 所示。

图 6.38　图层位置

图 6.39　阴影编辑

（11）执行软件中的编辑工具下的"斜切"命令，把阴影倾斜，同时运用"Ctrl"+"T"命令调整阴影的高度，如图 6.40 所示。

图 6.40　倾斜阴影

（12）设置文件创建使新建的蓝色图层的不透明度为 25%，同时用软件的"模糊"与"手指涂抹"工具对阴影进行适当的调整，效果如图 6.41 所示。

（13）运用软件的文本工具，在主体文本的下方输入相应的文本，文本字体为"华文行

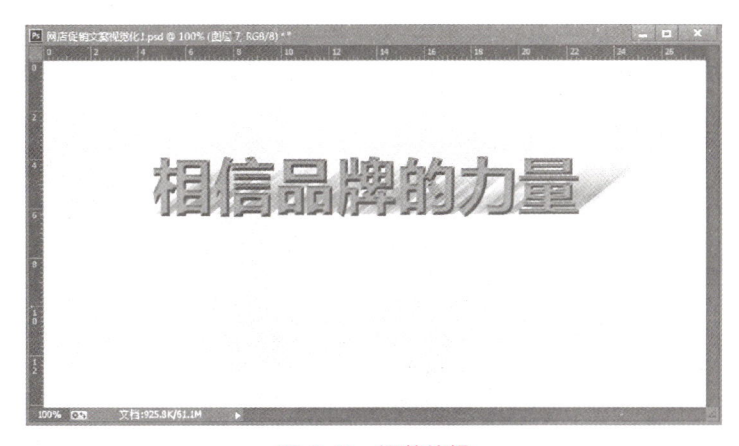

图 6.41　调整编辑

楷",大小为 24 点,颜色为 RGB(254、102、43),其他参数不变,输入文本并调整文本的位置,如图 6.42 所示。

图 6.42　输入文本

(14)创建一个新图层,用矩形选择工具在文件的上方选择一个矩形选区,并用 RGB 颜色为(41、127、184)的一种蓝色填充,如图 6.43 所示。

图 6.43　创建蓝色图层

（15）继续对文件设计文本，在蓝色的填充上方输入文本"为什么要购买我们的产品？"，其中，文本的字体为"微软雅黑"，显示方式为"Bold"，颜色为白色，具体文字参数如图 6.44 所示。

图 6.44　文本属性设置

（16）单独选择文本图层中的字符"？"，设置字体为"华文彩云"，其他参数不变，具体效果如图 6.45 所示。

图 6.45　文本编辑

（17）最后打开"网店促销文案视觉化素材 2"图像文件，其为一预先设置好的文本图案，把文本图案拖入文件中，用移动工具适当调整图像的位置，完成的效果如图 6.46 所示。

图 6.46　最后效果图

6.4.2　网店促销文案的视觉化设计方法（二）

本部分内容主要讲解多种文本、不同字体的混合表现手法，借助软件来实现促销文案的排列与组合，具体如下所示：

（1）启动运行 Photoshop 软件，执行"Ctrl"+"N"新建图像文件命令创建一个图像文件，文件大小设置为宽度 950 像素、高度 400 像素，分辨率为 72 像素/英寸，文件大小实际上应根据所创建的图像的用途来确定，具体如图 6.47 所示。

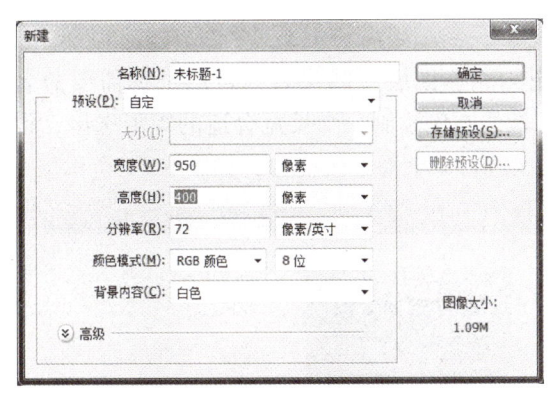

图 6.47　创建新文件

（2）上面一步创建的是一个以白色为背景的图像文件，在文件的图层面板建立一个新图层，选择工具箱中的画笔工具，设置笔尖大小为 191 像素，不透明度为 14%，前景色为 RGB（128、128、128）的一种灰色，具体如图 6.48 所示。

图 6.48　工具设置

（3）在确定当前图层为新建图层的前提下，运用画笔工具在图像文件的左下角与右上角区域给图像上色，可以运用画笔进行重复上色，使之部分区域颜色变深，在拖动画笔的时候尽量保持 45°的倾斜，如图 6.49 所示。

图 6.49　填充设置

（4）执行"Ctrl"+"O"命令，打开事先准备好的"促销文案视觉化设计 2 素材"文件，运用磁性套索选择工具沿着图像的边缘将图像选出，并移动到当前设计的文件中，同时对素材图像的大小与位置进行适当的调整，如图 6.50 所示。

图 6.50 放置素材

(5) 在图层面板创建一个新图层（图层名称可以根据需要命名），运用矩形选择工具，羽化值设为 0，在素材图像的右侧绘制一个长宽合适的矩形选区，设置前景色为 RGB（169、22、48），然后对矩形选区进行 2 个像素的描边，如图 6.51 所示。

图 6.51 绘制矩形

(6) 在上一步操作中不取消选区的情况下，图层面板继续创建一个新图层，用矩形选择工具，按住"Alt"键使选择处于减选状态，减去部分右边的选区，然后用前景色为 RGB（169、22、48）的颜色填充选区，最后取消选区，效果如图 6.52 所示。

图 6.52 填充部分矩形

(7) 运用软件的文本输入工具，设置字体为"微软雅黑"，显示方式为"Bold"，字体大小为 30 点，字符间距为 200，颜色为白色，其他参数默认，在文件中输入"恒源祥"文本，调整文字位置后如图 6.53 所示。

(8) 运用软件路径工具中的自定义形状工具，绘制模式设置为"像素"状态，选择形状造型如图 6.54 所示，设置前景色为白色。

图 6.53 输入文本

图 6.54 工具设置

(9) 在图层面板继续创建新图层，在前面输入的文本的右上方绘制一个较小的商标形状图标，调整到合适的位置，如图 6.55 所示。

图 6.55 图标设置

(10) 继续运用软件的文本工具，设置字体为"微软雅黑"，显示方式为"Regular"，文字大小为 30 点，字符间距为 200，颜色为 RGB（169、22、48）的红色，如图 6.56 所示。

图 6.56 字体参数设置

(11) 在文件中输入"品牌团"几个字样，用软件中的移动工具调整到合适的位置，如图 6.57 所示。

图 6.57　输入文本

（12）运行文本输入工具，设置字体为"方正韵动特黑"，文字大小为 48 点，字体颜色为 RGB（169、22、48）的红色，如图 6.58 所示。

（13）在图中输入"100%澳洲羊毛"文本，并可以用"Ctrl"+"T"命令适当调整文字高度与宽度的比例，然后放置在如图 6.59 所示的位置。

图 6.58　字体参数设置　　　　图 6.59　设置文本

（14）设置文本输入工具的字体为"华文细黑"，字体大小为 10 点，字符间距为 –100，如图 6.60 所示。

图 6.60　字体参数设置

（15）在如图 6.61 所示的位置输入"300 多款商品裸价放送"文本，位置注意左对齐，同时，在文本的下面，运用矩形选择工具绘制一个长宽合适的矩形选区，并创建一个新图层，用颜色为 RGB（169、22、48）的红色进行 2 个像素的描边。

图 6.61　绘制矩形

（16）用与上面同样的方法，减去左边部分的矩形选区，并用 RGB（169、22、48）的红色进行填充，效果如图 6.62 所示。

图 6.62　填充矩形

（17）接下来继续使用软件中的文本输入与编辑工具，设置字体为"华文细黑"，大小为 24 点，设置为"加粗"状态，如图 6.63 与图 6.64 所示。

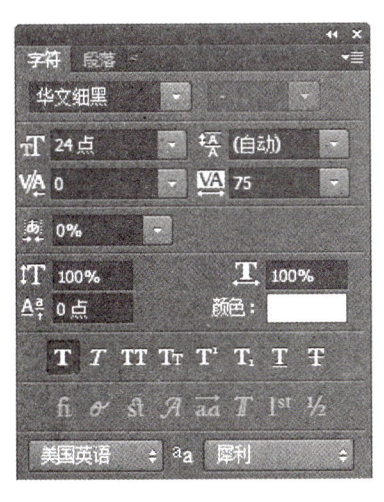

图 6.63　字体参数设置（1）　　　　图 6.64　字体参数设置（2）

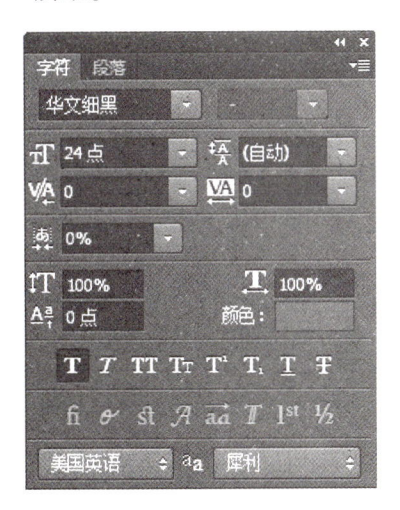

（18）分别设置白色与 RGB（98、98、98）的灰色输入"查看"与"领券购物更优惠"文本，然后运用移动工具把文本分别移到合适的位置，如图 6.65 所示。

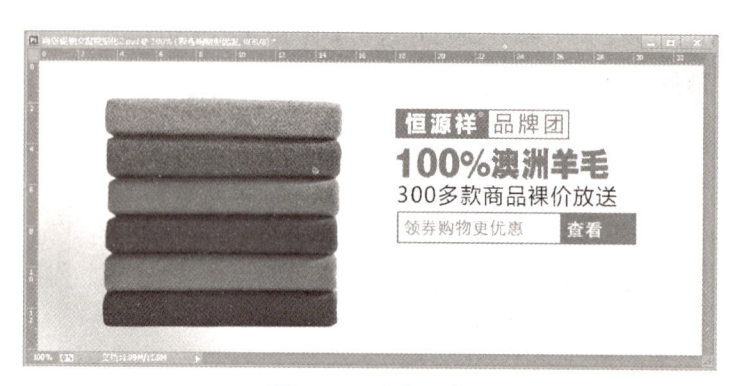

图 6.65　移动文本

（19）运用软件中的选择或者形状工具，制作文字"查看"右侧的查找符号，方法多样，可以根据自己的习惯进行绘制，注意颜色为白色，并应放置在合适的位置，如图 6.66 所示。

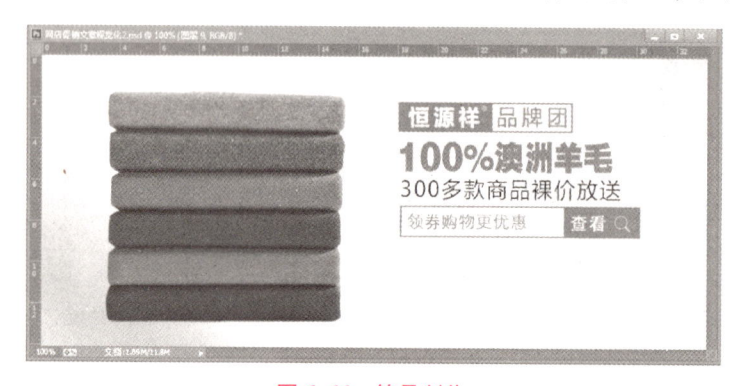

图 6.66　符号制作

（20）继续运用文本输入工具，设置字体为"华文细黑"，大小为 24 点，加粗，颜色为黑色，分别输入"让利回馈"与"物价回到 10 年前"等促销文本，再分别输入颜色为 RGB（169、22、48）的文本"30""%"与"OFF"，以上文本均在不同的图层，然后对"%"与"OFF"进行缩小编辑，使之与"30"文本上下平齐。最后文本的编辑效果如图 6.67 所示。

图 6.67　文本效果

（21）继续运用文本输入工具，设置字体为"华文细黑"，大小为 18 点，字符间距为 -75，加粗，颜色为 RGB（138、138、138）的灰色，在文件中输入第一排英文短句；然后用同样的字体，大小设置为 10 点，字符间距设置为 -100，不加粗，具体如图 6.68 与图 6.69

所示进行文本参数设置。

图 6.68　字体参数设置（1）　　　　　　图 6.69　字体参数设置（2）

（22）对输入的文本进行左对齐，第一个字母为大写，设置下面三行文本的行间距为 14 点，效果如图 6.70 所示。

图 6.70　对齐文本

（23）最后为突出促销文案效果，设置由前面第三步创建的灰色填充图层的不透明度与填充值，其中不透明度为 40%，填充值为 60%，最后促销文案混合排列效果如图 6.71 所示。

图 6.71　完成的效果

拓展阅读

中国式浪漫——北京冬奥会体育图标中的文化印记
（来源：中国美术报、禹会文旅）

2020年12月31日，北京冬奥会和冬残奥会体育图标发布。体育图标是历届奥运会的"规定动作"，是对体育项目的图形化诠释。历届奥运会的体育图标都体现了举办国与举办地独具匠心的创意设计、理念与文化背景。2022年北京冬奥会和冬残奥会体育图标共30个，包括24个冬奥会体育图标和6个冬残奥会体育图标。图标以霞光红为底色，寓意着日出东方，代表着热情和希望，也为在春节期间举行的北京冬奥会烘托出喜庆气氛。图标设计以中国汉字为灵感来源，以篆刻艺术为主要呈现形式，将冬季运动元素与中国传统文化巧妙结合，既展现出冬季运动挑战自我、追求卓越的特点，也凝聚了中国传统文化的厚重与精深，彰显了北京冬奥会和冬残奥会的理念和愿景。

中央美术学院设计学院副院长、体育图标设计团队主创设计师林存真介绍，北京冬奥会和冬残奥会体育图标和北京2008年奥运会会徽"中国印"的设计理念遥相呼应。两者均为印章风格，都选择了篆刻形式，既是北京这座"双奥之城"留给世界独特的文化印记，也体现了奥林匹克运动的文化传承。

学习单元七

网店商品主图的营销设计方法

网店商品主图的营销设计方法

7.1 网店流量及其流量的构成

对于"流量"这个词，不同的领域有不同的理解。在经济学中，流量是指一定时期内发生的某种经济变量变动的数值，它是在一定的时期内测度的，其大小有时间维度，例如反应社会产品和劳务的生产分配情况、国内生产总值、劳动者收入总额、投资总额、流动资金增加额等都是流量。在传统的商品销售领域，流量是指在规定期间内通过某一指定点的车辆或行人数量。在移动通信领域，流量是一个数字记录，记录一台手机终端上一个网页所耗的字节数，单位有B、KB、MB、GB。

在互联网领域流量通常说的是网站流量（Traffic），是指在一定时间内浏览网站地址的访问量，即网站的访问量。网站的访问量是用来描述访问一个网站的用户数量以及用户所浏览的页面数量等指标，常用的统计指标包括网站的独立用户数量（一般指IP）、总用户数量（含重复访问者）、页面浏览数量、每个用户的页面浏览数量、用户在网站的平均停留时间等。网站流量统计指标常用来对网站效果进行评价，主要指标包括：独立访问者数量（Unique Visitors）、重复访问者数量（Repeat Visitors）、页面浏览数（Page Views）、每个访问者的页面浏览数（Page Views per user）、某些具体文件/页面的统计指标（如页面显示次数、文件下载次数等）。用户行为指标主要反映用户是如何来到网站的、在网站上停留了多长时间、访问了哪些页面等，主要的统计指标包括：用户在网站的停留时间、用户来源网站（也叫"引导网站"）、用户所使用的搜索引擎及其关键词、在不同时段的用户访问量情况等。流量是决定一个网站价值的因素，假如一个网站根本没有流量也就等于没人看，这样的网站就没有存在的意义。

关于网店的流量，本质上与网站的流量相同，但又有不同之处，它一般是指某个网店店铺或者某个商品的消费者访问人数。商家一般在完成了商品的上传和店铺装修后，就要考虑引入顾客，正式开始营业。很多商家有线下店铺的运营经验，其实网店和线下实体店铺在某些方面是相通的，线下实体店铺一般是在人流量比较大的"地理区域"（如学校、车站、步行街、社区、商厦等）建立店铺，通过地理位置的展现来获取顾客。线上店铺则是通过在人流量比较大的"视觉区域"（如淘宝首页、淘宝搜索、类目、淘画报等）建立商品和店铺的展示，同样是通过展现来获取顾客。

在各商品销售平台中，流量通常可以分为站内流量与站外流量，站内流量和站外流量的区别在于：站内的流量一般是平台已经培育好的，客户本身就是有购买需求的，所以成交的概率高，即高质量流量；而站外的流量，不一定有明确的购买需求，所以成交的概率相对较低，流量质量不可控。站内流量分为店铺发布产品信息后就可获取的免费流量、需要店铺付费做广告获得的推广流量以及店铺内部及店铺的老客户直接访问的流量。在此，因为新商家还没有多少老客户资源，这部分的流量基数很少，流量主要来自免费流量和付费流量。

免费流量中的搜索流量和类目流量，店铺通过发布产品都可获取，且因为客户会通过搜索来找产品，说明消费者正是有需求的时候，所以从此渠道获得的流量转化率高。但商家能获得的搜索流量的高低，取决于店铺的经营数据（如人气、收藏量、价格、销量、信用等）和淘宝排序规则之间的匹配程度。在现实中，最大的流量入口应该是平台的搜索流量，所以电商模式也叫作搜索式购物，想让商品搜索排名靠前，就要了解平台搜索引擎的工作原理及影响因素。而活动平台的流量，商家要做的只能是在日常经营中打好基础，有活动机会时，做到及时报名，但最终能否获得参加活动平台资格不在可控制的范围内。

对于网店来讲流量是至关重要的，没有流量就意味着没有消费者浏览网店，也就不会产生交易。所以，流量是各类电子商务平台与商家店铺关注的重要对象。一般情况下平台网站流量的来源与入口是多种多样的，以淘宝平台为例，对网店商家来讲流量的来源入口主要包括站内搜索入口、推广入口、社区入口、媒体端入口等。

站内搜索入口主要是指淘宝首页、商城首页、一淘等，淘宝首页和商城首页的流量产生来自产品搜索、类目搜索、店铺搜索等，一淘主要是通过商品搜索与比较、比价等。

推广入口主要包括阿里妈妈、首焦、淘宝客、直通车、钻石展位等；淘宝客还包含搜索推广、店铺推广、商品推广、页面推广、频道推广等。

社区入口主要包括咨询类别、交流类别、站内其他渠道等。其中咨询类别还包含画报、试用中心等；交流类别包含社区、帮派、说说等；站内其他渠道包括我的淘宝、友情链接等。

媒体端入口主要包括淘宝天下、天下网商、卖家、微信、微淘、无线淘宝。其中淘宝天下包含淘代码、子站资源等；无线淘宝包括淘宝终端、天猫终端、旺旺终端等，无线端的流量增大趋势非常明显。

通过调查与分析发现，不管是淘宝、天猫平台的网店店铺，还是京东平台或者苏宁易购平台的网店店铺，其流量的来源主要由以下5个部分构成：

（1）自然流量：是指依靠买家搜索或者买家通过网页上的导航引导进入店铺的流量。这类流量需要商品符合各类平台的搜索规则，在搜索模型中获得较高分数。它引进的流量特点是质量较高，因为都是买家主动寻找，经过商品比较进入的，所以促成成交的概率也较大。这类流量是每个店铺都希望大量获取的，当然其获取也有一定的难度，需要一定的积累。

（2）付费流量：是指商家通过购买不同付费形式的广告产品，为店铺引进的流量。目前，淘宝平台上主要的付费推广方式有直通车、钻石展位、淘宝客、品牌广告等，苏宁易购等其他平台上也有相应的付费流量规则。其中，付费流量引入的多少视商家的运营预算等综合情况而定。就淘宝平台而言，大部分商家采用的付费流量一般是直通车、钻石展位、淘宝客等，其中直通车的流量比较精准，门槛低，费用可以由自己控制；淘宝客推广是一种低投入的工具，是按成交付费的，也可以算是基本没有成本投入，但淘宝客推广比较适合于有一定的销量与评价的商品；钻石展位是需要报名、培训，通过考试后才能投放的，是一种按展现位置收费的推广方式。展现位置主要是在淘宝首页、类目首页等。钻石展位对视觉设计的要求较高，并正被越来越多的商家所认可，钻石展位可以做消费人群定向和店铺定向，可以主动地把广告投放给潜在的目标客户。如果说直通车是布点，那么钻石展位就是铺面，商家可以自己通过客户需求分析，判断出目标客户具有哪些特征，哪些店铺的客户也同样是你的客户，然后通过定向，将广告展现在这些客户面前。

（3）免费活动流量：是指平台官方组织的各种免费促销活动、主题活动引进的流量。这类流量与自然流量一样，是不需要费用的，但是通常参加这类活动都需要提供一定的商品打折，有时候甚至是直接提供一定数量的免费赠送商品，所以对于商家来说还是有成本的。但是它的特点是通过少量的商品投入能引来巨大的流量，因为平台官方活动通常在网页上有较好的展示位。所以也是商家关注度非常高的引流方式，如淘金币。但是，官方活动通常对商品品质、页面展示和店铺综合能力有较高要求。新商家可以对其关注，在能力可控的情况下积极报名参加，但是不建议一味地只盯住这种引流方式。

（4）会员关系管理流量：是指通过商家对店铺会员做分层及二次营销，促使老客户再次访问店铺而产生的流量。维护一个老客户的成本远远低于引进一个新客户的成本，而且老客户在店铺产生的购买金额也通常会高于新客户，所以较大规模的店铺是非常重视会员关系管理的。新商家也应该从开始就注意服务，重视客户的积累和二次营销。

（5）其他流量：除以上几种主要的引流方式外的流量来源都归入其他流量。例如，通过站外引进的流量、通过买家的宝贝管理后台引进的流量等。这类流量在一个店铺的流量结构中所占比例通常不会太大，但是不排除有部分运作较好的商家。

7.2　网店商品主图的功能与作用

主图是买家搜索商品的时候显示出的商品图片，消费者无论是通过关键词搜索，还是通过类目搜索，搜索结果中显示在消费者眼前的是由一组相关商品或类似商品主图组成的搜索页面，消费者通过选择其中的一张商品主图进入商品详情页或者网店店铺，从而产生有效流量。所以通过商品搜索，展现在消费者眼前的第一张图片就是商品主图，商品主图的优劣是影响消费者关注和点击的重要因素，商品搜索页主图的质量影响商品的排序。通过一张诱人的、让消费者眼前一亮的商品主图可以产生较好的销售效果，可以为商家节省一大笔推广费用，这也是有些网店店铺在没有做任何推广的情况下，依然能够吸引很多流量的主要原因。图 7.1 所示为淘宝平台上搜索关键词为"女鞋"的同类商品主图构成的消费者搜索结果部分页面，其中一行 4 张排列的为商品主图。

当消费者选择一张自己中意的商品主图并点击以后，页面一般就跳转到商品详情页，在商品详情页中，左上方的一组 5 张图片为商品详情页主图，如图 7.2 所示。商品详情页主图一般在网店的后台系统直接发布，不同的平台对商品详情页主图有不同的要求。

商品主图对商品本身来说是非常重要的信息成长和传达媒介，商品搜索主图一般承载着该商品的价格、销售数量、商品的标题、商品的款式、风格、颜色、造型、价格、销售状态（如打折）等商品的属性与信息，能直接地影响消费者对于该商品的喜好程度，对商品销售起到重要的作用。商品主图还会出现在搜索页、首页、列表页、宝贝详情页这几个页面中，因此，做好商品主图是非常重要的一项工作。

图 7.1　淘宝平台商品搜索主图页面

　　网店商品的主图是消费者进入网店的入口，是网店流量产生的重要来源，商品主图必须充分展现商品的首要外观属性，同时要千方百计地吸引消费者点击商品主图来浏览商品详情页，促进交易的产生，要充分发挥商品主图的营销功能与品牌宣传的功能。图 7.2 所示为经过搜索页面进入的商品详情页内的商品主图的展现，总共有 5 张商品详情页主图，但下图中商家只上传了 4 张商品主图。

图 7.2　商品详情页主图

7.3　网店商品主图的设计规范

不同的电子商务平台对商品主图有不同的要求与规范，入住平台的商家必须遵守平台的规定及要求，例如苏宁易购平台规定，商品主图图片的质量一定要清晰，图片的大小不能低800 像素×800 像素，不要出现标签或商品标志，拍摄图片时避免有环境色，特别是不锈钢、玻璃等商品图片拍摄时尽量注意反光。图片尽量提供白底的，主图背景不能有环境色，主图中一般不能出现文字内容，其中"畅销""新品""人气""推荐""好评"等文字必须经过平台审核才能出现在搜索页主图中。图 7.3 所示为苏宁易购平台关键词为"吸尘器"的商品搜索页部分主图。

图 7.3　商品搜索页主图

在苏宁易购平台的商品详情页中，规定一个商品至少提供 5 张主图，分别展示一个商品的多个角度的造型。图 7.4 所示为苏宁易购上某款吸尘器的正面、侧面、背面、细节 5 张主图，主图背景色必须为白色。

7.3.1　商品主图的设计规范

商品主图的设计首先要考虑商家入住的电子商务平台对商品主图的相关规定，不同的平台对商品主图的要求与规定是不一样的，一般情况下商家入住天猫平台、京东平台、苏宁易购平台等电子商务平台的时候，平台相关品类的对接客服都会对商家提出相应的要求，有些平台对不同的商品品类也有不同的要求，所以商家在设计商品主图前首先要了解平台的规范，要了解平台的商品搜索排序的基本规则，并根据这些规则与要求设计商品主图。

除了平台的规范要求外，商品主图的设计重点要关注的是主图中的商品图像必须与商品实物相符合，如果主图中的商品图片与商品实物不符，肯定会引起售后纠纷，从而影响商品的销售与网店店铺的运营。

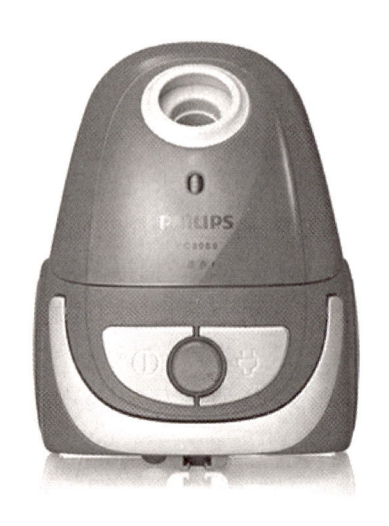

图 7.4　商品详情页主图规范

商品主图展现的商品图像必须清晰，尽可能不出现色彩与造型上的偏差，最好运用高质量的商品实物拍摄照片来制作。

商品主图的设计要突出商品的主体特征、商品的优点、商品的卖点，要精益求精，使消费者能在短时间内了解商品的优点，商品图片的展现要素直达消费者内心，激发其购买欲望。

不同的平台对商品主图的尺寸有不同的要求，以前淘宝平台规定商品主图的尺寸为 700 像素×700 像素时，会启动放大镜功能，即消费者将鼠标放置到商品主图上时会放大主图，这有助于消费者进一步了解商品的信息。天猫、苏宁易购等平台一般规定为 800 像素×800 像素，或者在 800 像素×800 像素与 1 000 像素×1 000 像素之间。

根据需要商品主图中可以有特色元素，如商家 Logo、背景、文字、价格、折扣等，用来营造销售的氛围，引导消费者。

关于商品详情页中的商品主图，几乎所有的平台都要求有五张商品图像，商家在设计时，应充分利用这五张图，尽量从不同的角度展示商品的特征。

7.3.2　商品主图的设计要点

在各类平台中，大部分类目对商品的主图都有比较明确的设计要求，根据不同类目的情况，对商品的主图有不同的设计要点。

（1）在设计商品主图时，首先应该了解该平台商品类目对主图的制作要求与规定，通过对规则的良好解读，才能避免主图的违规。如果经营的类目没有主图规范，商户就必须了解什么样的主图才会影响搜索排序。

（2）要明确在商品搜索页主图上添加文字的目的，一般是突出卖点、材质、折扣、促销信息等。但这些添加信息过多，会遮盖或影响商品主图的展现，影响消费者对商品基本属性的辨认、对比与筛选，影响商品搜索主图的美观性，很难将商品的视觉价值提升，甚至会严重影响消费者的购物体验。

（3）在保证商品主图的轮廓清晰的同时，尽可能在有限的空间中放大商品的主体图像，在商品主图上添加文字时，要合理设计文字的大小与颜色，但文字的大小与颜色不能影响消费者对商品的理解与判断。

（4）商品图片的清晰度是一张主图的首要条件，模糊的图片不仅影响消费者的视觉体验，还会影响商品的价值体现。在选择商品主图素材时，应选取一张曝光正常的商品图片，因为在计算机上显示图像时，图片光线的色温以及明暗，会造成商品的色差问题，如果采用了一张曝光有问题的图片，就容易引起售后纠纷。

（5）合理的展现商品的角度。对于商品主图，合理的展现角度，不仅能够增强商品的立体感，同时也能让消费者清晰地看到商品的全貌。一个好的产品角度，可以让产品更加灵动。

7.3.3　商品主图的构图方式

关于商品主图的构图，不同的构图方法会有不同的视觉观看点，会形成不同的视觉效果，同时，不同的构图方法也能营造出不同的销售氛围。在商品主图的构图上常用的方法有以下几种。

1. 直线式构图

直线式构图方法可以将商品不同的颜色和规格通过并列的方式展现给顾客，以增加商品的选择性。通过多色和多规格展示，可以提高商品的竞争力。

图 7.5 所示为某一男裤的直线式构图。

图 7.5　直线式构图

2. 三角形构图

三角形构图分为正三角形、倒三角形、斜三角形构图。三角形构图法具有安定、均衡，但不失灵活的特点。适合三角形构图的商品一般要是有一定规则的几何体，如图 7.6 所示。

正三角：给人以稳定的感觉，使商品显得更有气势。

倒三角：有不稳定感，使商品显得特别生动，表达产品丰富的样式，也符合消费群体的爱好特征。

斜三角：可以灵活地将商品呈现出来，突出商品的立体感、延伸感、动感。

图 7.6　三角形构图

3. 对角线构图

对角线构图形成的纵深，容易给顾客带来视觉冲击力，增强商品的空间感。将商品由大到小、由主到次摆放，增加商品的纵深感，而且运用透视、景深的效果，能够体现商品的多样性和丰富性，视觉冲击力强，向外扩张的线条和动态都很明显，可以增加画面的张力，该构图法适合线条类的商品，如图 7.7 所示。

图 7.7　对角线构图

4. 框架式构图

该构图法在服装类目中应用得较多。单个模特很难展现出商品的多色性。而对于服装的颜色，顾客有很明显的爱好倾向。所以要尽量多地展现服装的颜色。比较好的方式就是运用框架式构图。框架是一个主体，展现的是受众量最大的颜色和款式，或者比较醒目的吸引人的款式。然后在框架的其他区域更多地展现款式的多样性，如图7.8所示。

图7.8 框架式构图

7.4　网店商品主图与详情页主图的设计方法

商品主图是首先进入消费者视线的第一组概略性商品图像信息图，对商品的促销起到关键性的作用。目前的大部分网络销售平台中，商品主图一组一般为5张，不同的平台有不同的尺寸规定与要求，而淘宝平台规范不严格。一组商品主图中的第一张图为首图，这张图非常重要。

7.4.1　网店商品主图的设计

（1）启动软件，打开准备好的商品素材文件，该图像应该在使用前经过修饰，已经达到可用的范围，如图7.9所示。

图7.9　素材鞋

（2）在软件界面新建一个文件，命名为"首图"。其高度与宽度为 800 像素×800 像素，分辨率为 72 像素/英寸，背景为白色，具体如图 7.10 所示。

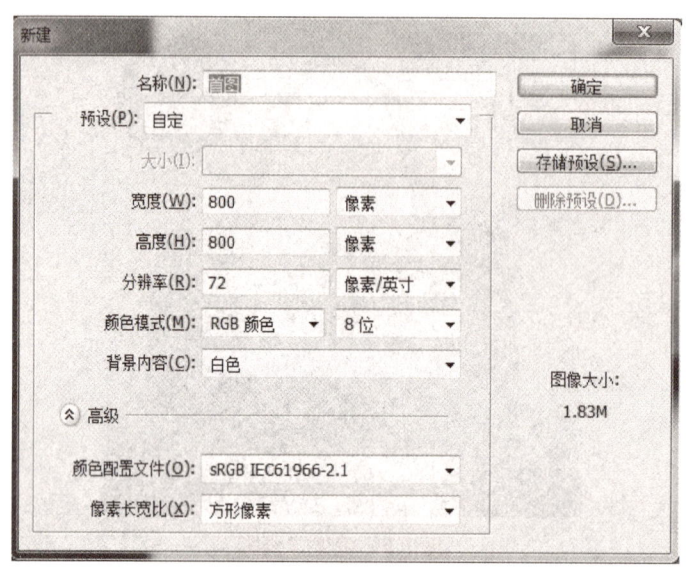

图 7.10　创建新文件

（3）对商品进行抠图，选中商品图像部分，并用移动工具把商品素材图像移到新建立的文件中，调整位置与大小，使之在画面上合理，如图 7.11 所示。

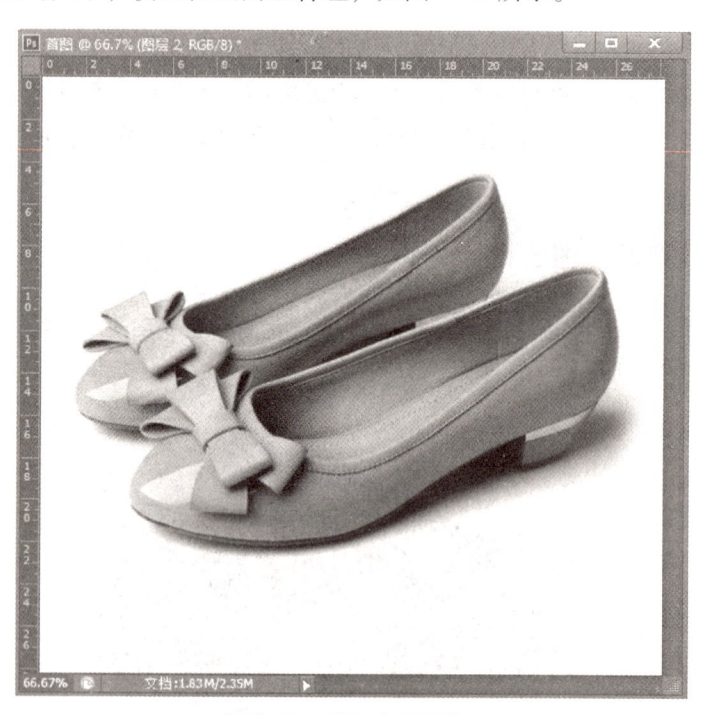

图 7.11　放入商品主体

（4）在 Photoshop 工具箱中，选择多边形套索工具，羽化值设置为 0，适当调整画布，然后在图像的右下方位置制作一个三角形选区，注意三角形的斜边为 45°角，如图 7.12 所示。

图 7.12　绘制三角形选区

（5）首先单击工具面板上的颜色拾色器中的前景色，弹出颜色拾色器面板，选择颜色为 #ff6633，如图 7.13 所示。

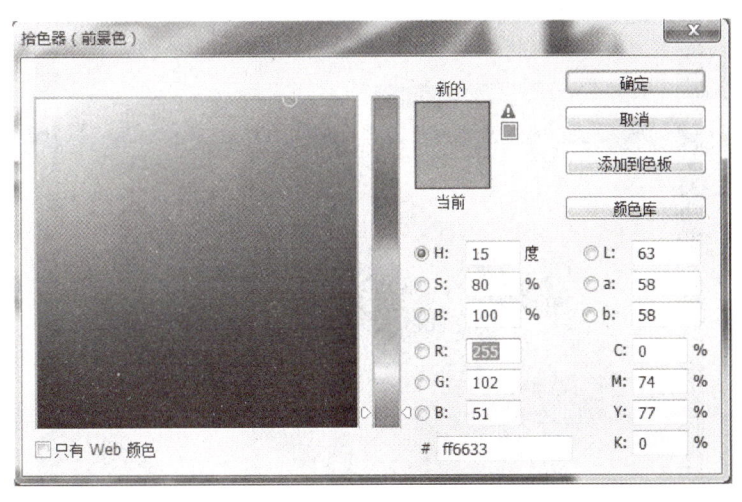

图 7.13　选取颜色

（6）在 Photoshop 中的图层面板上，单击图层面板右下方的"新建图层"按钮，创建一个新的像素图层，然后将上面制作的三角形选区用前景色填充，效果如图 7.14 所示。

（7）在 Photoshop 的图层面板中，选择商品"鞋"所在的图层，这个操作不能缺少。执行"编辑"菜单中的"自由变换"命令，如图 7.15 所示，出现图像变换控制选框。

（8）把鼠标移到变换图像控制选框的边缘，直到出现双箭头的转动图标，这是运用转动图像功能调整商品的角度，使之与 45°角基本匹配，如图 7.16 所示。

图 7.14 填充颜色

图 7.15 自由变换

（9）运用软件中的文字工具，切换为中文输入状态，在图中三角形区域，单击鼠标，直接输入相关文字，如图 7.17 所示。

图 7.16　变换后的效果

图 7.17　输入文字

（10）在保证文字图层为当前编辑图层的状态下，执行"编辑"菜单中的"自由变换"命令，移动鼠标，按住"Shift"键，使文字转动 45°，如图 7.18 所示。

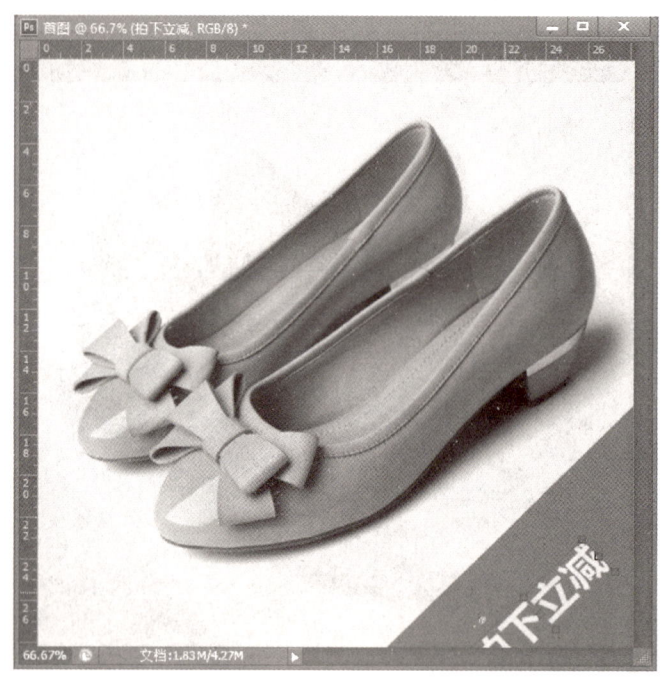

图7.18 转动文字

（11）选择转动好位置的文本，打开字符面板，设置文本的属性，设置文字字体为"微软雅黑"，字体形式为"Bold"，字体大小为60点，文字间距设置为50，字体颜色为白色，具体如图7.19所示。

图7.19 文字属性设置

（12）在确定当前工作图层为"拍下立减"图层的前提下，选择工具箱中的移动工具，把上一步设置完成的文本移动到合适的位置，效果如图7.20所示。

图 7.20　调整位置

（13）选择工具箱中的文字工具，用与上面同样的方法，输入文本数字"20"，位置、大小等可以先随意，如图 7.21 所示。

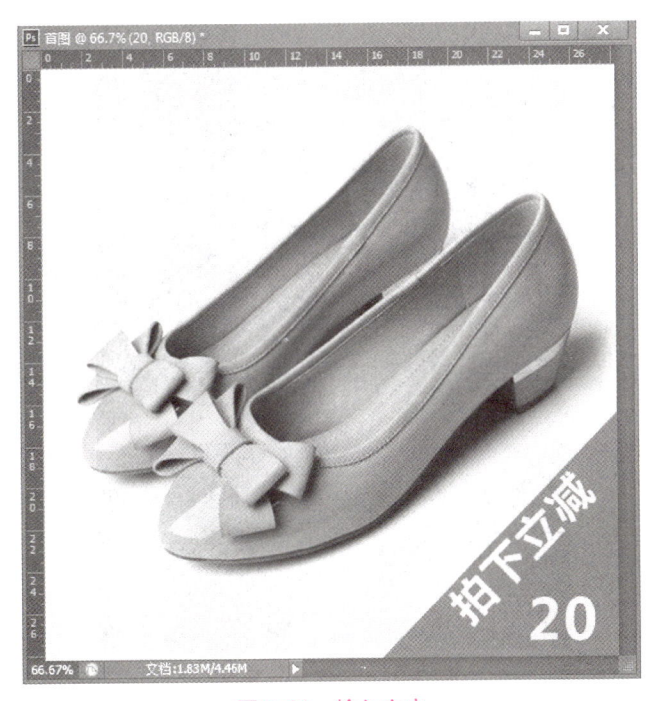

图 7.21　输入文字

（14）执行"编辑"菜单中的"自由变换"命令，对文字旋转 45°，可以直接在工具选项的转动角度中输入 –45°，然后按"Enter"键确定，效果如图 7.22 所示。

图 7.22　转动文字

（15）用字体工具重新选择文字，使文本处于被选状态，进入字符面板，设置文字属性，字体为常用的"Arial"字体，文本属性为"Bold"，大小为 100 点，字间距为 50，颜色为白色，具体如图 7.23 所示。

图 7.23　设置文字属性

（16）选择文字所在的图层，运用移动工具，调整文字的位置，注意不能移动背景，只能移动文字，效果如图 7.24 所示。

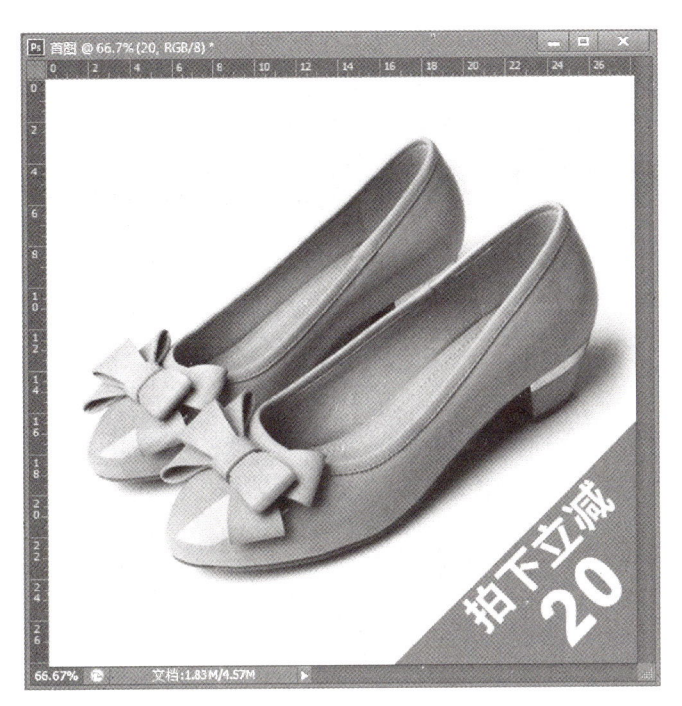

图 7.24　调整文字位置

（17）选择文字"20"所在的图层，双击图层，或者选择"图层"菜单下的"图层样式"命令，用来给文字"20"添加图层样式，如图 7.25 所示。

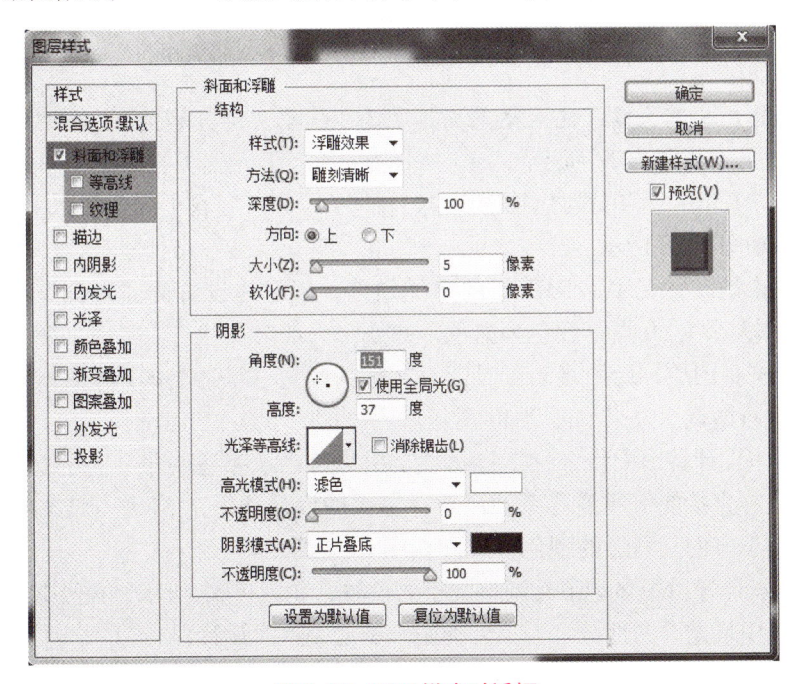

图 7.25　图层样式对话框

（18）在图层样式面板中（如图 7.25 所示），选择"斜面和浮雕"选项，在结构栏中，设置样式为"浮雕效果"，方法为"雕刻清晰"，深度为 100%，方向为"上"，大小为 5 像素。特别要注意在阴影栏中，设置阴影的角度为151°，尽量使阴影的方向与图像中鞋子的阴影方向基本一致。高度设置为37°。其中高光模式的不透明度设置为0，而阴影模式的不透明度设置为100%。最后按"确定"按钮，效果如图7.26所示。

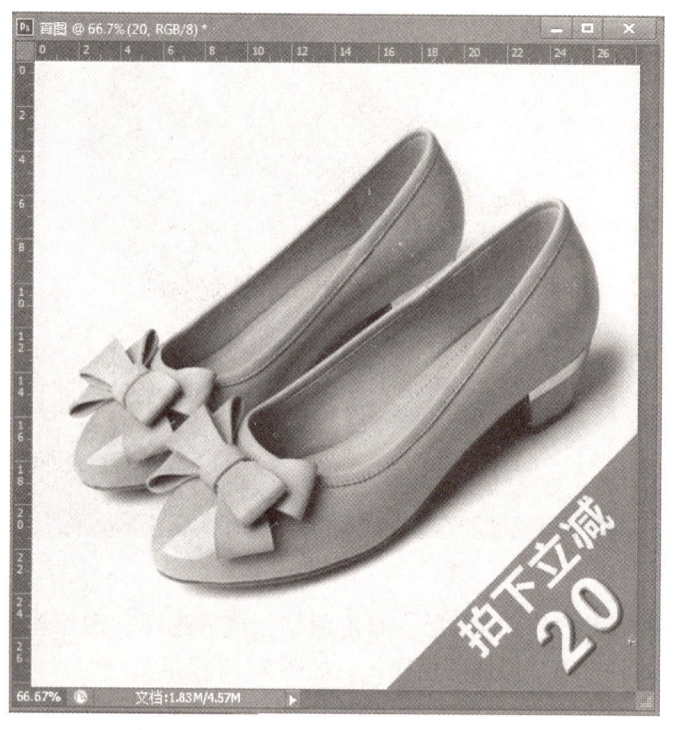

图7.26　设置文字图层样式

（19）继续运用文本工具，输入文本，其字体、大小、位置等到下一步去调整，以便更好地设置文字效果，如图7.27所示。

（20）选择"RMB"所在的文字图层，执行"Ctrl"+"T"自由变化命令，将文字正确转动45°角，效果如图7.28所示。

（21）接下来是设置文字"RMB"的字体属性，把字体设置为"Arial"字体，模式为"Regular"。字体大小为30点，颜色为白色，并处在"加粗"状态，具体如图7.29所示。

（22）选择文字图层，运用移动工具，对文字的位置进行适当的调整，也可以用方向键对文本的位置进行微调，效果如图7.30所示。

（23）接下来设计首图中修饰性、提示性、引导性以及表述销售状态的文字，要求简洁明了，色彩突出，直接能引起消费者的注意，字体的设计如图7.31所示，特别要注意文字的颜色与图像右下方的三角形的颜色一致（如图7.32所示）。

（24）字体设计好后用移动工具调整文字的位置，如图7.33所示，需要提醒的是，首图是商品图像信息中最重要的部分之一，任何细节都必须认真设计。

（25）最后设计"火爆热卖"或"降价甩卖"等文字，设计字体为"幼圆"体，大小为48点，加粗设计，颜色为黑色，如图7.34所示。

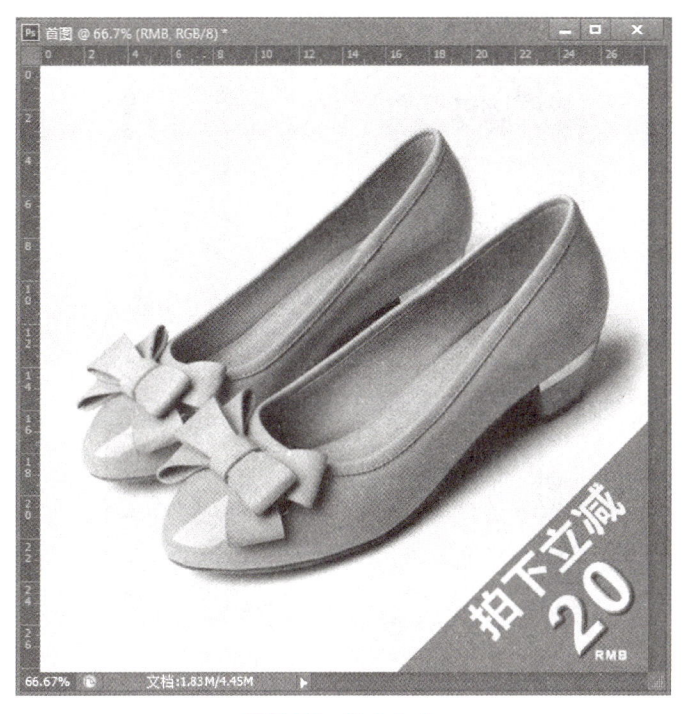

图 7.27　输入文字

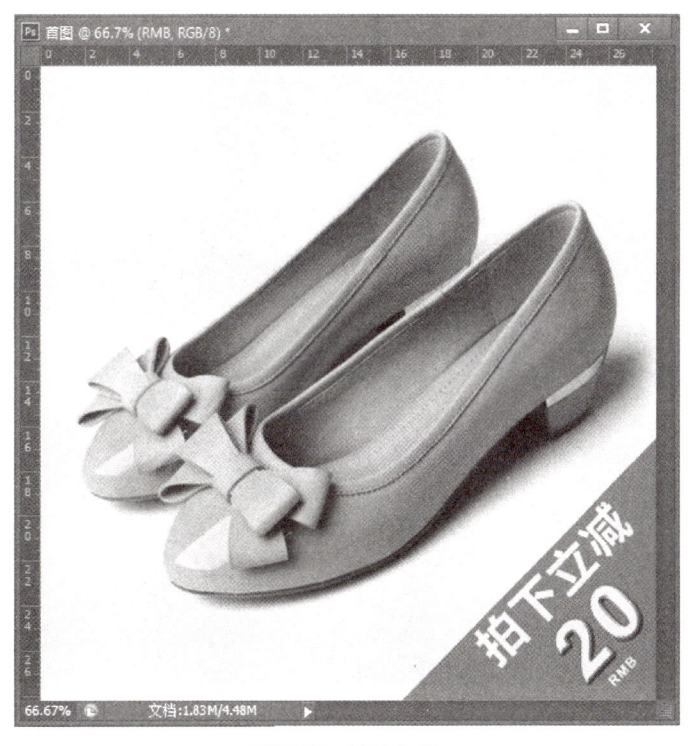

图 7.28　转动文字

图 7.29　字体属性设置

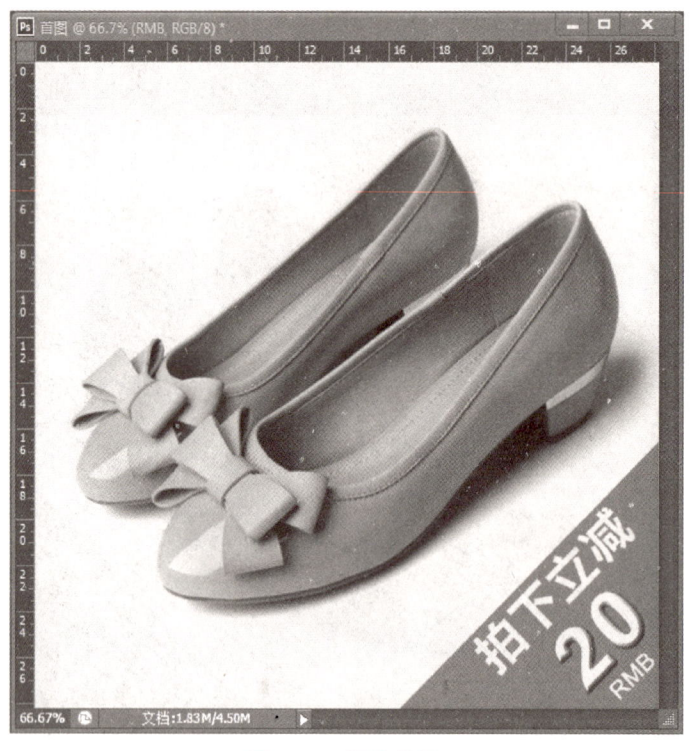

图 7.30　调整位置

图 7.31　字体设计

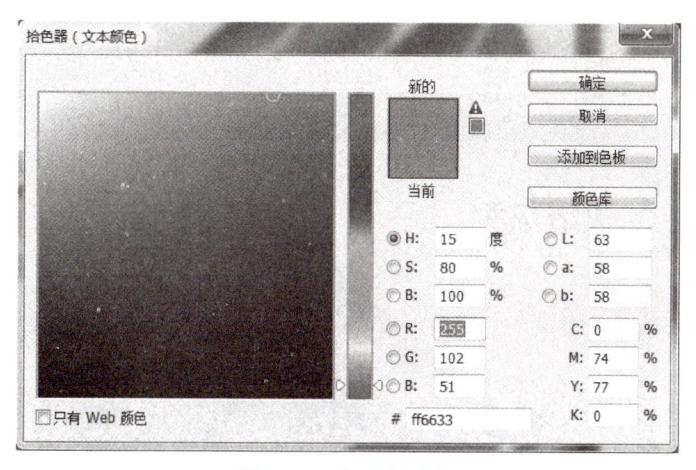

图 7.32　颜色的选择

图 7.33　位置调整

图 7.34 字体设置

（26）最后对文字的位置进行调整，完成后的效果如图 7.35 所示。

图 7.35 最后效果图

7.4.2 网店商品详情页主图的设计

消费者通过商品搜索页主图进入商品详情页以后，展现在消费者眼前的就是商品详情页主图，商品搜索页主图与商品详情页主图中的首图可以相同，也可以不同（商家可以通过后台设置为不同）。各类网络零售平台系统允许商家发布的主图最多是 5 张，有些平台要求 5 张图全部上传，有些没有严格的要求，但对于正规的商家来说，用于销售的商品的 5 张主图一般是要做全的，除了首图以外，其他主图的作用与首图比相对要轻一些，但也是非常重要的。一般主图需要展现商品各个视角的外观，也可以用于展现同款但不同颜色的几个商品图。图7.36～图7.39是本款商品中另外4张主图的效果。

商品详情页主图的设计与制作相对比较简单，一般情况下不需要像搜索页主图一样进行详细的策划与设计，制作方法一般为：

先启动Photoshop软件，打开选择好的4张表现商品不同角度，或者表现商品同款不同色彩，或者展现商品组合的不同角度，或者展现商品特殊细节的图片。

然后，执行"Ctrl"+"N"新建一个图像文件，文件大小设置为800像素×800像素，分辨率为72像素/英寸，色彩模式为RGB。

接下来，运用选择工具选取商品所在的图像，把选中的商品图像移到创建的图像文件中，并调整相应的角度与大小即可。

如果需要背景的可以新建一个图层，放置合适的背景，就能完成商品主图的设计了。

图7.36　主图（1）

图7.37　主图（2）

图7.38　主图（3）

图7.39　主图（4）

拓展阅读

构图中的黄金分割法

美学分割又称黄金分割，最早见于古希腊和古埃及。黄金分割又称黄金率、中外比，即把一根线段分为长短不等的 a、b 两段，使其中长线段 a 对总长（a+b）的比，等于短线段 b 对长线段 a 的比，列式即为 a：(a+b) = b：a，其比值为 0.618 033 9……这种比例在造型上比较悦目，因此，0.618 又被称为黄金分割率。

黄金分割长方形的本身是由一个正方形和一个黄金分割的长方形组成的，可以将这两个基本形状进行无限的分割。由于它自身的比例能对人的视觉产生适度的刺激，它的长短比例正好符合人的视觉习惯，因此，使人感到悦目。黄金分割被广泛地应用于建筑、设计、绘画等各方面。

在摄影技术的发展过程中，曾不同程度地借鉴并融汇了其他艺术门类的精华，黄金分割也因此成为摄影构图中最神圣的观念。应用在美学上最简单的方法就是按照黄金分割率 0.618 排列出数列 2、3、5、8、13、21……并由此可得出 2：3、3：5、5：8、8：13、13：21 等无数组数的比，这些数的比值均为 0.618 的近似值，这些比值主要适用于：画面长宽比的确定（如 135 相机的底片幅面 24mm×36mm 就是由黄金比得来的）、地平线位置的选择、光影色调的分配、画面空间的分割以及画面视觉中心的确立。摄影构图通常运用的三分法（又称井字形分割法）就是黄金分割的演变，把长方形画面的长、宽各分成三等分，整个画面呈井字形分割，井字形分割的交叉点便是画面主体（视觉中心）的最佳位置，是最容易诱导人们视觉兴趣的视觉美点。

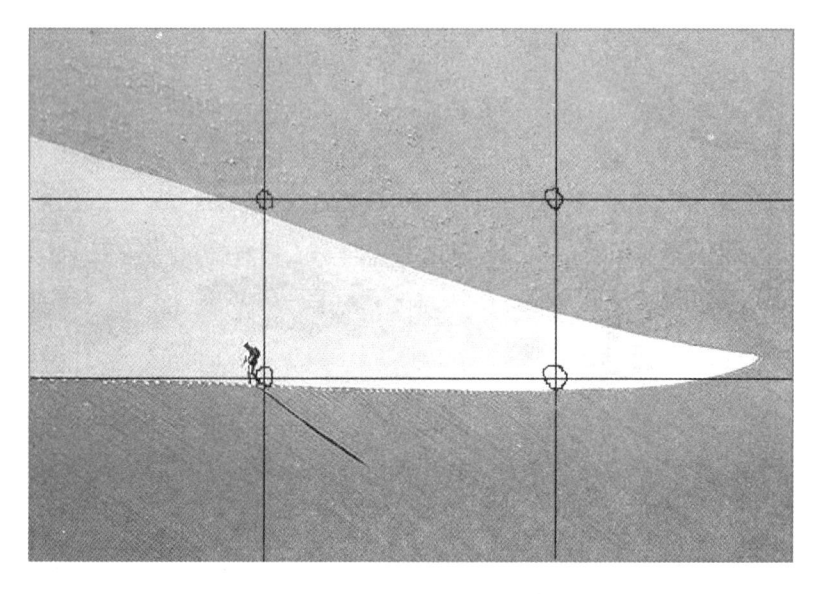

学习单元八
网店商品促销海报的营销设计方法

网店商品促销海报的
营销设计方法

8.1 网店商品促销海报设计的基本知识

传统意义上的海报的英文是"Poster",又称海报画,《牛津字典》里的解释是"Placard displayed in Public Place",意思是展示在公共场所的告示,通常印刷在纸或其他材料上。传统的海报是贴在街头墙上、挂在商店橱窗里的大幅画作,以其醒目的画面引起路人的注意。它是一种分布在街道、影剧院、展览会、商业闹市区、车站、码头、公园等公共场所"瞬间"的速看广告和街头艺术。因此,也有人把海报叫作"招贴"。无论是促进一种产品的销售,还是宣布一项事物或是表达一种情感,海报必须能够像"闪电一样"快速抓住人们的视线,准确无误地传达出它所承载的信息。传统海报通常为招引注意而进行张贴,起到广而告之的作用。由于海报相比其他广告具有画面大、内容广泛、艺术表现力丰富、远视效果强烈的特点,因此在宣传媒介中占有很重要的位置。

海报是一种信息传递艺术,传统意义上的海报是人们极为常见的一种招贴形式,多用于文艺演出、运动会、故事会、展览会、家长会、节庆日、竞赛游戏等,同时也能为企业单位或个人进行宣传。特别是由于市场经济的出现和发展,商业海报也越来越重要,越来越被广泛地应用。海报设计总的要求是使人一目了然。一般的海报通常含有通知性,所以主题应该明确显眼、一目了然,接着以最简洁的语句概括出如时间、地点、附注等主要内容。海报设计必须有相当的号召力与艺术感染力,要调动形象、色彩、构图、形式感等因素形成强烈的视觉效果;它的画面应有较强的视觉中心,应力求新颖、单纯,还必须具有独特的艺术风格和设计特点。

海报是一种传播信息的媒介,具有悠久的历史,由手绘到印刷,它随着社会的演进而发展,是艺术设计领域最直观、最能张扬个性并且真实记录时代变迁的一种大众化的艺术形式,是我们可以在其中表达一个国家的精神、一个民族的精神、一个时代的精神或是文化精神的无声宣传者。丰富的视觉语言、独特的个性风格和创意的背后,海报艺术隐藏着深沉的内涵,更多的是某种思想和时代美学的反映。现在由于数字化技术的飞速发展,人们生活的面貌和生活方式都被革命性地改变了,特别是随着互联网时代的到来,这种变革将越来越大,海报的形式、表现方式、材质等也随之发生着变换,而且逐渐向完全数字化方向发展。图8.1所示为大型商场促销海报。

图 8.1 大型商场促销海报

海报最基本、最重要的功能是传播信息。商业海报充当着传递商品信息的角色，使消费者和生产厂家都可以节约时间，及时解决各种需求问题。对于企业而言，随着科技水平的不断提高，产品与产品的内在质量差异越来越小，各企业也越来越重视广告方面的竞争，海报作为广告宣传的一种有效媒体，可以用来树立良好的企业形象，提高产品知名度，开拓市场，促进销售，利于竞争。

网店的促销海报与传统的海报功能在本质上是一样的，其目的都是传递商品信息，展现商品属性，促进消费者对商品或企业的了解，起到商品促销的目的。但网店的商品促销海报与传统海报的区别是，网店的海报完全是数字化的，而传统海报是以纸质等实物展现的，网店的促销海报不可能像传统海报那样有巨大的篇幅，网店的促销海报受计算机显示器大小的限制，网店的促销海报只能在互联网上展现，传统的促销海报有更多的展现空间与场地。网店的促销海报不但可以是静态的，还可以是动态的，但是网店商品的促销海报的设计理论和方法与传统海报是一样的，我们可以借助传统海报设计的思维来设计网店的促销海报。图8.2 所示为天猫年货节促销海报。

图 8.2 天猫年货节促销海报

网店商品的促销海报实际上是比较宽泛的，没有一个明确的规定与分类，一般情况下网店商品促销海报有商品详情页海报、商品专题展销页海报、店铺促销海报、店铺促销活动海报、大型活动促销海报、商品季节变换宣传海报等。图 8.3 所示为网店店铺商品换季促销海报。

图 8.3　网店商品换季促销海报

8.2　网店促销海报设计的表现手法

海报是一种非常经济的表现形式——使用最少的信息就能获得良好的宣传效果。网店促销海报的设计最主要的元素是商品图片的选择、海报背景的选择、海报促销文字的设计等方面，其中商品图片的选择可以说是成败的关键，图片的作用是简化信息——避免过于复杂的构图。图片通常说明所要表现的产品是什么，由谁提供或谁要用它。图片能够使难以用文字表达的内容变成简短清晰的信息，有时海报设计师会被要求减少文字内容，将其他文字转换成视觉元素，有时整张海报仅利用一些独特的字体设计。因此，网店海报的设计手法是多种多样的，具体的设计表现要根据网店以及所销售的商品的属性与风格来进行设计，要结合所设计的海报的作用与功能来进行设计，而不能千篇一律。但大致上网店商品促销海报的设计方法有以下原则与方式。

1. 结构分割上注意比例应用

在设计网店促销海报的过程中有时会凭感觉来确定比例。但人的直觉并不总是最准确的，掌握一些比例分割的原则对如何在版面中分配各个空间有很大的帮助。基本的结构分割原理有黄金分割原理与 2 的平方根比例。

黄金分割原理是公元前 500 年希腊人发现的。该原理曾一度被称为应用比例的"钥匙"。黄金分割原理是将一个整体分为两部分，较小的部分与较大的部分之比等于较大部分与整体之比，用公式表达就是：$a:b=b:(a+b)$。而一个符合黄金分割原理的矩形的比例是 $1:1.618$。

2 的平方根比例同样在海报版面中广泛应用，其比例是 $1:1.414$（2 的平方根是 1.414），与黄金分割比例略有不同。在海报设计中，2 的平方根比例的应用与黄金分割原理一样，同样可以创造出比较协调的构图，如图 8.4 与图 8.5 所示。

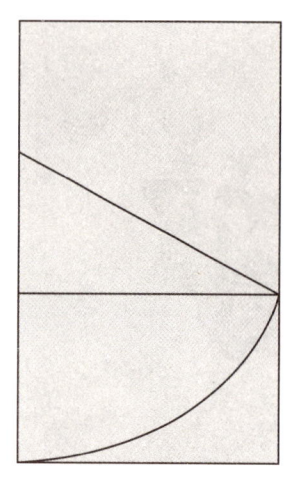

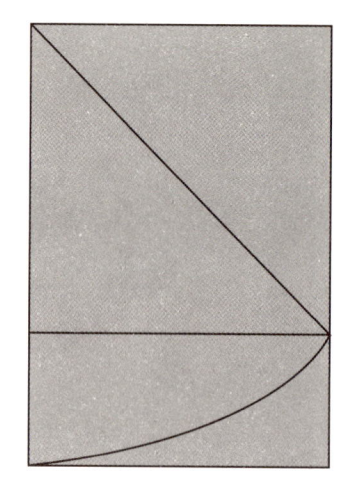

图 8.4　黄金分割比例　　　　　　图 8.5　2 的平方根比例

2. 充分重视文字的设计与排版

　　文字是一个重要的视觉元素。其中宣传促销性、口号性文字的排版对于网店海报设计来说是重中之重，因为视觉上字体本身就具有力量感，而且网店促销海报的面积小，网店海报中应用的文字都是非常浓缩的句子，言简意赅。文字排版包括所有与文字本身、文字的位置及其中的图片有关的各种因素，文字的排版并不仅仅是选择什么字体、选择什么样的字体大小这么简单。

　　由于桌面出版系统有了革命性的发展，现在计算机上的各类字库与字体类型已经非常丰富，使得每个人都对字体选择趋之若鹜。但是一张网店海报中不是字体类型越多越好，要使网店商品促销海报具有一致协调的效果，通常在一张网店促销海报中使用的字体都不应该超过 3 种。在海报中应用 2~3 种字体，由于字体间的区别，画面会显得比较夺目——因为它们能够形成视觉上的对比。如果使用了很多种字体，那就显得非常混乱，重点也不突出，对比的目的是要能够突出最重要的东西。如果几种字体都非常接近，那么观看的消费者就会在视觉上感到混淆。特别在促销海报中文字信息必须快速传达，信息的层次感必须泾渭分明。不要过多地使用粗体或斜体，在很多特定字体中，粗体和斜体与它们原来的字体有时相差很大。所以网店商品促销海报中文字的排版应遵循以下几个原则：

　　（1）简约原则。

　　虽然促销海报设计过程中有些装饰性字体具有非常好的视觉效果，毫无疑问，应用这些字体进行设计能够引起消费者的注意，但不是所有引人注目的字体都是合适的。如果选择错误，特别是选择那些非常具有装饰性的字体时，反而会破坏商品促销信息的传达。在大多数情况下，并不需要用到装饰性的字体。如果在设计促销海报中已经应用了很多个设计元素，比如已经运用了图片，还有其他一些重复的元素，那选择简单的字体反而会使商品促销的信息能够更迅速地传达，因为简单的字体与复杂的构图能够更好地协调。

　　如果促销海报的构图非常简单，那也可以选择一些相对复杂一点的字体。这可以起到两个作用：第一，可以增加海报的装饰效果使整个构图视觉效果更好。第二，吸引消费者将注意力转移到文字上去。

(2) 节制原则。

使用装饰性字体必须尽可能节制，对于促销文案中内容只有一两个字的文字来说可以运用，在由很多文案组成的文案中则不宜使用。使用一种简洁的字体与一种装饰性的字体能够有很好的协调效果，并且使文字更具有层次感。

(3) 协调与对比原则。

两种字体对比强烈可以捕捉浏览者的眼光或使作品能够突围而出，增强视觉效果。协调与对比可通过字体的不同或者文字与其他元素的对比产生，如文字与图片的对比、颜色的对比等。

(4) 环境位置原则。

这里文本的位置指的并不是文字在促销海报页面中放置的位置，而是网店商品促销海报在网页中放置的地点。也即网店商品促销海报所处的环境决定海报文字设计、选择与应用，包括字体的选择、文字大小及文字周围的空间，以及文字与海报背景的对比度等。

3. 注意运用一致性原则

网店促销海报设计与设计其他任何图像一样，很容易造成混乱。实际上网店商品促销海报的设计涉及商品图片拍摄人员，就是摄影师，如果所拍的图片未能达到效果则需要重拍。还涉及市场营销人员对商品促销的计划，文案编写人员对促销文案的编写，所以网店促销海报设计实际上是一个比较复杂的工作。在设计过程中，设计师必须对整个流程有一个清晰的顺序并逐一落实。促销海报设计必须从一开始就要规划，使整个环节保持一致，包括大标题、资料的选用、图片及商品 LOGO 标志。如果没有统一，促销海报将会变得混乱不堪难以阅读。所有的设计元素必须以适当的方式组合成一个有机的整体，才能达到完美的视觉效果，达到较高水平的商品促销海报设计。

4. 要注意运用关联性原则

关联性是基于"物以类聚"这个自然原则，如果在一个页面与区域里排列着与表达对象相互关联的各个组成部分，消费者就会试着去理解各个对象，并会认为这些对象是一组的，是相似的或关联的。运用关联原则，对人物、物品及文字分组能够提高信息的传达效果，因为传统的促销海报中很多广告牌的广告，都是由一张消费者的照片、产品图片及广告词组成的。对人物类型的选择会不可避免地与产品产生关联。

关联性原则使各个不同的元素放在一起，比单独松散的结构能够产生更强的冲击力。当有几个物品是非常相似的（比如几款不同的运动鞋连环相扣放在一起），那消费者的眼睛就能很自然地从一只运动鞋移到另一只运动鞋上，这些运动鞋就组成一个视觉单元，能够给消费者一个单独的信息。

5. 注意运用重复原则

为强调视觉效果，在网店商品促销海报设计时，可以对相关元素进行重复设计，包括对元素的形状、颜色或某些数值进行重复。当消费者看到一个设计元素在一个平面空间里，其不同部分被反复应用，人的眼睛自然就会跟随着这些元素移动，有时即使这些重复的元素并不是放在一起的，人的视觉仍会将这些重复的元素视作是一个整体，会潜意识地在它们之间画上连线。应用重复最简单的方法是在促销海报的背景中创造一个图案，然后重复应用。在背景中这些重复的图案会产生一种很有趣的视觉及构图效果，然后将背景与前景的元素连接起来。另一个应用重复的设计方法是一行或一列重复的元素引导人的眼睛到一个重要的信息、标志或图片上。重复的元素能够产生一条路径引导人的视线，使消费者发自内心地生出一种好奇心——另一端是什么呢？这其实是一种讲故事的方式，吸引消费者继续观看海报信息，如图 8.6 所示。

图 8.6　元素重复

对一些商品的宣传海报，重复同样是一种说服消费者去进行比较的有效策略。如在一张商品促销海报中可以放置多只鞋，但鞋的造型或颜色又不一样，主要的重复的信息"鞋"就很容易让消费者感受到，因为这个商品在海报中被重复应用，接着，消费者一般会去仔细观看一下各款鞋子的不同样式，这样就产生了宣传效果。

另一个常用的重复设计技巧是将所有一模一样的商品都排列在一起，但里面有一件是与众不同的，从而达到出其不意的效果。比如可以设计出 15 个方块并排列成方阵，其中 14 块是蓝色，而其中一块是粉红色，并且包含了公司的标志，那么这块粉红色的色块将会成为消费者的视觉焦点。

重复原则对设计一个系列的商品促销海报也可以产生一致性的效果，无论这些海报是同时放在一起还是分开。一般来说，不断重复的主要设计元素可以产生一种力量感。当消费者看到其中一张时就会联想到另外一张，其元素的位置、颜色、大小或图像的重复能够强化识别，并让消费者能够关注设计人员想传达的信息，如图 8.7 所示。

图 8.7　元素强化

6. 注意运用协调原则

无论是协调的构图或不协调的构图都能够使商品促销海报的版面具有强烈的视觉效果。因为在画面结构中打破均衡会让人产生一种紧张的感觉。一般来说，消费者在观看促销海报时会在心里设想画面中有一条垂直的中轴线及两边都对称的构图，所以协调对于设计来说特别重要，因为海报总是作为单独的个体出现，在它的周围并没有其他相关的图像在视觉上对其支撑，设计中的协调有对称协调、颜色协调、数值协调与非对称协调等。

其中，对称是自然界里普遍存在的，如蝴蝶、枫叶等都有一个非常对称的形状。人类对这些对称的物品在视觉上觉得特别亲近、特别熟悉，所以也比较容易接受。在创作网店促销海报时，一个设计师经常会将一张主要的图片或文字放在垂直的中轴线上并且使之左右对称。这种构图使浏览的人感觉舒服——所有东西都井然有序，当图中的对象是一张脸或一个人的身体，对称的构图能够帮助消费者与作品产生共鸣。另外，如果将各个设计元素放在图像文件的左右两边的对应位置上同样可产生对称效果。这种利用重复及对称相结合的创作手法使作品产生一种协调、稳定的感觉。

然而，对称的构图不是十全十美的，它也有缺点。因为设计师有时并不希望促销海报总是给人一种稳定的、自然的感觉，这就会缺乏活力。促销海报经常被作为一种能够说服消费者接受新产品、新事物或新思想的宣传媒介，一张充满活力的促销海报更能达到良好的宣传效果。要注意的是，这并不意味着所有的作品都非要创作一件不协调的作品，要看具体的情况来定。

关于不对称协调，通常不对称构图的手法能使促销海报视觉上比较有活力，设计师可以利用设计元素的颜色、数值、形状及位置产生一种既不完全平衡但又不会造成混乱的构成。实际上绝对不对称的构图其实并不容易实现，因为如果大小、颜色及其他元素的差别不大，同样具有一种均衡感。

颜色协调也是一种应用方法，颜色是否协调往往凭直觉决定，设计人员平时需要多加实践学习才能很好地应用。其中涉及以下几个技法：

（1）较小的颜色区域与较大的无颜色区域能够产生和谐效果。颜色空白的区域更能吸引人，而一小块颜色与一大块空白区域在视觉心理上是相等的。

（2）暖色比冷色更能吸引人的视线。一般人是很容易注意到橙色及红色的，而蓝色及绿色有一种向后退、向后收缩的感觉。因此，面积较大的冷色配上面积较小的暖色能够产生和谐的效果。

（3）颜色的饱和度越大，就越令人注目。例如深蓝色比灰蓝色更吸引人，一小块鲜艳的颜色与一大块较淡的颜色能够生产协调感。

不对称协调的原理是基于两个不同的元素，其对人眼睛的吸引力都是一样的，所以各个对象虽有区别，但对眼睛的吸引力却平均。而"数值差异"（Value Difference）总是能够吸引人的眼睛，例如明暗对比，黑色与白色搭配形成了强烈的对比，而灰色与白色的对比度就较小。那么如何设计出一种颜色数值协调效果以提高海报的吸引力呢？可凭直觉利用光暗的数值搭配，同样也可凭直觉分配形状的搭配。如果对颜色的数值没有太过准确的把握，可以将图片转换成灰度模式，然后观察黑、白、灰三种颜色的分配是否具有良好的对比度。在商品促销海报中，每一部分的数值对比都能产生吸引视觉的效果，也使各部分之间产生一种紧张的对比。眼睛从这一部分移到另一部分，试图将这两部分联系起来。活泼的视觉元素及浏览的人意识中产生的兴奋感都是通过作品中不同的元素的互相作用而产生的。

形状及位置协调也能产生比较好的视觉效果，形状协调分布同样能够使海报设计产生一致性。一个面积较大而且简单的形状（或图片及文字区域）与一个面积较小但复杂的元素能形成良好的搭配效果。在作品中较大的形状能够吸引更多人的注意，而较小的元素虽然是较次要的部分，但从视觉上来看，它与大的区域能够形成一种稳定的视觉效果。

8.3 网店促销海报的设计方法

本书结合上述海报的基本设计原则，讲解一网店在季节转换时期，网店商品降价促销海报的设计，具体方法如下。

（1）新建文件，设置文件大小为 750 像素×397 像素，具体如图 8.8 所示。

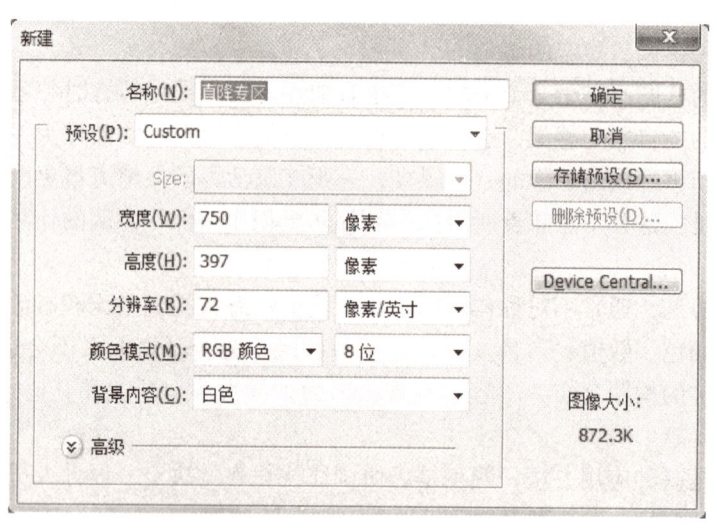

图 8.8 创建文件

（2）输入促销广告文字，运用工具设置文本的大小与位置，字体设置为"微软雅黑"，加粗，颜色为红色，如图 8.9 所示。

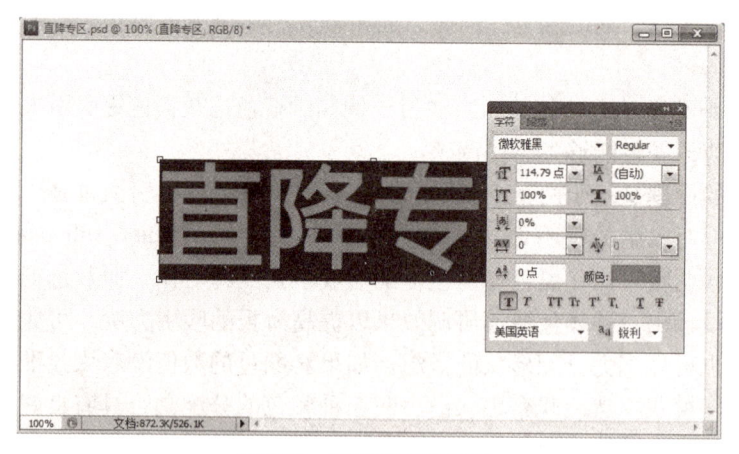

图 8.9 促销性字体设计

（3）继续设计说明性文本，字体设置与文字大小、位置、颜色等如图 8.10 所示。

（4）设计说明性文本，字体设置与文字大小、位置、颜色等如图 8.11 所示。

（5）运用选择工具绘制一个圆形选区，把即将要填充的图层移动到文字的下方，然后选择红色进行填充，效果如图 8.12 所示。

学习单元八　网店商品促销海报的营销设计方法　197

图 8.10　说明性字体设计

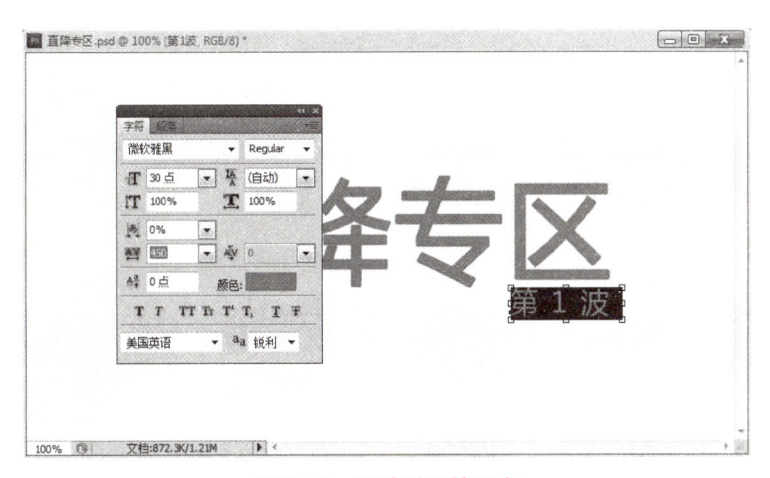

图 8.11　设计说明性文本

图 8.12　创建并填充选区

（6）运用路径工具绘制路径，如图 8.13 所示，要运用字体的笔画来绘制，路径控制节点为 4 个。

图 8.13　路径绘制

（7）运用视图放大工具放大图形，如图 8.14 所示，并用增加节点工具增加 2 个节点。

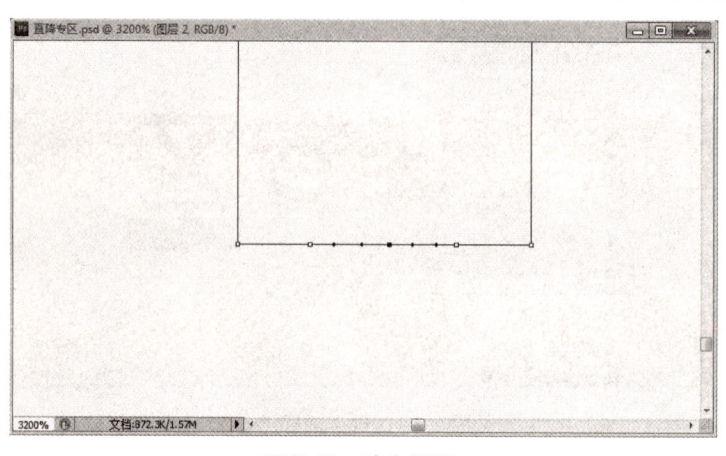

图 8.14　放大图形

（8）运用路径节点编辑工具移动节点，形成一个箭头形状，如图 8.15 所示。

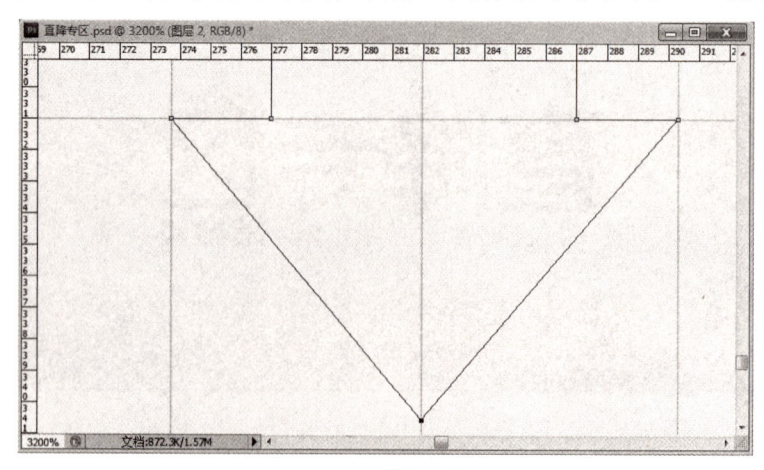

图 8.15　路径编辑

（9）建立一个新的图层，对新创建的路径造型进行颜色填充，如图 8.16 所示。

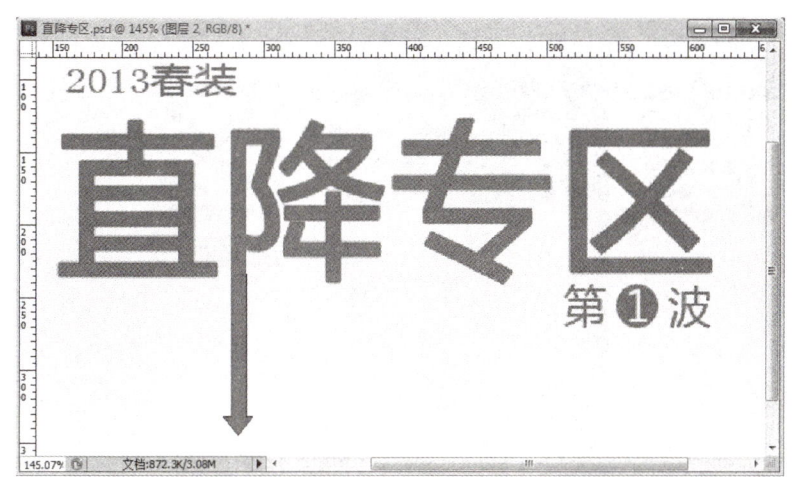

图 8.16　填充路径

（10）继续运用路径造型工具，绘制如图 8.17 所示的造型，注意节点不能太多。

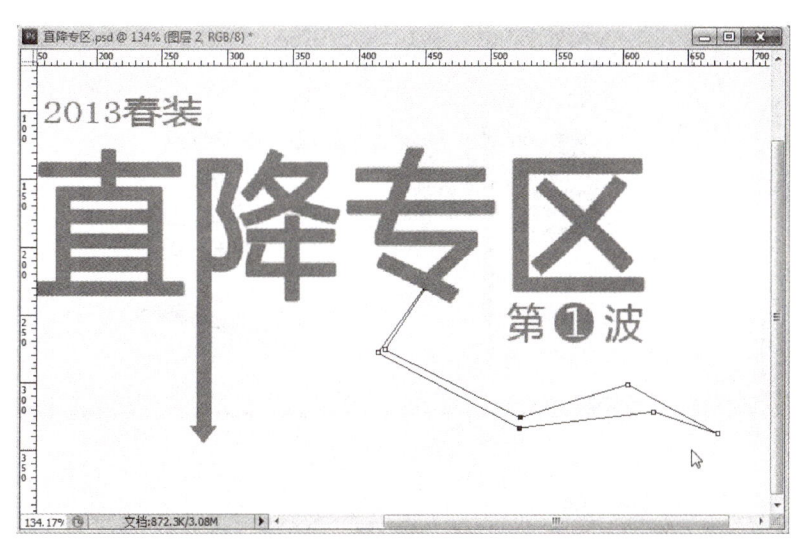

图 8.17　创建路径

（11）使用路径编辑工具中的直线与曲线转化工具，对上面绘制的直线路径曲线化，如图 8.18 所示。

（12）再次新建一个图层，为上一步绘制的路径造型填色，如图 8.19 所示。

（13）运用钢笔路径工具，绘制执行路径，并对路径进行描边，最后效果如图 8.20 所示。

图 8.18　曲线化路径

图 8.19　填充路径

图 8.20　最后效果图

8.4　网店商品详情页促销引导海报的设计方法

商品详情页促销引导海报一般都是在商品详图前面，其作用是一步一步引导消费者对商品产生兴趣，引导消费者进一步去详细了解商品的属性与特征，所以在商品详情页上的商品引导促销广告图也是非常重要的。不同的商家对商品促销广告图的重视程度不一样，有些商家设计了多张商品引导促销广告图，有些商家就设计了一张商品引导促销广告图，有些甚至没有。当然商品引导促销广告图的设计要看商家的整体规划，而且对于不同品类的商品、不同用途的商品，甚至不同的销售平台，其商品引导促销广告图的设计方式与风格也是不一样的，需要具体情况具体分析，要符合整体的设计与布局。图 8.21、图 8.22、图 8.23 是三张商品的促销广告图，分别针对同一款女鞋的三种不同颜色进行设计，本书对其中一张图的设计与构成方法开展详细的讲解。

图 8.21　商品引导促销广告图（1）

图 8.22　商品引导促销广告图（2）

图 8.23　商品引导促销广告图（3）

下面本书对商品引导促销广告图（1）的设计过程展开讲解，具体如下。

（1）启动 Photoshop 软件，新建一个高度与宽度为 950 像素×395 像素，分辨率为 73 像素/英寸，背景色为白色，一般情况下商品广告促销图的尺寸要与平台上规定的尺寸相一致，本案例是一个真实的案例，为了能在多个平台适用，所以把尺寸宽度设计为 950 像素，而非 750 像素，如图 8.24 所示。

图 8.24　创建新文件

（2）首先在软件工具箱里选择画笔工具，准备为商品广告促销图设计背景，背景的设计应与商品主题图的风格一致，要有利于突出商品的主题图，做到详略得当、主次分明，背景的设计方法和手段有很多，设计人员可以根据不同的商品、不同的销售要求开展设计工作，背景也可以利用一些素材图进行设计，但素材的选取要合理，要与商品主题图的风格一致。图 8.25 所示是选取一种 RGB（253、234、215）的粉色为背景设计的颜色基调。

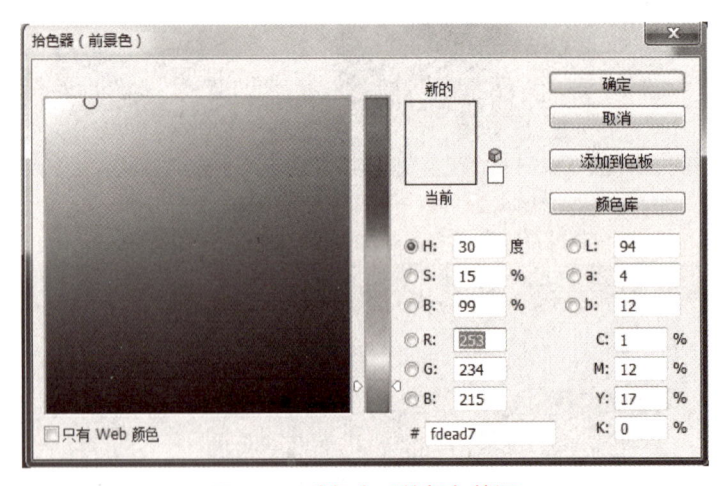

图 8.25　选择合适的颜色基调

（3）这是一个实际应用的案例，背景的设计没有应用外部图像，而是用软件的画笔填色工具来设计背景，Photoshop 软件中画笔是一个很不错的工具，有各种画笔造型，可以自定义画笔形状，可以引用外部笔尖形状来创作出各种背景纹理，来满足烘托各品类商品的需要。下面是选择了一个硬度为 0 的，即边缘羽化的笔尖形状，同时把笔尖大小设计为 193 像素，这个笔尖大小要根据图像大小的具体情况来定，如图 8.26 所示。

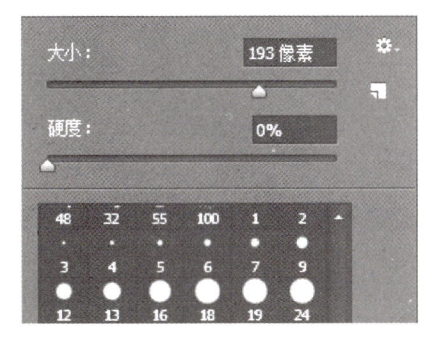

图 8.26　笔尖形状的选择

（4）在设计时不但要考虑一个特定商品的属性信息展示图的整体设计，确保同一个商品的各类信息展示图之间关联亲密，形成一个和谐的整体。把画笔的不透明度设计为 48%，便于掌控颜色的用量，如图 8.27 所示。

图 8.27　画笔工具选项设置

（5）用上面设计好的画笔工具与选择好的颜色，对背景进行不均匀上色，在上色的过程中要调整不透明度的大小，形成一种若隐若现的淡淡的背景效果，如图 8.28 所示。

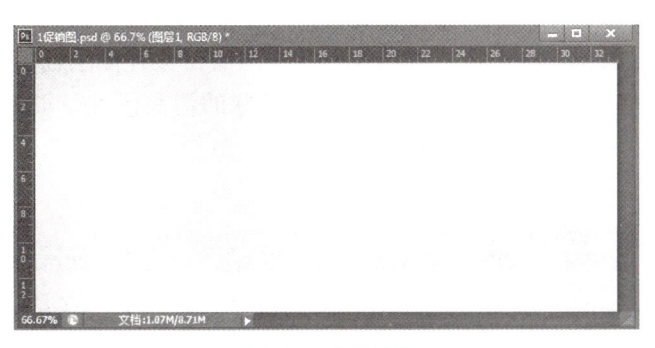

图 8.28　背景设计

（6）由于上述背景设计比较单一，使整个画面不够丰富饱满，本步骤将用软件的选择工具，可以是椭圆形选择工具，也可以是多边形选择工具，设置适当的选区羽化值，任意在商品拍摄图中选取一块"蝴蝶结"图像，因为"蝴蝶结"是这款商品的一个特征，商家是根据这一特征为促销宣传的一个点，最后如图 8.29 所示。把选择好的图像拖移到画面中，然后用"自由变换"工具把选用的图像的大小与位置调整到最适合的位置。这一工作中关于这类修饰性、美化性的素材的选区是比较重要的，可以就地取材，也可以精心准备。

（7）从上图可以看出，所选择的素材图像在整个图中过于突出，不利于整体风格的表现，所以要进行适当的调整，方式是首先要选择图像所在的图层，设置图层面板上的不透明度数字，以调整图像的透明度，使之完全融合到背景中去，如图 8.30 所示。

图 8.29　素材选取

图 8.30　不透明度的调整

（8）通过上述工作过程，把背景图像处理好以后，一般不再做大的调整，为了防止对图像进行不必要的编辑，可以选择背景图像所在的图层，并在图层面板锁定像素。接下来是把核心表现的商品主体引入图中，选择已经处理好的商品图片，商品图片必须抠好图，不能有背景存在，然后用图像编辑工具编辑商品主体造型图的大小与位置，效果如图 8.31 所示。

图 8.31　商品图的引入

（9）由于上图中商品的位置是根据商品本身的方向设计的，造成图的右边结构偏重，所以应选择另外一张相关的商品图放在左边加以平衡，同时要调整好图的大小、位置与方向，使整体协调统一，效果如图 8.32 所示。

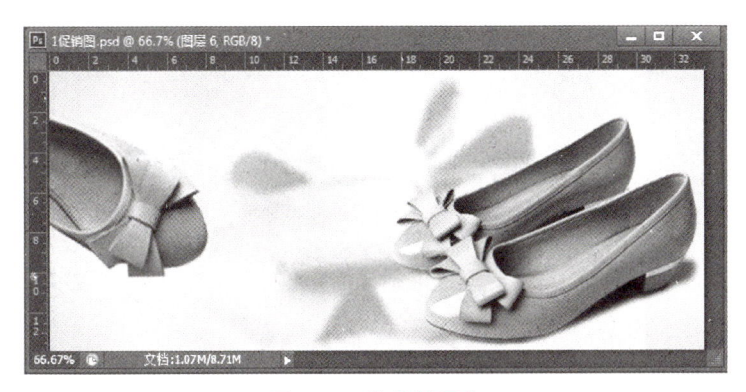

图 8.32　结构的平衡

（10）商品引导促销广告图中能影响整体效果的是文案的设计与文字造型的设计，文案的设计应根据商品的特征、风格、内涵、适应对象、功能等主要的卖点来进行描述，要用一定具有煽动性的、略带夸张的语言，简洁明了地进行文案叙述，重点突出商品独有的卖点，以最大限度地引起消费者的注意，触动消费者的心理。所以文案的设计是商品引导促销广告图的灵魂所在。有了比较好的文案内容以后，还必须对文字的外观造型进行设计，文字的外观造型应与商品的外观造型、背景等相互匹配。图 8.33 与图 8.34 所示是一组文案的字体选择与颜色设计。颜色 R、G、B 的数值分别是 183、137、104。

图 8.33　文案的字体设置

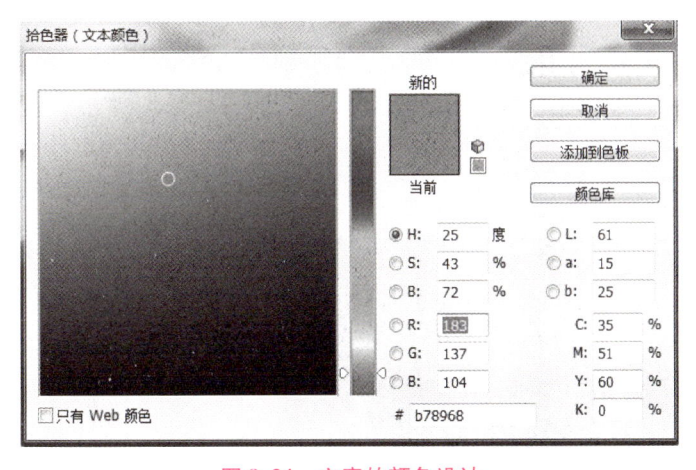

图 8.34　文案的颜色设计

（11）当文案的内容、字体、颜色设计好以后，还要对其大小、位置进行调整，如图 8.35 所示。颜色稍微突出背景，字体较小，属于装饰性文案。

（12）继续对商品引导促销广告图中的文案进行设计，相对重要的文案字体要大，造型要经典，使人过目不忘，才算是成功的设计。如图 8.36 所示，"BEAUTIFUL"的字体设计为华文仿宋，颜色要超出背景颜色的深度，也比上一组文案的颜色要深，可见其重要程度。

图 8.35　文字设计

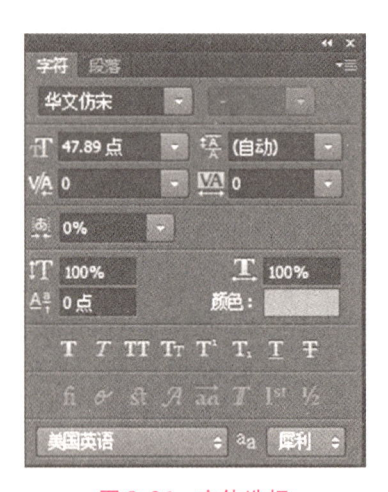

图 8.36　字体选择

（13）选择这组文案的字体颜色为 R、G、B 分别是 177、117、74，可以直接在相应的参数设置框中输入数据，如图 8.37 所示。

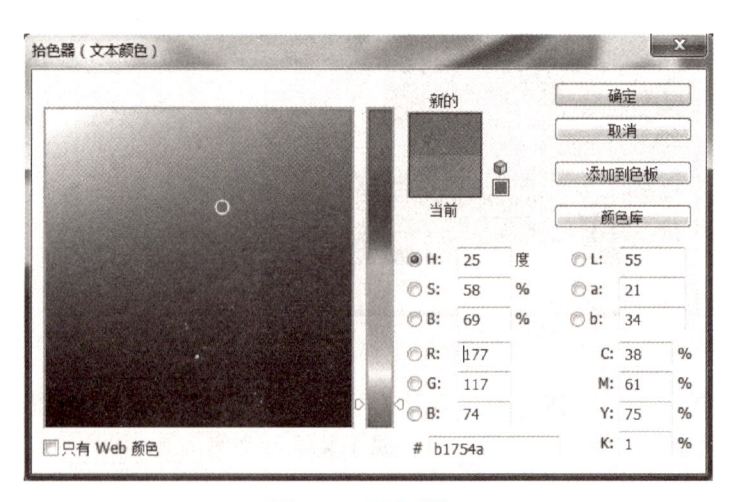

图 8.37　颜色选择

（14）运用移动工具调整文字的位置，如图 8.38 所示，必须与上一组文字对齐。

图 8.38　文字设计

（15）接下来设置具有点睛性的文案，字体选用相对较粗、比较浑厚的"微软雅黑"，显示方式为"Regular"，字体大小设计为 30 点，粗细状态为"加粗"，如图 8.39 所示。颜色选择 R、G、B 为 103、60、43，相对较深，如图 8.40 所示。字体设计总体上显得明显、粗壮、稳重。

图 8.39　字体选择

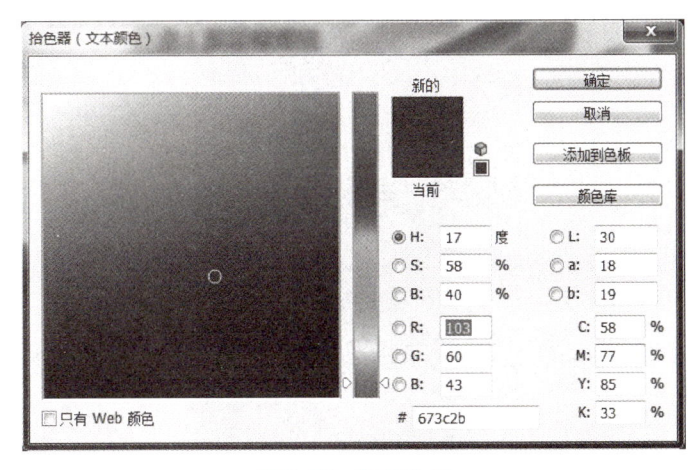

图 8.40　颜色选择

（16）调整文案在图中的位置，可以先启用软件中的辅助工具参考线，用移动工具从标尺中分别拖出水平方向与垂直方向的参考线，使三行文本左对齐参考线，如图 8.41 所示。

图 8.41　左对齐文本

（17）设置修饰性的段落文本，操作方法是从工具箱中选择文本工具，然后在图像画面的一定位置单击鼠标进行拖动，形成一个框形区域，然后输入段落文本，如图 8.42 所示。

图 8.42　段落文本

（18）设计段落文本的字体与颜色，因为是英文而且是装饰性的，所以选择笔画较细的字体"华文细黑"，不加粗，大小为 12 点，特别要注意设置文本的显示方式为"犀利"，文本的显示模式有"锐利""犀利""正常""平滑"等几种方式，其中犀利与锐利用得较多，分别如图 8.43 与图 8.44 所示。

图 8.43　字体设计

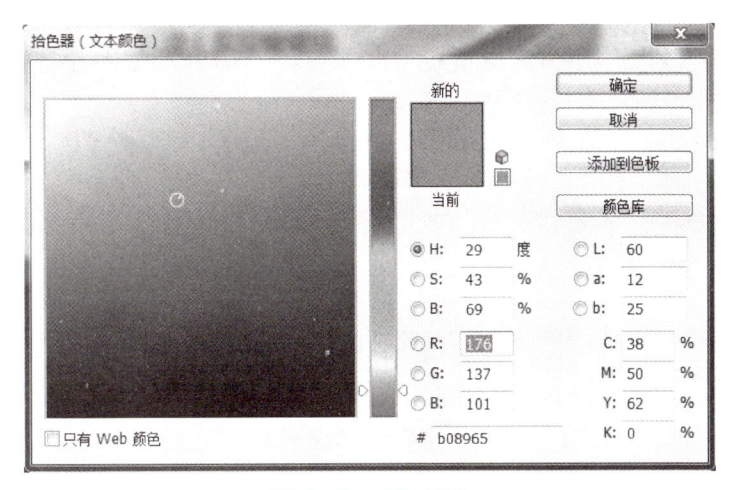

图 8.44　颜色设计

（19）用同样的方法设置段落文本的位置，为右对齐，如图 8.45 所示。

图 8.45　右对齐文本

（20）最后设计价格文本，价格文本是依情况来定的，因为要用于多个平台，所以设计了价格文本，有些商品引导促销广告图中价格文本也可以不出现。其字体、字体大小、字体颜色如图 8.46 所示，最终的设计效果如图 8.47 所示。

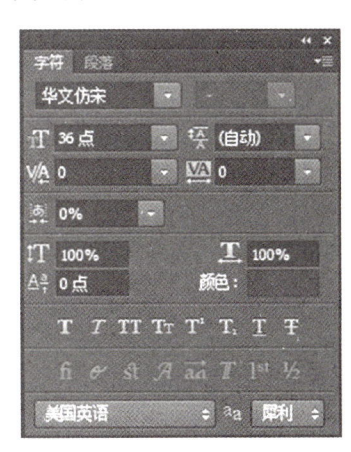

图 8.46　文字设计

图 8.47　最后效果

拓展阅读

中国书画的留白艺术鉴赏

"留白"是中国传统绘画技法之一,从艺术角度上说,留白就是指书画艺术创作中为使整个作品画面、章法更为协调精美而有意留下相应的空白,留有想象的空间。"留白"在美学特色的表现形式上使主题更加突出,使画面更加有空间感,同时"留白"也折射出了中国传统文化的哲学魅力。体现出了国人独特的审美以及对艺术的追求,是我们民族绘画风格的特色,也是从古流传至今的智慧结晶。

例如,宋代著名画家马远的《寒江独钓图》中,一位垂钓的老人坐在船上,身后是白茫茫的雪雾。只是通过这样一幅简单的画面,却给人以无限的遐想,画面中留有大量的留白,使观赏画的人将自己也想象为江心垂钓的老人,感受到寒气逼人的意境,以及这种忘我境界的追求。画面通过留白处将想象与现实相结合,让人感悟到中国画的意境之美。

在中国画的绘画过程中，不单单体现出的是作家的寄情山水，更多的是带给赏画的人的真实感受。通过对这种留白艺术的恰当使用，不但使整体画面更加和谐，具有空间感和层次感，而且使画面更加高级，虚实结合，给人无限遐想的空间，耐人寻味。通过对留白艺术的使用和掌握，使中国画的绘画作品更加丰富、更加优秀。越来越多的人传承与弘扬具有中国特色的绘画作品，不但传递了中国绘画的精神与力量，同样也将这种寄情山水以及对美好生活向往的情感传递给了每一个欣赏中国画的人，体现出了中国画真正的内涵。

中国书法同绘画一样，中国书法讲究"疏密"，密不透风，疏可跑马，虚实相生，字的结构和通篇的布局一定要有疏密，才能有起伏、对比，既矛盾又和谐，从而获得良好的艺术情趣。当黑色的线条落下，进而构成一定的造型时，所产生的空白更变成了书法形式的一部分而存在。一纸之上，着墨处为黑，无墨处为白，白为黑之凭，黑为白之籍，黑白之间，相辅相成。水墨与空白水乳交融，便产生有生命、有情感、有意趣、有神韵的高境界的审美价值。

学习单元九

网店商品详情页的营销设计方法

网店商品详情页的
营销设计方法

9.1 网店商品详情页设计的基本原则

商品详情页是提高网店转化率的首要入口，一个好的商品详情页就像实体商品专卖店里一个优秀的推销员。面对各式各样的消费者；推销员是用语言打动消费者；商品详情页是用视觉传达商品的特性与属性，以吸引消费者购买，所以商品详情页对提高网店商品转换率至关重要。

在网络平台购买商品，消费者的购买过程通常是首先产生个人需求，然后考虑选择哪个电子商务平台购物，进入平台后一般会应用平台的搜索引擎通过商品关键词或分类目录搜索所需的商品，进入搜索结果页面，平台会展现搜索出来的若干个同类商品，淘宝平台为第一页展现48个相关商品，消费者一般会在搜索第一页或者其他页时，通过浏览、比较商品搜索主图，选择自己喜欢的商品，然后进入商品详情页，一般会从上到下观看、浏览商品详情页展现的相关内容，例如看价格、看评价、看商品详图、看售后物流等信息，最后确定是否购买。如果点击购买就会产生"转化率"，在商品详情页，转化率与商品的点击率一般都是网店绩效KPI的核心指标，因为访客数×转化率×客单价＝销售额，客单价＝支付宝成交金额÷成交用户数，只有具备较高的转化率才有可能出现较高的销售额，网店才会有销售业绩。关于商品详图与商品搜索主图，一般来说，都有这么一个逻辑，先有详情页，后有主图，因为主图就是详情页的精华所在，是整个详情页的缩影。

在商品详情页设计过程中，不但要注意本书即将讲解的详情页内容、卖点、营销、美观，还要注意页面加载时间、付款快捷性等。页面加载速度是消费者打开网页图片的时间，页面加载时间越短消费者等候的时间也就越短，消费者也就不太容易流失。数据表明，一个消费者等待图片加载速度的时间不会超过3~5秒，并且用户在这3~5秒的加载等待中会产生情绪的变化，即购买欲望可能会降低。要缩短图片下载时间，就必须在保证图片清晰度的情况下，尽可能通过图片压缩或转换图片格式来降低图片的大小。图9.1所示为图片大小与加载时间的关系。

付款快捷性是指页面提供给消费者快速方便的付款通道。流失率很像个漏斗，点击次数越少，流失的可能性越小。所以一旦消费者点击购买，要尽可能以最少的步骤帮助消费者完成付费，减少跳出的分支流程。最近支付宝和微信先后把付费的流程减少到1步，如果是小

图片大小	加载时间
加大1kb	增加1ms
加大200kb	增加0.2s
加大1M	增加1s

图片大小	下载时间	耗时
300k	0.1s	
增大1m	增加1s	1.1s
增大3m	增加3s	3.1s

图9.1 图片大小与加载时间

额快捷支付，支付宝点击完购买后，连密码都不用输入，就直接付费成功了。这种情况下消费者连反悔的机会都没有，所以转化率相对会有所提高。

9.1.1 商品详情页的制作前准备

1. 了解商品的消费群体

在制作商品的详情页图片之前，首先要了解该商品的目标消费群体，因为不同的消费群体有不同的特征、不同的喜好。在淘宝平台可以借助淘宝指数来分析关键词的成交指数，进而分析出这类商品的购买群体。图9.2所示为一种商品的消费群体的相关指数，其中横坐标为年龄，纵坐标为喜好度，从图中可以看出对这类商品喜好度比较高的是40~49岁的人群，但是购买量比较大的是18~24岁的人群，所以要针对这些人群做好商品详情页。

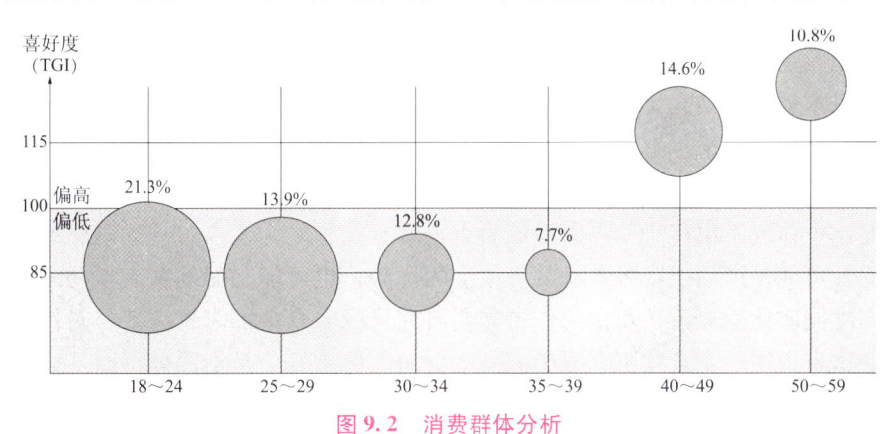

图9.2 消费群体分析

图9.3分析了该商品是网上购买经验比较丰富的消费者购买得多，还是网上购物经验比较一般的新手购买，图中把注册账户2心以下的买家划定为新手，从图中可以看出，该商品新手的转化率比较高，越高级别的买家转化率就越低。新手上网店平台大多数以购物为目的。新手的特征，是对淘宝平台并不熟悉，可能也不会像高级买家那样，货比三家，因此，在详情页上向这些消费者传递性价比较高的商品就显得非常重要。通过数据分析，把消费人群的大致情况了解后，可以基本确定该商品的详情页是定位在什么群体，把正确的商品卖给正确的买家，有针对性地制作详情页，有时候，甚至还可以猜测买家的社会角色、职业等。

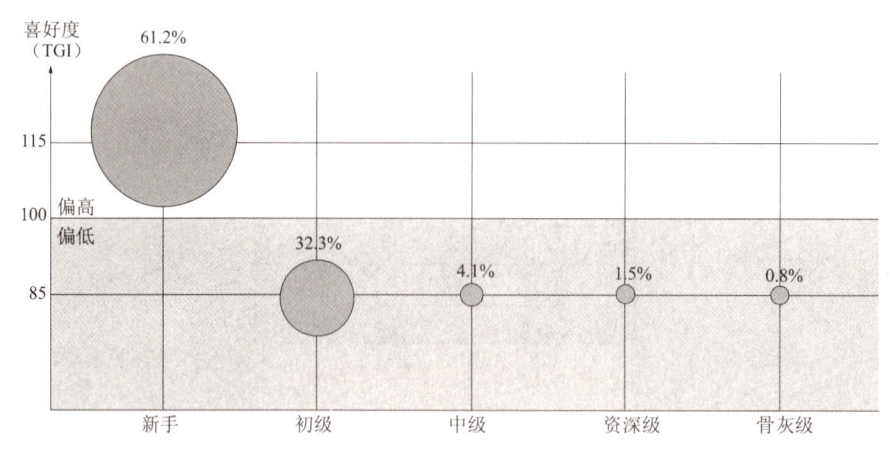

图 9.3 消费者购物经验分析

2. 提炼商品的卖点

商品的卖点是指商品具备了前所未有、别出心裁或与众不同的特色、特点。这些特点、特色，一方面是产品与生俱来的；另一方面是通过营销策划人的想象力、创造力来"无中生有"的。不论它从何而来，只要能使之落实于营销的战略战术中，化为消费者能够接受、认同的利益和效用，就能达到产品畅销、建立品牌的目的。这个事情其实挺简单的，参考同行就能提炼个百分之八九十的卖点了。最重要的是提炼核心卖点。所谓的核心卖点，就是目标人群最关心的问题，这个产品能带给买家什么好处。商品的卖点也是一个消费理由，最佳的卖点即最强有力的消费理由。为产品寻找（发掘、提炼）卖点，这已是现代营销学（广告学、公关学）的常识，被随时挂在厂长、经理、广告人、策划人的嘴上了。

商品的卖点是限于交易对象的需求点来展开的，如果所谓的卖点不能解决目标客户的需求问题，那根本就不能纳入卖点的领域。当然，这里的需求是广义的，有物质的需求也有精神的需求，有有形的需求也有无形的需求。

"商品的卖点是满足目标受众的需求点"是卖点定义的必要条件，如果在满足目标受众的需求的对比中体现不出优势，那商品的卖点也就不能称之为卖点了。这里面的对比范畴同时是广义的，可能是产品或服务本身的价值上的优势，也可能是时间或者空间上的优势。所以在商品高度同质化的今天，卖点工作更需要研究目标受众的需求，需要将对比的工作做得更宽更深。这点说明，卖点并不局限于商品本身的优势。竞争是指同样可以不同程度满足目标受众相同或者相似的需求的替代品。在商品品类日益丰富的今天，能满足同一需求的商品也在大量出现，因此，在选择商品时，需要研究、注意选择。只有这样，才可能更受目标受众的偏好。图 9.4 所示为一款女鞋的卖点设计。

3. 初步对页面进行规划

商品详情页整个网页一般都是由系统平台生成的，也就是说各类平台都已经对网页的整体结构做了初步的格式规范。以淘宝平台为例，上半部分为商品主图以及价格、促销、颜色、尺码、数量、运费等基本信息的展示，左侧为店铺商品分类，店铺商品分类右侧大部分区域为商品详情，商品详情图通过后台系统上传后展示在这里。这个区域一般情况下包含：海报区、引导语、信任区、卖点区、实拍区、关联区等图片内容，如图 9.5 所示。

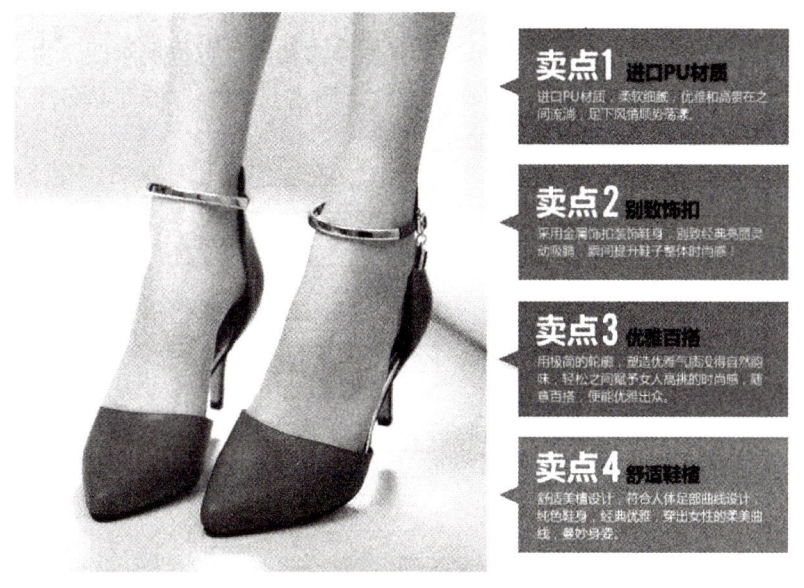

图 9.4　商品卖点分析

9.1.2　消费者对商品详情页需求信息分析

商品详情页必须给消费者提供完善的商品信息，如果商品的信息不完整，那么商品详情页的设计基本是失败的。一般情况下消费者产生消费需求以后，就会通过商品详情页全面地了解商品的相关信息，充分获取商品的相关信息以后才会判断是否购买，那么大部分消费者会关注商品的哪些信息呢？实际上不同类的商品，消费者对信息的需求是不一样的，也就是说对不同的商品类别，消费者对其详情页的信息关注的重点是不一样的，但是经过不完全的调查显示，通常情况下大部分消费者会关注以下内容（后面的百分比为关注率）：

（1）商品的详细用途与功能（67%）。
（2）商品是否适合自己（61%）。
（3）商品附件清单（61%）。
（4）商品规格型号及颜色信息（58%）。
（5）商品的质量认证文件、标准认证书、授权书（51%）。
（6）商品的制造商信息（48%）。
（7）商品的特点、特性、卖点（45%）。
（8）商品多角度的图片清晰度（31%）。

图 9.5　商品详情页页面规划

但是前面讲过不同类的商品，消费者对其信息的关注度是不一样的，消费者对商品详情页各类图片的关注度与需求程度也是不同的，一般情况下，需求程度与关注度高的图片一定要保质保量地进行设计，对于关注度低的图片类别可以进行简要设计。

1. 服装行业商品详情页图片内容需求程度分析

通过不完全调查，一般的消费者对于服装鞋帽类商品的详情页图片的要求比较高，如果没有合理的多角度的图片或者图片清晰度不高很容易流失浏览详情页的消费者。服装鞋帽类商品消费者对商品详情页图片需求程度最高的是服装多角度全方位展示图，占78.4%的消费者认同；其次是细节图，占71.2%，模特上身效果图占63.3%，该商品各个类型的图片占62.3%，其他图片的重要性如图9.6所示。

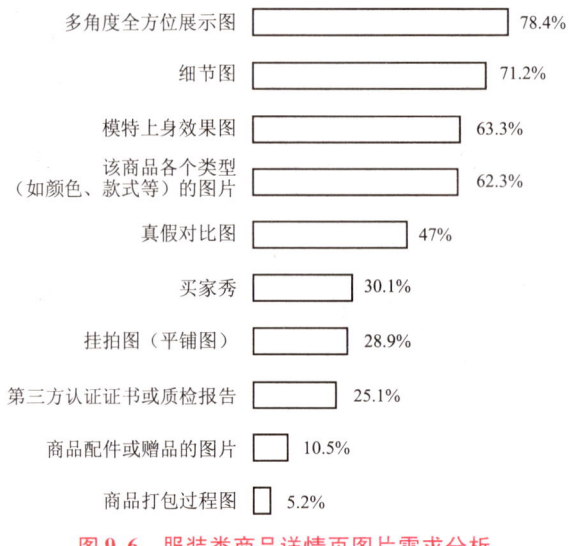

类型	比例
多角度全方位展示图	78.4%
细节图	71.2%
模特上身效果图	63.3%
该商品各个类型（如颜色、款式等）的图片	62.3%
真假对比图	47%
买家秀	30.1%
挂拍图（平铺图）	28.9%
第三方认证证书或质检报告	25.1%
商品配件或赠品的图片	10.5%
商品打包过程图	5.2%

图9.6 服装类商品详情页图片需求分析

2. 美妆行业商品详情页图片内容需求程度分析

对于美妆行业的商品详情页图片，消费者也是比较重视的，也就是网店必须全面地提供给消费者的主要是商品实拍图（如外包装、生产批号和保质期等）占68.5%；真假对比图也比较重要，占60.5%；多角度全方位展示图占52.8%；实体店的图片占52.4%，实体店销售商品图片有利于增加消费者的信任感；其他所占比例如图9.7所示。

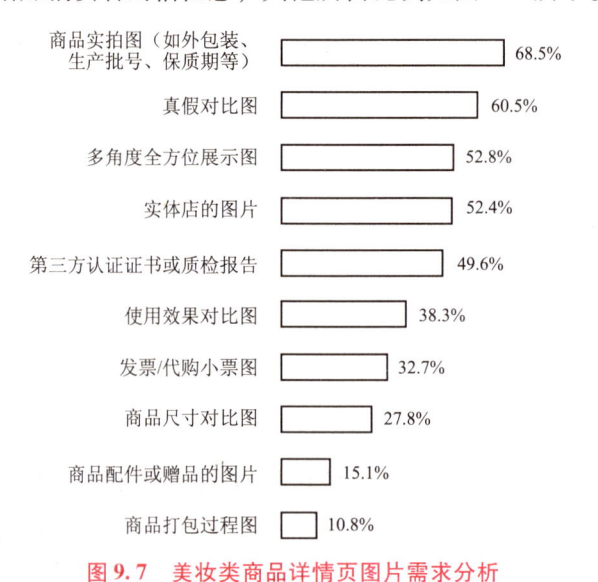

类型	比例
商品实拍图（如外包装、生产批号、保质期等）	68.5%
真假对比图	60.5%
多角度全方位展示图	52.8%
实体店的图片	52.4%
第三方认证证书或质检报告	49.6%
使用效果对比图	38.3%
发票/代购小票图	32.7%
商品尺寸对比图	27.8%
商品配件或赠品的图片	15.1%
商品打包过程图	10.8%

图9.7 美妆类商品详情页图片需求分析

3. 家居行业商品详情页图片内容需求程度分析

对于家居行业商品详情页图片内容，消费者需求程度中最高的是商品家居实拍图，占

93.6%，可见消费者比较重视商品实拍图；其次是家居类商品的细节图，特别要反映商品的做工、材质与品质，占 72.8%；多角度全方位展示图占 52.5%，其他所占比例如图 9.8 所示。所以商品详情页制作过程中家居商品的实拍图、细节图以及全方位展示图是要重点设计的。

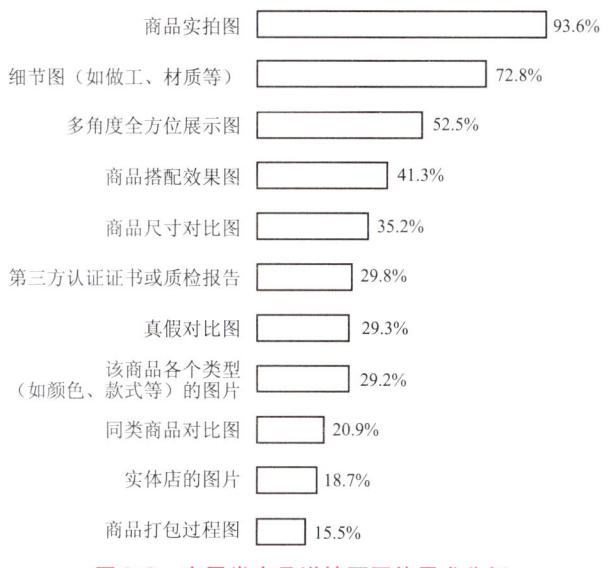

项目	比例
商品实拍图	93.6%
细节图（如做工、材质等）	72.8%
多角度全方位展示图	52.5%
商品搭配效果图	41.3%
商品尺寸对比图	35.2%
第三方认证证书或质检报告	29.8%
真假对比图	29.3%
该商品各个类型（如颜色、款式等）的图片	29.2%
同类商品对比图	20.9%
实体店的图片	18.7%
商品打包过程图	15.5%

图 9.8　家居类商品详情页图片需求分析

4. 数码行业商品详情页图片内容需求程度分析

数码类商品中，消费者对商品详情页图片需求程度比较大的是多角度全方位展示图，占 81.2%；其次是商品实拍图，占 61.4%；还有是商品细节图，占 58.6%，其他所占比例如图 9.9 所示。所以对数码商品来讲，多角度全方位展示图、商品实拍图、细节图的图片是非常重要的。

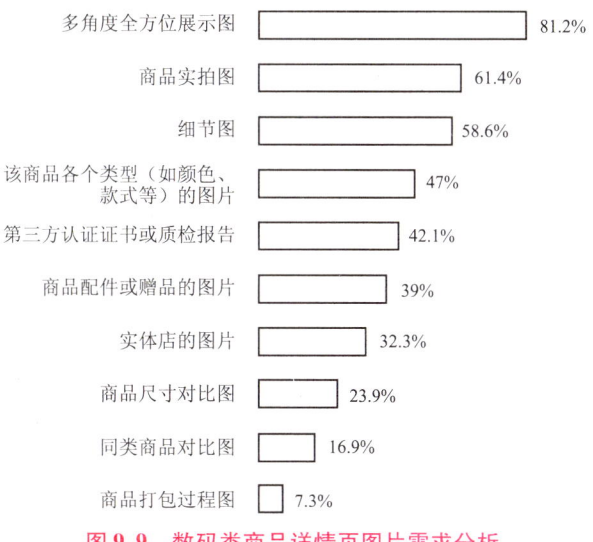

项目	比例
多角度全方位展示图	81.2%
商品实拍图	61.4%
细节图	58.6%
该商品各个类型（如颜色、款式等）的图片	47%
第三方认证证书或质检报告	42.1%
商品配件或赠品的图片	39%
实体店的图片	32.3%
商品尺寸对比图	23.9%
同类商品对比图	16.9%
商品打包过程图	7.3%

图 9.9　数码类商品详情页图片需求分析

9.1.3 商品详情页主要信息内容

关于商品详情页展示的内容，不同的商品、不同的商家展现的内容是不一样的，这要根据网店店铺与商品的具体情况来确定。一般情况下商品详情页关于商品的信息应包含以下内容。

（1）收藏＋关注。例如"轻松赚10元优惠券"或者"购物立减5元"（优惠幅度可以调整）等。

（2）焦点图。焦点图就是商品详情页促销海报，促销海报要突出单品的卖点，吸引消费者眼球。

（3）推荐热销单品。一般可以推荐3~4个相关的商品，但必须是本店铺热卖单品，性价比较好，容易让消费者接受。

（4）商品详情＋尺寸表。包括商品的编号、产地、颜色、面料、重量、洗涤建议、尺码、规格等基本信息。

（5）商品使用状态展示图。如果是服装鞋类商品也叫模特图，一般必须要有至少一张正面、一张反面、一张侧面的商品使用状态图，从不同角度展示商品。

（6）商品实物图。就是商品没有模特等使用状态的图，是商品静态拍摄的照片，商品实物图也要包括商品的前后、左右、上下等各个位置的形状、造型。如果是服装类商品，可以把服装的颜色种类展示出来，编辑相关的文案指引买家联想，不同的颜色代表什么性格或者展示什么风格等。

（7）场景图。场景图是具有一定使用环境的商品展示图，这里的图片一般不是在摄影棚拍摄的，而是在商品通常的使用环境拍摄的，例如特定的服装运用模特在特定的穿着场合进行拍摄，也包含多个角度展示，以引起视觉的美感，给消费者一种使用环境中的联想。

（8）商品细节图。用于描述商品整体图中无法描述的商品局部细节，例如服装的帽子或者袖子、拉链、吊牌位置、纽扣等细节，细节图往往体现商品制作工艺、制造品质、材料质地等信息。

（9）同类型商品对比图。为了体现该商品在品质上优于同类商品，或者为了表现商品正品与假货的区别，商家可以找一些同类的质量不好的，或者高仿的商品进行图片的对比，以取得消费者的信任。

（10）买家秀展示图或者好评截图。运用买家秀展示图或者好评截图展示可以进一步取得消费者的信任，只要把好的买家秀或者好评进行截图上传即可。

（11）搭配推荐图。可以为消费者推荐与本商品搭配使用的商品，并把搭配效果图片展示出来，比如服装中的情侣款或者中长款，一般不要和前面的商品关联推荐重复。

（12）购物须知图。商家为消费者提供购物相关指数，比如快递类别、快递费、发货、退换货、衣服洗涤保养、售后等相关问题，让消费者买得放心、买得安心。

（13）品牌文化简介图。简要地展示商品的品牌、企业信息、生产的实际环境、企业与品牌的文化等信息，让消费者了解品牌的内涵和质量的可靠性，使消费者进一步认可商品、品牌与企业。

商品详情页的内容基本确定以后，就应该对信息内容在页面中的展示顺序进行规划。网店管理人员应该先把重要的信息展示给消费者，一般情况下可以最先进行品牌展示，比如通过详情页页面最上端的 Banner 来展示；接下来是促销广告区域，即详情页海报；然后是比较简洁的店铺或者商品公告区域；下面就是展示页核心部分，即消费者用户体验图片信息区域，如图 9.10 所示。

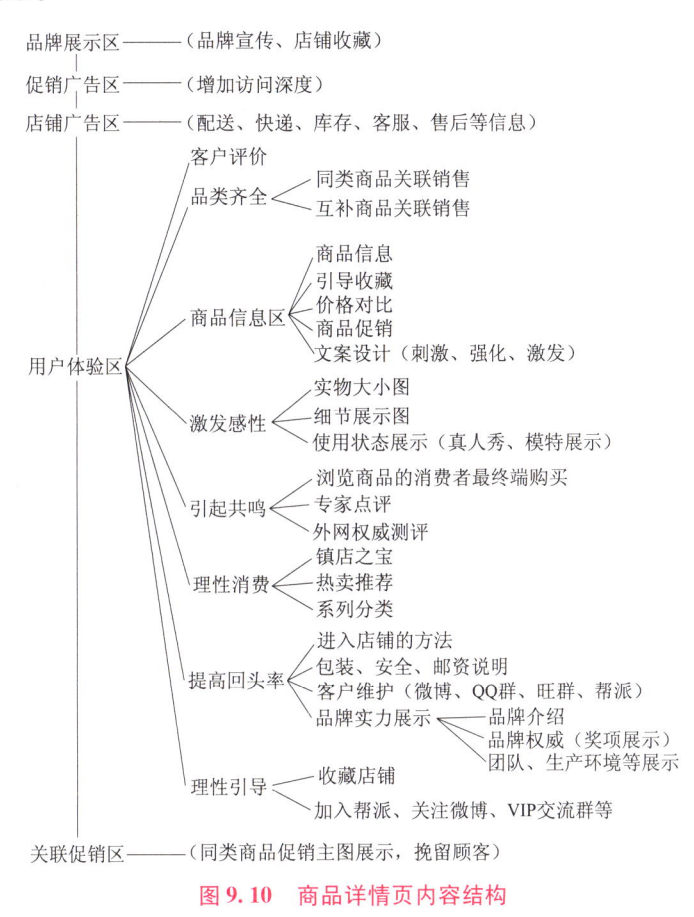

```
品牌展示区 ——（品牌宣传、店铺收藏）
促销广告区 ——（增加访问深度）
店铺广告区 ——（配送、快递、库存、客服、售后等信息）
            客户评价
            品类齐全 —— 同类商品关联销售
                      互补商品关联销售
                      商品信息
                      引导收藏
            商品信息区 —— 价格对比
                      商品促销
                      文案设计（刺激、强化、激发）
用户体验区              实物大小图
            激发感性 —— 细节展示图
                      使用状态展示（真人秀、模特展示）
                      浏览商品的消费者最终端购买
            引起共鸣 —— 专家点评
                      外网权威测评
                      镇店之宝
            理性消费 —— 热卖推荐
                      系列分类
                      进入店铺的方法
                      包装、安全、邮资说明
            提高回头率 —— 客户维护（微博、QQ群、旺群、帮派）
                      品牌实力展示 —— 品牌介绍
                                   品牌权威（奖项展示）
                                   团队、生产环境等展示
            理性引导 —— 收藏店铺
                      加入帮派、关注微博、VIP交流群等
关联促销区 ——（同类商品促销主图展示，挽留顾客）
```

图 9.10　商品详情页内容结构

9.2　商品详情页营销方式设计

9.2.1　关联营销设置

本书在学习单元五中已经讲过关联营销，关联营销是一种建立在双方互利互益的基础上的营销方式，关联营销有时候也叫绑缚营销，目前关联销售在很多网店店铺里面已经普遍使用。关联营销是指在一个商品详情页中，在介绍商品信息的同时，插入其他同类、同品牌、本店铺的，或者其他品牌的、其他店铺的可搭配的，或者相关的商品的图片链接，达到促销的目的。关联营销能够提升网店商品的转化率，提高网店的客单价，提高店内商品的曝光率，功能与作用比较大。

关联营销所关联的商品方式一般有互补关联、替代关联、潜在关联三种。互补关联强调搭配的商品和主推商品有直接的相关性，如主推商品为鼻贴，那可以搭配面膜、洗面奶等同场景产品。替代关联指主推商品和关联商品可以完全替代，如主推商品为圆领 T 恤，那么关联产品可以是 V 领 T 恤，也可以是立领等。潜在关联重点强调潜在互补关系，这种搭配方式一般不推荐，但是针对多类目店铺时，可以考虑。如主推商品为泳衣，那潜在关联的商品可以为防晒霜或项链，表面上两种产品毫无关系，但是潜在意义上，买泳装的人可能在户外游泳，因此防晒霜也是必要的。

图 9.11 所示为七匹狼天猫旗舰店货号为 8643496014 冬季休闲高帮皮鞋商品详情页内的相关鞋商品的关联销售设计，其设计为 2 排，每排为 3 个关联推荐商品，总共推荐了 6 个商品。这类关联推荐的商品图片的设计比较简单，一般只要在后台系统添加所要关联的商品主图，然后给图片分别设置相应的链接就可以了，不需要特别的设计。

图 9.11　商品详情页关联销售设置

对于关联销售商品图片放置的位置，有些在商品详情页的前部，有些在商品详情页的后部，但是在中部的情况相对是比较少的。大多数商家都喜欢把关联商品的信息放在商品描述的前面，这样做的目的是快速让消费者浏览到其他的商品，增加购物车商品数量，其目的是好的，但是做法并不一定有很好的效果。

在商品描述前加入关联产品/配套产品，是一种可行的方法，但是必须要控制展示商品的数量，否则会直接影响用户体验。

在商品描述中嵌入关联商品，同上面提到的大致相同，都需要注重质量，注意数量，否则会啰唆，使消费者没有耐心继续浏览下去。

在商品描述完以后插入关联商品，其实这个位置刚刚好。一般来说，能够花费这么久的时间浏览本店铺的商品描述，证明该消费者极其喜欢这款产品，非常想购买，换言之也就是购买欲望非常强烈。那么在详情页最后加上了相关产品、热卖产品或者配套产品的时候，无论从点击率、购买率来看，都是明显提高的。

合理地嵌入相关商品，才能够起到事半功倍的效果，当然，关联营销的设置很灵活，根据自己网店的特点进行设置。不管怎么设置，都要遵循关联性的大前提。

9.2.2　套餐搭配设置

套餐搭配是将几种商品组合在一起设置成套餐来销售，通过促销套餐可以让消费者一次性购买更多的商品。这种方法可以提升店铺销售业绩，提高店铺购买转化率，提升销售笔数，增加商品曝光率，节约人力成本。用套餐搭配组合的商品存在价格优势，可以让更多进店的消费者购买店铺商品，将套餐搭配用于店铺推广，进而提高整体交易额。按照消费习惯，大部分消费者看到商品搭配套餐后一般就会点击搭配套餐，套餐搭配形式比单品点击率高 60% 以上，套餐数量根据主产品的销量情况而定，一般搭配 1~3 个。套餐搭配设置需要进行如下步骤：

（1）进入卖家中心："我的淘宝"——"我是卖家"——"营销中心"——"促销管理"中选择"搭配套餐"。单击搭配套餐进入设置菜单，就可以创建活动了。在创建页面也可以查看、编辑、删除已创建的搭配套餐促销活动。

（2）按照顺序填写搭配套餐促销标题、价格和设置商品详情图片。搭配套餐的总价要低于单个宝贝原价总和。如果搭配总价高于单个宝贝原价总和时，系统将自动按原价总和设置。

（3）挑选适合用于搭配促销的商品，单击"添加搭配宝贝"，最多可以添加 5 件商品，新搭配套餐可减库存，每个套餐商品都可以由买家评价。

（4）填写套餐描述，可以更加详细介绍具体的促销套餐活动。最后，点击发布就可以了。活动发布后，可在刚开始的页面查看、编辑、删除促销信息，并且可以进入商品详情页面查看具体搭配套餐活动内容。

（5）活动设置完成后，可以进入商品详情页面查看具体搭配套餐活动内容，也就是买家看见的详细促销活动。

套餐搭配除了通过后台参加活动设置以外，实际上还可以通过详情页设置图片链接来达到销售目的，具体方法是设计相关的搭配套餐图片，上传到后台系统后，在后台编辑器为图片设置链接，链接到相关套餐详情页中去。图 9.12 和图 9.13 所示为一套餐搭配图的设计。

这类图片的设计也并不复杂，只需启动 Photoshop 软件创建图片文件，宽度一般为 750 像素，高度可以根据情况设计。选择好背景图片，将需要搭配出售的商品进行抠图，然后放置到套餐搭配图中，进行调整大小与位置，然后输入相应的促销文字就可完成制作。

图 9.12　商品详情页搭配销售设置（1）

图 9.13　商品详情页搭配销售设置（2）

9.3　商品参数展示图的设计

在商品引导促销海报广告图之后，一般情况下是接着向消费者展现商品的具体参数，通过主图、商品促销广告图的引导，消费者对商品的性能已经有了初步的了解，接下来消费者想了解的是商品的参数，所以很多商家特别是销售服装类与鞋类的商家，一般把商品的具体参数规格放在商品促销广告图之后。商品参数展示图主要是较为全面地描述商品的参数，一般包含商品的品牌、标识，本商品的型号、尺码大小，商品的材质，商品所具备的颜色系列，商品流行元素，商品的版型等，最重要的是要展现商品的规格，即整体大小尺寸与部位大小尺寸。

设计过程形式多样，但风格要符合整体设计规划，例如"产品参数"标题的设计风格必须与后面其他图的设计相统一。设计一般应用 Photoshop 软件，创建新文件，文件大小宽度为 750 像素，高度根据情况自定，分辨率为 72 像素/英寸，先运用工具设计好标题，然后把需要标注的商品抠图并放入其中，调整大小与位置，长宽高的标注可以用软件中的形状工具选型，也可以根据图像自行绘制，最后输入产品的具体参数文字，文字为左对齐，如图 9.14 所示。

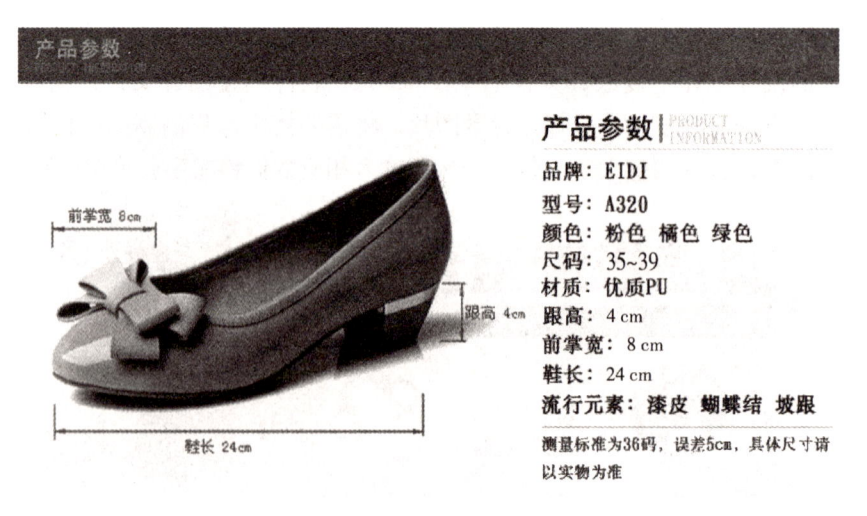

图 9.14　商品参数展示图

9.4　商品色码属性展示图的设计

商品色码属性展示图主要是用来描述本款商品所具有的商品颜色种类，以满足不同消费者对颜色的要求，设计人员一定要把同一款商品的所有颜色全都展示给消费者，供消费者选择。如图 9.15 所示，先绘制好统一的标题，然后把本款女鞋所有的三种颜色混合放在一起，将商品图片抠取以后放入文件中，调整大小和位置，同时在左上角对颜色进行标注提示，消费者就一目了然了。

图 9.15　商品色码属性展示图

商品色码属性展示图的设计是有难度的，特别是要针对不同品类的、不同品牌的商品开展不同风格的设计。上面这一商品色码属性展示图的设计手法比较简单，直接采用商品拍摄的弧形排列效果展示不同的颜色，图中左上方的颜色文字与颜色方块，用 Photoshop 软件比较容易完成。

9.5　商品设计理念风格展示图的设计

商品设计理念风格展示图对于服装类商品、鞋类商品，以及手表等时尚类商品来说是必不可少的，其展现的是设计的风格、流行的元素、制作的工艺水准、设计理念、品牌的内涵等，有些还专门表明设计师的形象等，其中商品设计理念风格展示图中的文案设计也比较重要。下面这一商品设计理念风格展示图（如图 9.16 所示）在制作上并不复杂，左边直接采用现场照片图像排列，右边为一张设计线描草稿，简洁、明快、生动。文案设计能突出设计风格，字体设计活泼，文字左对齐排列显得整齐，软件操作上也比较容易实现，仍是先绘制好标题，标题风格与上面产品参数图一样，然后放入相应的素材进行编排，输入相应的文字。

图 9.16　商品设计理念风格展示图

9.6　商品主体多角度展示图的设计

图 9.17 所示为本款鞋子多角度主体展示图的设计，画面有大图和左、后、内几个方向的图像，以及文字构成。

图 9.17　商品主体展示图（1）

商品主体多角度展示图是让消费者对商品的外观属性进行全面了解的一个环节，一般情况下消费者在这里对商品的了解要求深入细致。商品主体多角度展示图应尽可能全面地描写商品的外观特征，应从前后、左右、上下、里外等多个角度来充分展示商品。商品主体多角度展示图在设计上相对较为简单，多直接采用拍摄好的图片，但尺寸上、颜色上要给予矫正。商品主体多角度展示图的设计重心是在图文并排，以图为主。

图片的排列顺序是根据商品使用的顺序和消费者浏览观察商品的顺序编排，即从前到后、从上到下、从左到右、从整体到局部、从外到内的顺序。当然不能千篇一律、照搬照抄，还要在遵守风格统一的基础上，根据具体情况进行设计。图9.18～图9.20是这款鞋子一种颜色的商品展示。这款鞋有三种颜色，应根据三种颜色分别进行格调一致的设计，本书只列举其中的一种颜色。图中商品主体多角度展示图的设计除了商品主体多角度展示图（1）以外，其他均采用了拍摄好的图像，拍摄时商品主体组合摆放合理生动，能充分展示商品的外观，制作方法也较为方便，其中软件制作时文件大小宽度均为750像素。而商品主体多角度展示图（1）应对拍摄好的不同角度的商品图像进行抠图，然后进行排列组合来实现。

图9.18　商品主体展示图（2）

图9.19　商品主体展示图（3）

图 9.20　商品主体展示图（4）

9.7　商品使用状态展示图的设计

图 9.21 为本款鞋子的一种着装状态展示图，为正面状态展示。

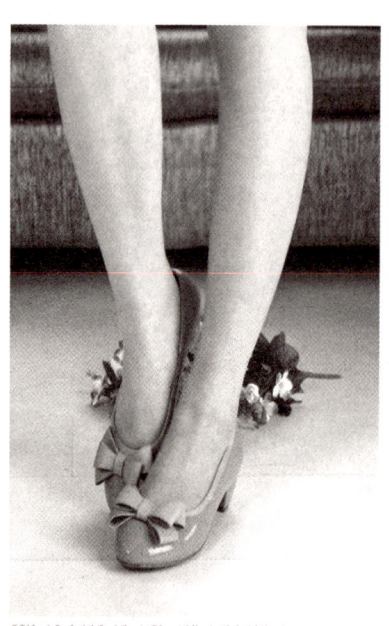

图 9.21　着装状态展示图（1）

商品使用状态展示图是用来表现商品的使用状况的一组图像，这对进一步刺激消费者的购买欲望非常重要，这一组图往往能促进消费者联想自身使用该商品的状况，实际上是一种虚拟的体验，因为网上销售的商品最大的缺点就是无法满足消费者对商品的直接体验，不能直接接触商品、感悟品质，更不能试穿、体验商品使用的效果，只能根据消费者自身的经验，结合商家展示的商品图像信息来判断商品的使用价值，进而做出购买决定。所以商品使用状态展示图的设计是非常重要的。

本书中图 9.21~图 9.23 这一组图就是使用直接拍摄的穿着状态的图像，通过软件进行切割，突出鞋与腿为主体，充分展示这款鞋子的使用效果，照片中用红花绿叶加以陪衬能突出主体效果。图像边缘的文字是装饰性的，字体活泼随意，起到关联与统一风格的作用，软件操作上比较容易实现，注意用段落文本。

图 9.22 中的效果通过图片的切割与叠加来实现，相对比较容易，切割图像时必须以鞋子的状态为主要的参照对象。

图 9.22　着装状态展示图（2）

图 9.23 的设计与上图类似，通过截取一张穿着状态的图像部分以及与去除背景的主图进行组合构成，英文字体与其他几张图统一。

图 9.23　着装状态展示图（3）

9.8　商品细节展示图的设计

商品细节展示图是指商品整体信息中无法展示的商品局部信息，一般用放大的图像来表示，对鞋类商品主要描述商品材料的质感、工艺的精细程度、局部的装饰效果等，以辅助说明商品的品质与工艺，促进消费者信任感的产生。对于服装类商品，要根据商品的特点来考虑并设计展示的部位，有选择地进行重点展示。消费者通常对服装造型关注的内容有：领口造型、肩部造型、袖口造型、腰部造型、裙摆造型、口袋造型、裤腰造型、蝴蝶结等装饰品造型等；消费者对工艺质量关注的内容有：面料质量、缝纫线痕迹、扣眼工艺、拉链安装工艺、花边工艺、腰带工艺、里料衬托工艺等；消费者一般还会关注品牌信息、质量检测信息、工艺合格证、权威认证信息、配件、赠品、外包装、生产实景等商品相关内容。商品的细节展示主要为消费者提供商品的质量信息、制作工艺信息等。

图9.24～图9.28是一组本款鞋子的细节展示图，主要采用图像放大的局部图，通过裁剪工具合理裁剪以后使用，配以文字说明，真实而具体。其中图9.24中的标注方式可以用软件中的线条与矩形形状工具制作。其他图像的边框可以通过描边完成，具体方法也可以自行安排。

图9.24　商品细节展示图（1）

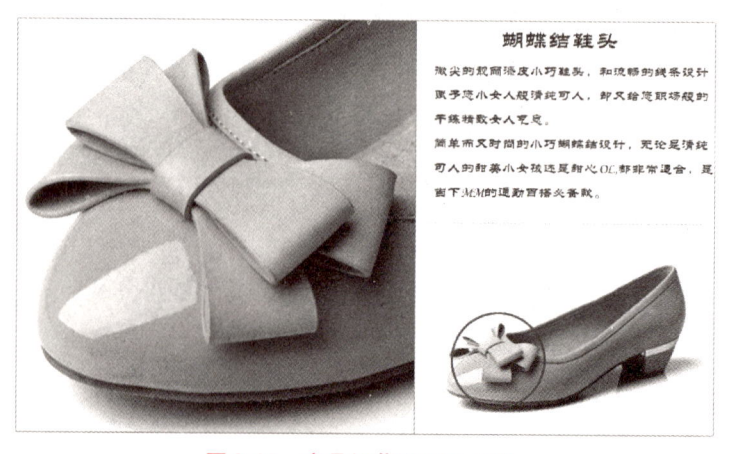

图9.25　商品细节展示图（2）

图 9.26　商品细节展示图（3）

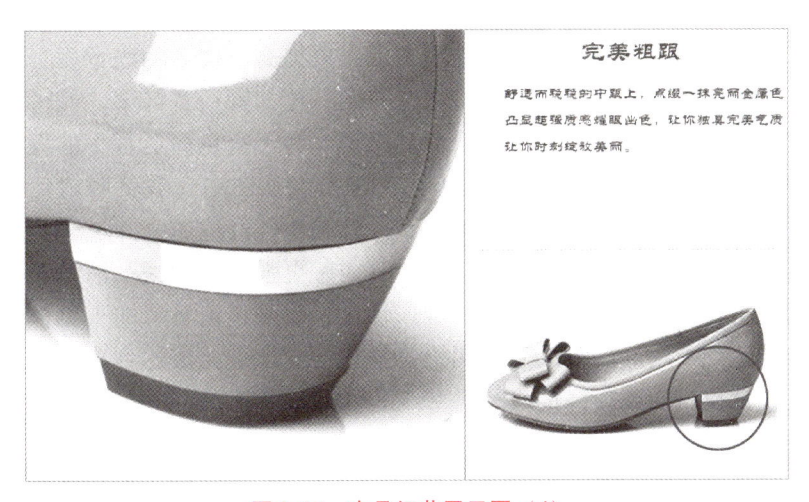

图 9.27　商品细节展示图（4）

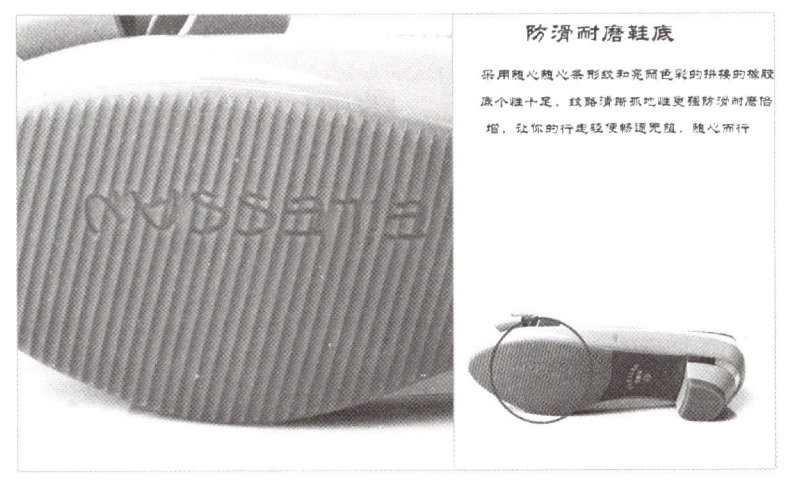

图 9.28　商品细节展示图（5）

9.9　商品功能性展示图的设计

商品功能性展示图是指用来展示商品的特殊使用功能，展示与众不同的设计，提醒适合的人群等，并不是所有的网络销售的商品都必须设计功能性展示图，要根据需要进行设计与安排，有些商家为了节省成本而不进行设计，但对于一些特殊类别的商品，最好是要配备商品功能性展示图，以提升流量的转化率。由于网上购物过程无法对服装进行试穿比较，消费者只能根据商家提供的规格信息，结合自身的尺寸进行判断服装商品的合身度与可用性。但是由于个体体型存在巨大的差距，即便是相同的规格，也存在不同部位上尺寸的差别，比如从身高判断体型一样为中号的消费者，因为存在胸围与腰围差的不同，中号规格的服装就不一定都适合这类消费者。因此，服装商品的特殊性使消费者网上购物存在规格上的风险。为了使消费者更好地把握服装型号与尺寸规格，尽可能将消费者在型号规格上的风险与疑虑降到最低，一些精明的经销商往往非常详尽地把服装的使用功能、服装的规格型号、尺寸，以及试穿报告展现给消费者，以提高消费者的满意度。而鞋类产品与服装类产品类似，由于不同消费者的脚型完全不同，比如脚板宽与窄，使得相同的款式与尺码，不一定能满足所有消费者，所以对商品来说，为了避免高退货率的发生，最好配置商品功能性展示图。如图9.29～图9.31所示，消费者从图中一看就明白什么样的鞋型穿着舒适，而且明确提示消费者经典圆头的鞋型设计是比较舒适的，并进一步告诉消费者标准化的尺码信息，给出了不同人的试穿报告，真实感更强，最后提示消费者如何正确地选择适合自己的鞋型与尺码。这样的设计非常人性化，能强化消费者的视觉体验，这种用图像描述的设计就达到了很好的效果，而用语言描述的设计是无法达到这种效果的。这样的商品图像视觉设计也就达到较高的水平。

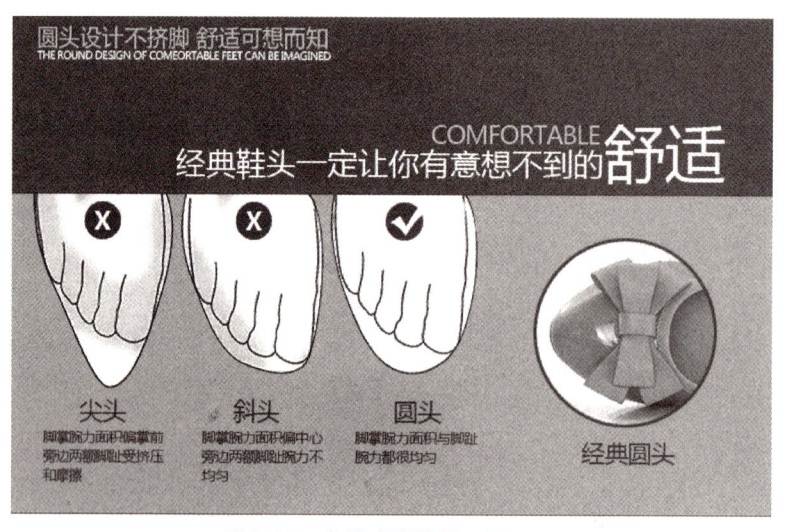

图9.29　商品功能性展示图（1）

▶ ▶ R码信息 SIZE INFORMATION

鞋码	34	35	36	37	38	39	40	41
脚长CM	21.6-22	22.1-22.5	22.6-23	23.1-23.5	23.6-24	24.1-24.5	24.6-25	25.1-25.5
脚宽CM	8-8.5	8.5	8.5-9	9	9-9.5	9.5	9.5-10	10
脚围CM	20.1-20.5	20.6-21	21.1-21.5	21.6-22	22.1-22.5	22.6-23	23.1-23.5	23.6-24
国际码	220	225	230	235	240	245	250	255

*1. 人的脚基本对称，应该以偏大的那只脚的数据为准。
 2. 脚背偏高、脚型宽肥或脚背、脚型纤细的特殊情况应该选择偏大或偏小一个尺码(仅供参考)

试穿报告： 建议：依照平时穿着尺码选购，脚背偏高/脚偏肥的选大一码

试穿人员	净脚长CM	脚底宽CM	脚围CM	平时穿着	脚型	试穿鞋码	试穿反馈
吴美工	22.3cm	8.5cm	20.8cm	34/35	正常	34	刚好
客服A	23.0cm	9.1cm	21.3cm	36	正常	36	刚好
客服B	24.5cm	9.5cm	22.7cm	39	正常	39	刚好

图 9.30　商品功能性展示图（2）

如何找到最适合自己穿着的尺寸？

步骤1：先准备一张白纸和一支铅笔
步骤2：将脚踩在脚上，脚趾最长处以及脚跟各画一个点，测量两点之间的距离即可
步骤3：在脚宽左右两边最宽处分别各画一个点，测量两点之间的距离即可

正确的脚型辨别方法：
* 实线为标准脚型，虚线为实际测量脚型。

标准脚型　　偏胖脚型　　偏瘦脚型　　特殊脚型
（选正常码）（选大一码）（选正常码）（选大一码）

例如：脚长230，脚围210为标准脚型；若测量得到的实际脚长为230，指围为205，则属于偏瘦脚型；若测量得到的实际脚长为230，指围为215，则属于偏胖脚型。（特殊脚型为：脚掌侧骨较突出）

图 9.31　商品功能性展示图（3）

9.10　商品商家、品牌、售后等信息展示图的设计

　　商品售后、品牌、商家信息展示图主要是为了解除消费者购买商品后产生的一系列顾虑，现在我国商务部已经规定15天无理由退货，一些平台也要求商家做出相应的承诺，但是消费者对于商家的不信任感总是存在的，所以在销售平台上设计售后问题、物流问题、退换货问题、商品的质保期限、售后的维修问题，以及商家的品牌信息、商家的生产场景等还是有必要的，这样能提升消费者对商品与商家的信任度。图9.32～图9.34就是一组商品售后、品牌、商家信息展示图的设计。

图9.32　商品售后展示图的设计

图9.33　商品商家信息展示图的设计

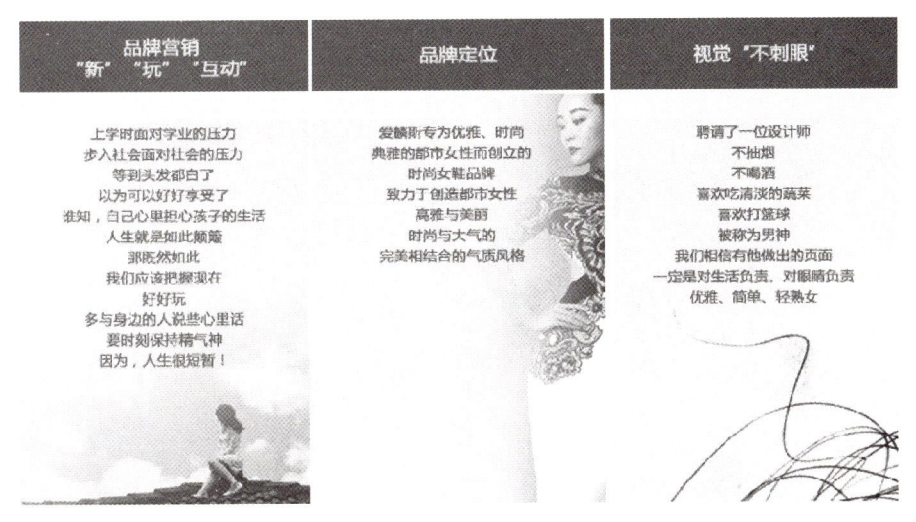

图 9.34　商品品牌展示图的设计

9.11　商品评价提醒信息图设计

在我国大部分的网络销售平台上都存在消费者对所购买商品的评价功能，一款商品的消费者优秀的评价越多，该商品的生命力与销售量越大，这是毫无疑问的。商家在做好产品、做好各项服务的同时，还往往要提醒一下消费者给予自己支持，在各方面的服务都出色的情况下，提醒消费者对购买的商品给出满意的打 5 分的评价，也是合理的且有必要的，如图 9.35 所示。

图 9.35　商品评价提醒信息图设计

拓展阅读

浙商"四千精神"与网店的诚信经营

浙商群体支撑浙江经济飞速发展壮大，并在引领全国民营经济发展过程中起到极为重要的作用。浙江人自己总结的创业心得是"四千精神":走遍千山万水,想尽千方百计,讲尽千言万语,历尽千辛万苦。

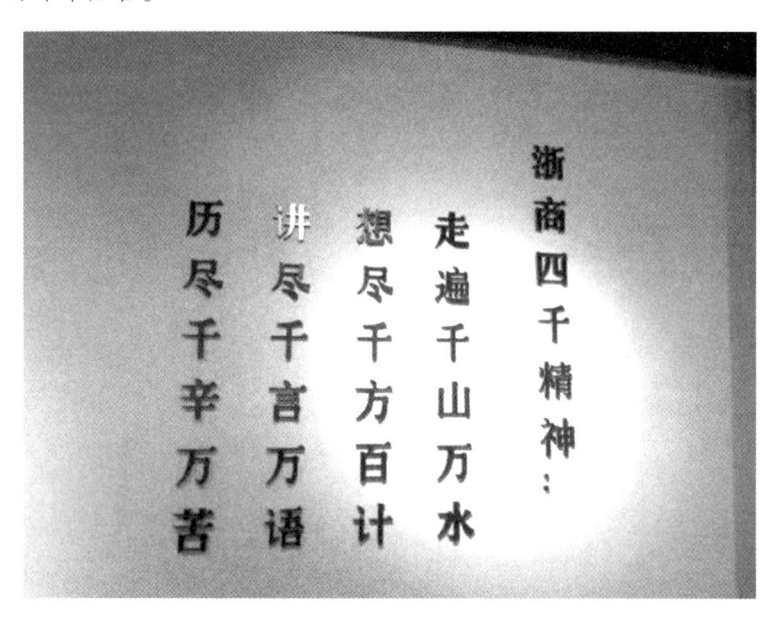

很多人都说浙江人做生意很厉害,其实这种厉害也很简单,就是务实,从别人不愿做的小事开始做起。浙江商人吃苦耐劳的程度,有时候简直就是难以想象的。事实上,浙商这个群体的崛起,当初大多是被"贫穷"逼出来的。正是因为贫穷,大多数浙商在创业初期主要靠的是苦干和实干。但到今天,当经济一体化浪潮席卷而至,先入为主的民营机制优势开始弱化,低价竞争模式不再屡试不爽时,仅靠"四千精神"已很难在市场中占得先机。浙商精神从来不是静态的,一直以来,它随着浙江经济的发展而发展,随着经济环境的变化而变化,随着市场的演变而演变。现在的浙商精神,可以用十六个字概括:自强不息,坚韧不拔,勇于创新,诚信务实。

诚信经营是网店长久发展的根本。在网上购物过程中,人们不能直接拿到商品实物,商品的质量和店家诚信不确定,挑选卖家的过程实际上也就是在挑选最诚信的卖家。因此,商家在网店经营中,千万不能忽视诚信的重要性,只有树立了店铺品牌的良好形象,才能获得更多顾客的信任。要从诚信的原则出发,就要做好以下几个方面:一是商品信息描述要真实、全面,让顾客可以对商品有一个全面的了解,从而判定是否符合自己的购买需求。店主不要为了提升商品的形象,而将商品的优点无限放大,缺点与瑕疵只字不提,反而让顾客对店主产生不信任。二是商品图片要真实、不能作假。店主对商品的图片最好如实拍摄,要体现出商品的本来面目,最直观地将商品展示出来,而不要做过多的渲染,避免失真,这也是店主不够诚信的表现。

学习单元十
网店商品动态图像展示设计方法

网店商品动态图像
展示设计方法

  当今时代互联网已经进入了人们生活的各个方面，包括网络购物、网络服务，互联网已经基本上成为人们生活中不可或缺的一部分。由此网络环境内的竞争也愈演愈烈，已经不只是信息内容的竞争、视觉效果的竞争，更是对传播信息的方式与为用户所提供信息的附加值上的竞争，这类竞争是全面的竞争。网络销售市场的竞争也同样越来越激烈，商品经销商在充分考虑商品价格因素的前提下，越来越不满足于静态图像的商品展示。很多经销商对如何采取有效的、能更好地满足网络消费者商品体验的展示方式做了深入的思考，正苦苦寻觅一种更能满足消费者需求的展示方式。本书认为，在目前绝大多数经销商或网络购物平台以采用静态图像展示商品为主流形式的环境中，运用动态性、交互性强的 Flash 技术进行商品展示，对网络消费者会产生更大的吸引力，能大大增强消费者对商品属性与商品形态的感知，方便消费者从多个方位了解商品的属性，具有较大的研究价值，是目前一个重要的研究方向。而且部分网络经销商已经尝试运用 Flash 技术来开展动态商品展示，收到了良好的效果。

  Flash 技术拥有流式播放功能与矢量动画的优势，以便捷的操作、高效的传播、强大的互动，以及新颖的视觉感受获得了用户的青睐。

10.1 动态图像处理技术

10.1.1 动态图像的特征

  动态图像（Dynamic Image）是由一组在时间上不断变化的若干帧的静态图像组成的序列，是视觉上运动的图像。动态图像可分为视频和动画两类，实际上两者没有严格的区分，一般认为，如果每一帧画面是实时获取的自然景物的真实图像则称为视频，通常由视频摄像设备获取；而每一帧画面是由计算机或人工制作的具有真实感的图形则称为动画。

  动态图像的实现是建立在人类视觉暂留的基础之上的。视觉暂留是指人在观察物体之后，物体的映像在人眼的视网膜上保留一个短暂时间（0.1 秒）的一种生物现象。当以足够快的速度连续地、每次略微改变物体的位置和形状，人眼的视觉暂留效应则感觉到物体在连续运动。如果按一定顺序排列的一系列静态画面以一定速度连续播放时，人眼则将感受到连续的动态效果。例如,电影是以24帧/秒的速率放映,且采用遮挡板遮挡24次/秒来实现克服视觉暂留,从而使人看到连续流畅且无闪烁的画面。

动画是一种通过将一系列差别很小的单个相邻的画面,以一定速率连续放映而产生的动态视觉的技术。动画信息是存储在记录媒体上,如胶片、磁带、磁盘、光盘等;其放映是通过灯光投影、电视屏幕、显示器以及投影仪等放映设备进行的。电视视频图像的更新速率是25帧/秒(PAL制),而二维动画的更新速率一般是8~15帧/秒。

动态图像具有连续性的特点,图像在时间轴上以帧为运动单位,属于离散型媒体类。动态图像比静态图像表示的范围广,表现力强。

动态图像具有时延性特点,动态图像数据量大,必须被压缩后才能在计算机中应用。计算机的容量和速度直接影响图像质量。

动态图像具有相关性特点,图像帧之间的关联是动态图像连续动作形成的基础,也是进行压缩和其他处理的条件。动态图像对错误的敏感性较低。

动态图像的文件格式通常有以下几种:

(1) GIF 格式:以.gif 为后缀,GIF 是英文 Graphics Interchange Format(图形交换格式)的缩写。它是一种用来交换的图片格式。GIF 格式的特点是压缩比高,支持 2D 动画,应用广泛。GIF 图像文件短小、下载速度快,不能存储超过 256 色的图像,图像质量低。GIF 格式支持 256 种色彩的图像,在一个文件中可记录多张图像。其采用 LZW 算法的无失真压缩技术和变长代码,占用空间小,控制各个图像的显示位置、显示时间及透明度等参数灵活,并具有交错显示功能(即下载最初以低分辨率显示,以后逐渐达到高分辨率)和简单的帧动画效果(同一文件中几幅画面连续显示),适合网络传输及应用。

(2) MOV 格式:Apple 公司推出的基于 Quick Time for Windows 的以.mov 为后缀的视频文件格式。该文件可采用压缩和不压缩的方式,应用和效果与 AVI 格式类似。其压缩比大,质量较高,在 Windows 系统中可用 Quick Time 进行播放。它适合采集和压缩模拟视频,并可从硬件平台上高质量的回放。

(3) SWF 格式:SWF(Shock Wave Flash)是 ADOBE 公司(原 Macromedia 公司)的动画设计软件 Flash 的专用格式,是一种支持矢量图形和像素图像的动画文件格式,被广泛应用于网页设计、动画制作等领域。SWF 文件通常也被称为 Flash 文件。SWF 普及程度很高,现在超过 99% 的网络使用者都可以读取 SWF 文件。SWF 可以用 Adobe Flash Player 打开,前提是浏览器必须安装 Adobe Flash Player 插件。

(4) AVI 格式:Microsoft 公司推出的一种以.avi 为后缀的数字视频文件格式。该文件将视频和音频以交叉方式存储,压缩比较高,读取音像信息流畅,易于再编辑和处理,且独立于硬件设备。AVI 文件包含 3 部分:文件头(文件的通用信息、定义数据格式及所用的压缩算法等)、数据块(文件容量的主要部分)和索引块(数据列表及其在文件中的位置等)。可根据要求将该格式的图像分辨率从全屏的 640×480 调到 1/2(320×240)或 1/4(160×120)。该文件的容量等于该文件的数据率乘以视频播放的时间。各种多媒体制作软件,如 Authorware 等都支持该格式。该格式是目前开发多媒体演示节目的主流,主要用于保存电影、电视等各种影像信息,多用于多媒体光盘。

(5) MPEG 格式:基于 MPEG(Moving Pictures Expert Group)组织所制定的以.mpeg 或.mpg 为后缀的动态影像存储标准文件格式。该文件格式压缩比高,可以全画面、全动态、

CD 音质的模式混合存储视频、音频、文本以及图形数据等。实际上，VCD 就是用 CD-ROM 来记录 MPEG – 1 的数字视频记录的特殊光盘，其最大压缩比可达到 1∶200，并具有 VHS 的显示质量和 CD-DA 高保真立体伴音效果。而 DVD 采用的 MPEG – 2 的标准，也是高清晰电视和数字广播电视的基本标准。

（6）WMV 格式：Microsoft 公司推出的一种以 .wmv 为后缀的独立于编码方式的在 Internet 上实时传播多媒体应用标准的高级流媒体视频文件格式，其目的是取代 WAV、AVI 文件格式以及 Quick Time 之类的技术标准。该文件格式的主要优点是：本地或网络回放、可扩充的媒体类型、部件下载、可伸缩的媒体类型、流的优先级化、多语言支持、环境独立性、丰富的流间关系以及扩展性等，压缩比高，质量好。

（7）RM（Real Video）格式：Real Networks 公司推出的一种以 .rm 为后缀的采用压缩技术和流式播放技术而形成的流式视频文件，也是目前 Internet 上最流行的跨平台的 C/S 结构多媒体应用标准。其压缩比高，适用于网络电影、电视的应用等。自从 Real Encoder 5.0 问世后，视频 RM 与音频 RA 统称为 RM 文件。

10.1.2 动态图像的获取

动态图像信息处理包括：图形动画、数字图像处理以及视频、动画压缩等相关技术。常用的有代表性的动态图像编辑与制作软件有 Premiere、Gif Animator、Flash、3Dmax 和 Maya 等。用于商品展示的动态图像的获取可以通过以下三种途径。

（1）制作 Flash 动画图像。Flash 是网络上动画常见表现形式。Flash 动画可以实现很多效果，比如移动、放大、缩小、跳动、旋转、扩散、渐强和渐弱、分割、排列组合等。Flash 在音画作品中被广泛使用。

（2）制作 Gif 动画图像。Gif 动画是动画图片，通过对多图层的图片，按时间进行不同的切换，以达到动画的效果。

（3）制作 3D 动画图像。3D 动画是通过 3Dmax 软件制作的动态图片，由于可以表现图像三维的效果，所以又称为三维动画。3D 动画虽然效果好，但由于文件很大，其动画图像需要经过压缩处理后才能采用。

10.1.3 动态图像制作的相关概念

（1）关键帧。

关键帧是指对象在舞台上产生变化的每一帧，它用来定义动画中的变化，包括对象的运动和特点（如大小和颜色）、在场景中添加或删除对象以及添加帧动作等。当动画发生变化时或希望发生动作时，必须使用关键帧。

（2）逐帧动画。

逐帧动画也称关键帧动画，它是通过一帧一帧显示动画的图像序列而实现运动的效果。逐帧动画是从传统动画基础上引申而来的。卡通片就属于逐帧动画。

（3）实时动画。

实时动画也称算法动画，它是采用各种算法实现物体的运动。算法包括运动学算法、动力学算法、随即运动算法等。实时动画一般不需要记录在存储体中，运行时计算机对输入的数据进行快速处理，在人眼觉察不到的时间内将结果随时计算显示出来。电子游戏机中的动画一般都是实时动画。

（4）对象移动。

在实时动画中，屏幕上一个局部图像或对象在二维平面上沿某一固定轨迹做步进运动。运动的对象和物体本身的大小、形状及色彩等效果不变。用此方式可实现背景上前景的运动。该前景可以是一个物体，也可以是一段或几个文字。其优点是无须生成动画文件。

（5）运动控制。

运动控制也称模拟运动，它是指计算机先确定每个物体的位置和相互关系，建立其运动轨迹和速度，选择平移、旋转、扭曲等运动形式，再确定物体形体的变态方式和变异速度。

（6）动画数据与动画文件。

由一帧帧静止图像的有序排列组成，并采用连续播放静止图像的方法产生景物运动的效果。其特点是数据量大、帧与帧之间只有局部内容不同。将动画数据进行压缩，并记录在一定格式的文件中，该文件为动画文件。

（7）流控制技术。

流控制技术是指边下载边播放的技术。其数据存放在一系列连续的帧里面，只要一个帧的所有数据收到后，就可在后续帧的数据到达前播放。其播放是否流畅取决于两个因素：一是每个帧的数据必须尽量小；二是一系列帧下载时间必须小于其播放时间。

10.2　应用 Flash 技术的商品动态展示方法

Flash 是一种集动画创作与应用程序开发于一身的软件工具，目前最新的版本为 2012 年发布的 Adobe Flash Professional CS6。Adobe Flash Professional CS6 为创建数字动画、交互式 Web 站点、桌面应用程序以及手机应用程序开发提供了功能全面的创作和编辑环境。Flash 广泛用于创建包含丰富的视频、声音、图形和动画元素的应用程序。可以在 Flash 中创建动画元素或者从 Photoshop、Illustrator 等其他 Adobe 应用程序导入动画元素，来快速设计简单的动画，可以使用 Adobe Action Script 3.0 开发高级的交互式内容。

Adobe Flash Professional CS6 只是 Adobe Flash Platform 开发平台中的一个产品。除了 Flash 之外，Adobe 还提供了 Flash Catalyst 和 Flash Builder。Flash Catalyst 是一个设计工具，它无须编写代码即可快速创建富有表现力的界面和交互式内容。Flash Builder（以前称为 Flex Builder）是适合于程序开发人员，创建交互式内容的以代码为中心的环境。尽管开发平台不同，但这 3 种工具最终都将生成相同的 Flash 内容（SWF 文件）。Flash SWF 文件在浏览器上的 Flash 播放器中、浏览器外面的桌面上的 AIR（Adobe Integrated Runtime，Adobe 集成运行环境）中或者在移动电话上运行。Adobe Flash 具有以下特点与优势。

（1）短小精悍、兼容性好：Flash 采用矢量图形技术，播放画面的尺寸可以任意缩放而不影响播放的质量，文件较小，不影响网络传输速度，生动活泼，趣味性强。

（2）内容丰富、生动活泼：Flash 动画是通过计算机对文字、图形、图像、动画、声音等信息的处理，组成图、文、声、像并茂的演播文件，实现视觉上的和听觉上的、静止的和运动的、空间的和时间的、分散的和集成的、同步的和异步的等形式多样而又生动活泼的动态效果。

（3）高度交互、表现力强：Flash 利用 ActionScript 编程的目的就是为了更好地使 Flash 作品能与用户进行人机自由交互，简单的 Flash Action Script 编程可以实现场景的跳转、与 HTML 网页的链接、动态装载 SWF 文件等；高级的 Flash Action Script 编程可以实现复杂的用户交互设计，Flash 文件能根据用户的操作进行响应与动态表现各种设计的图像效果，能与外界进行数据交流，如 XML、PHP、SQL Server 等。

Flash 是一个非常优秀的矢量动画制作软件，它以流式控制技术和矢量技术为核心，制作的动画具有短小精悍的特点，所以被广泛应用于网页动画的设计中，已成为当前网页动画设计最为流行的软件之一。创建 Flash 动态图像过程中有以下几个专业术语。

（1）舞台：舞台是 Flash 在回放过程中显示图形、视频、按钮等内容的位置。

（2）时间轴：时间轴是用来通知 Flash 显示图形和其他项目元素的时间，也可以使用时间轴指定舞台上各图形的分层顺序。位于较高图层中的图形显示在较低图层中的图形的上方。

（3）库面板：库面板是 Flash 用来放置 Flash 文档中的媒体元素列表的位置。

（4）ActionScript：ActionScript 是用来向文档中的媒体元素添加交互式内容工具。例如，可以添加代码以便用户在单击某按钮时显示一张新图像，还可以使用 Action Script 向应用程序添加逻辑。逻辑使应用程序能够根据用户的操作和其他情况采取不同的工作方式。

（5）元件：元件是 Flash 中使用的一种物件类型，英文版中叫 Symbol。使用者既可以创建新的元件，也可以使用 Flash 提供的元件。使用元件可以减小文件的大小，加快网页的浏览速度。元件有三种类型，即影片剪辑 MovieClip、按钮 Button 和图形 Graphic。

图形元件一般是用来存放单独的图像，也可以是动画，它不能产生互动效果和声音。图形元件所制作的动画，会随主动画运转而运转，如果主动画停止，此类元件的动作也会停止。

按钮元件主要是检测鼠标的动作，以产生互动的动画，也可以产生声音效果。

影片剪辑元件是动画，具有交互效果，可以产生语音。此类元件不随主动画运转和停止。

10.2.1 商品动态展示方法（一）

Flash 技术具有强大的功能，可以应用与商品展示的方法有很多，关键在于设计的思路与方法。下面是一个能自动滑动并放大的商品动态展示方法，具体制作过程与技术如下。

首先，对商品展示的整体内容进行规划分析，弄清楚展示什么样的商品，该如何表现，对于动作比较多的动态展示还应写好动作剧本，设计好动作过程。本节的展示内容是一件短裙不同角度的着装状态，根据短裙展示的顺序，采用图像自动向右滑动，并自动放大的展示过程。以影片剪辑为基础，逐步创建一个商品展示图像的整体影片剪辑，并放置到商品展示文件图层中，建立相应的商品属性信息，最后对整体影片剪辑设置控制代码，完成裙装展示效果的制作。

（1）根据设计思想进行素材准备，运行 Photoshop 软件，打开已经拍摄完成的展示图像，用魔术棒工具选取图像背景，并对选取进行加选和减选编辑，使选取更准确。复制背景图层建立图层副本，并在图层副本中删除背景，使图像变成透明背景，如图 10.1 所示。

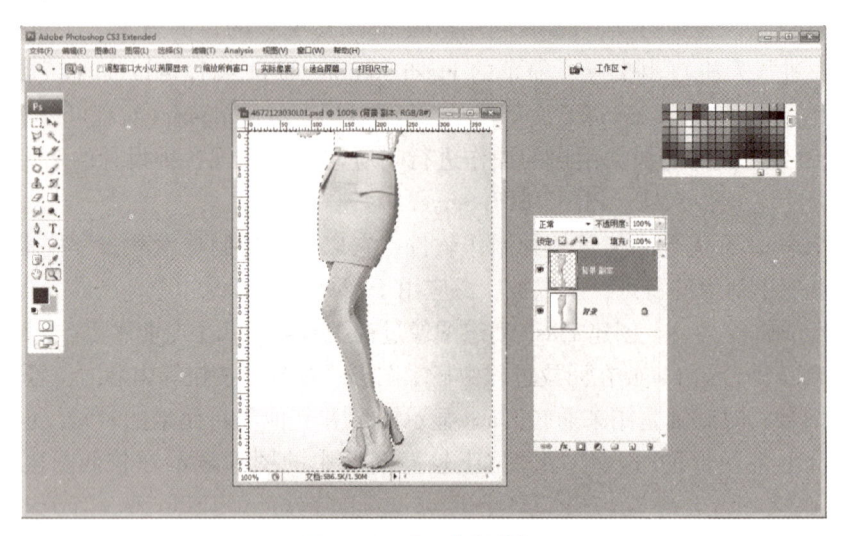

图 10.1　展示素材编辑

（2）设置图像大小，保证图像纵横比约束的条件下，设置图像的高度为 200 像素，同时把图像保存为 .png 格式，文件名命名为 m1，如图 10.2 所示。用同样的方法准备素材文件 m2、m3、m4、m5。

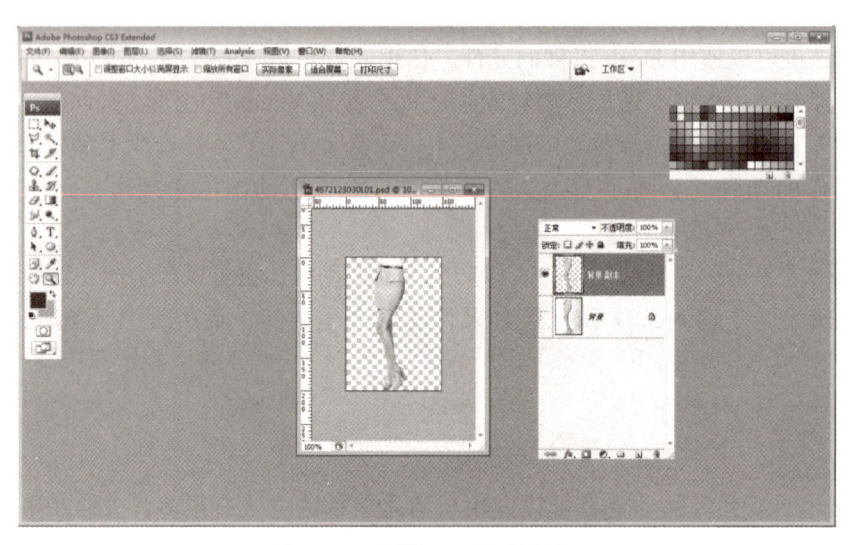

图 10.2　设置 .png 格式文件

（3）运行 Flash 软件，建立一个尺寸为 760 像素×280 像素的展示文件，设置帧频率为 50 帧/秒，如图 10.3 所示。

（4）执行文件菜单中的"导入"命令，将前面准备好的 m1、m2、m3、m4、m5 素材导入库中，分别执行"Ctrl"+"F8"命令创建影片剪辑元件，分别命名为 mo1、mo2、mo3、mo4、mo5；创建元件过程中应特别注意命名，然后分别将素材 m1、m2、m3、m4、m5 放入对应的影片剪辑元件中，素材 m1、m2、m3、m4、m5 的位置均为（−100，−48），实例名称分别是 m1、m2、m3、m4、m5，如图 10.4 所示。

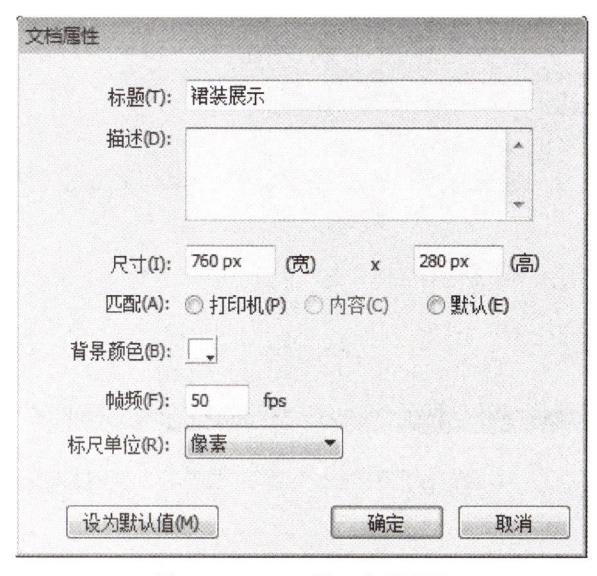

图 10.3　Flash 展示文件创建

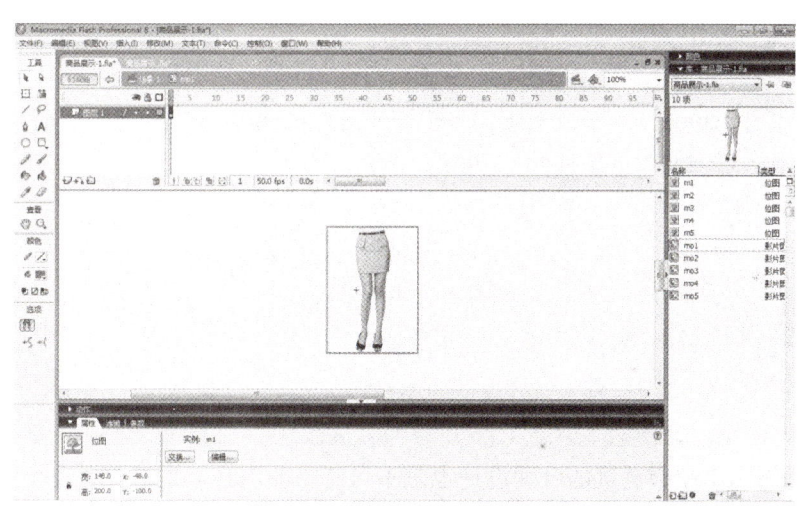

图 10.4　建立影片剪辑元件

（5）以影片剪辑元件 mo1、mo2、mo3、mo4、mo5 为基础构建具有交互功能的影片剪辑元件 pics，执行"Ctrl"+"F8"命令创建 pics 影片剪辑元件，创建 Layer1、Layer2、Layer3、Layer4、Layer5 五个图层，用来分别放置影片剪辑元件 mo1、mo2、mo3、mo4、mo5，精细设计元件 mo1、mo2、mo3、mo4、mo5 的坐标，使之坐标高度值统一，间隔均匀，各自在 pics 舞台上的实例名称分别为 prc1、prc2、prc3、prc4、prc5，如图 10.5 所示。

（6）创建图层 Layer 6 用来放置 ActionScript 控制代码，在 Flash 中 ActionScript 的使用方法通常有三种：一种是在关键帧上设置代码；另一种运用专门的图层存放代码；还有一种是直接给影片剪辑、按钮等元件赋予 ActionScript 控制代码。本节中控制对象的代码均存放于图层 Layer6 中，其中以 onRollOver、onRollOut 来实现影片剪辑自动移动的效果，具体参数如下：

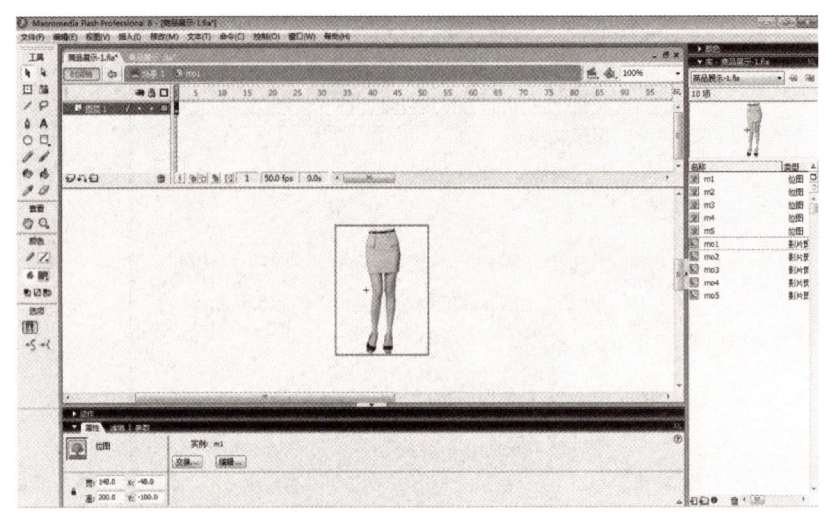

图 10.5 影片剪辑设计

```
var i = 0;
while(i < 5){
    var sys = this["pic" + i];
    sys.onRollOver = function() {
            _global.selectedMenu = i;
        }
        sys.onRollOut = function(){
            _global.selectedMenu = 0;
        }
        i ++;
}
```

（7）商品展示中超级链接的合理设计也是不可忽略的内容，是消费者连续浏览商品内容的重要保证。下面给 mo1、mo2、mo3、mo4、mo5 每个影片剪辑设置超级链接，以链接到具体的商品展示页面中去，方便消费者进一步浏览与体验商品。其功能用 onRelease、getURL 来实现，并分别应用其实例名称进行设置，http://newsin.taobao.com/ 为杭州柳之馨服装公司淘宝店铺链接，具体如下：

```
Pic1.onRelease = function() {
        getURL("http://newsin.taobao.com/","_self");
}
Pic2.onRelease = function() {
        getURL("http://newsin.taobao.com/","_self");
}
Pic3.onRelease = function() {
        getURL("http://newsin.taobao.com/","_self");
```

```
}
Pic4.onRelease = function() {
        getURL("http://newsin.taobao.com/","_self");
}
Pic5.onRelease = function() {
        getURL("http://newsin.taobao.com/","_self");
}
```

(8) 创建整体滑动效果的影片剪辑元件，命名为 slides，在 slides 建立名称为 Layer 1、Layer 2、Layer 3 的三个图层，分别放置三个 pics 影片剪辑，其在 slides 舞台中对应的实例名称分别为 S1、S2、S3，如图 10.6 所示。并对 S1、S2、S3 分别添加 onClipEvent（load）语句，具体参数如下：

对 S1 影片剪辑添加：

```
onClipEvent (load) {
    this._x = -1 * (_global.slide_size * _global.num);
}
```

对 S2 影片剪辑添加：

```
onClipEvent (load) {
    this._x = 0 * (_global.slide_size * _global.num);
}
```

对 S3 影片剪辑添加：

```
onClipEvent (load) {
    this._x = 1 * (_global.slide_size * _global.num);
}
```

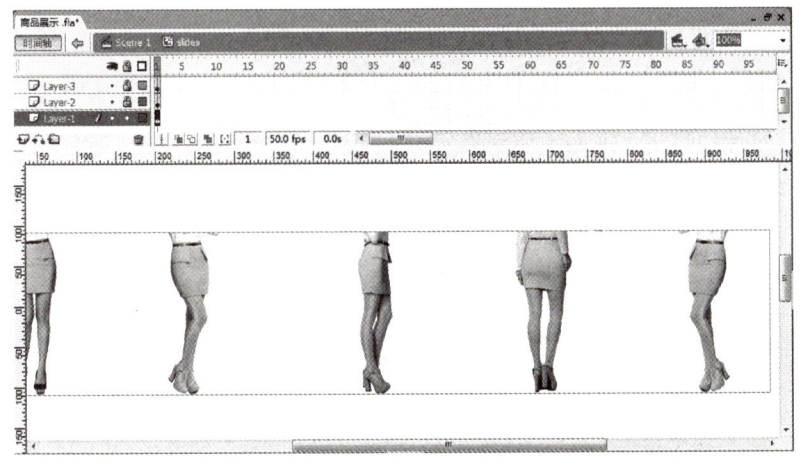

图 10.6 pics 影片剪辑设计

(9) 在上述工作的基础上，以 slides 影片剪辑为基础，创建整体影片剪辑，如图 10.7 所示。将 slides 放入新建的影片剪辑舞台，实例名称为 slide，添加尺寸控制代码如下：

```
_global.slide_size = 212.5;
_global.num = 5;
num = 10;
functionslideFun() {
    if (this["slide"]._x < -1080) {
    this["slide"]._x += _global.slide_size * _global.num;
        targetX += _global.slide_size * _global.num;
    }
    targetX -= _global.slide_size;
    timer = 0;
}
```

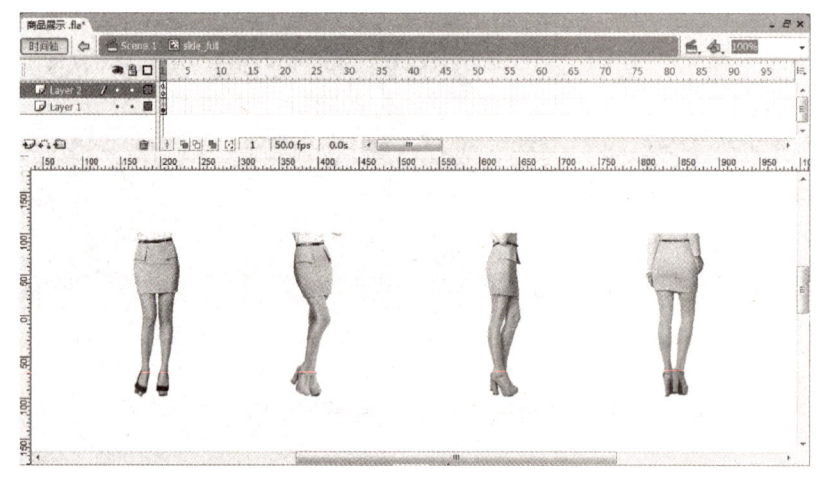

图 10.7　整体影片剪辑设计

（10）最后设置商品展示图像的放大显示功能，如图 10.8 所示，以 MovieClip.prototype.scaleChange 来实现，以 this._xscale 与 this._yscale 来控制放大尺寸比例，具体如下。

```
MovieClip.prototype.scaleChange = function(spd, targetX, targetY) {
    this._xscale = this._xscale + ((targetX - this._xscale) * spd * 1.5);
    this._yscale = this._yscale + ((targetY - this._yscale) * spd * 1.5);
}
MovieClip.prototype.slideX = function(spd, targetX) {
    this._x = this._x + ((targetX - this._x) * spd);
}
```

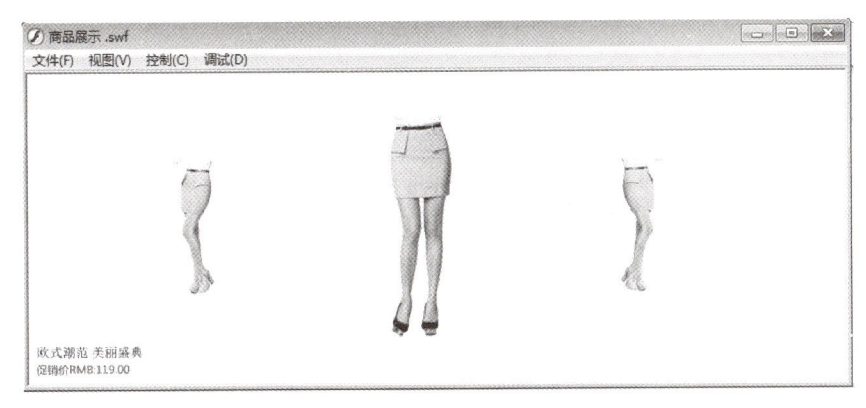

图 10.8　裙装动态展示效果

10.2.2　商品动态展示方法（二）

基于 Flash 技术的强大功能，给商品动态展示方法设计带来无限的遐想，依靠图像处理技术，以及其强大的 ActionScript 编辑功能、ActionScript 扩张编辑功能可以实现丰富多彩交互式动态的商品展示效果，商品展示的交互功能不但可以提升消费者购买商品的乐趣，而且能增加消费者对商品体验的感受。

消费者可以与商品互动的交互式商品展示设计过程中，本节是以创建一个 800 像素 × 400 像素、背景色为白色、帧频率为 50fps 的商品动态展示 Flash 文件为工作基础的。

（1）素材准备过程，运用 Photoshop 对预先拍摄好的素材进行处理，分别利用裁剪工具对一裙子款式的正面、侧面、背面着装状态，以及细节展示图进行编辑，处理成 600 像素 × 600 像素的 JGEG 图像，名称分别用 1.jpg、2.jpg、3.jpg、4.jpg、5.jpg、6.jpg 进行命名。图像尺寸与名称必须根据要求设置。图 10.9 所示为 6 张商品图像的缩略图。另外，还需要准备 2 张 200 像素 × 200 像素的 .png 格式图像，内容可以随意，命名为 1.png、2.png。

图 10.9　商品展示图像素材准备

（2）打开商品动态展示 Flash 文件，把 1.png、2.png 素材图像导入文件库中。创建影片剪辑元件 1，建立图层 Layer1 与 Layer2，分别在同一个坐标位置放置 1.png、2.png，对 Layer2 创建一个运动的矩形遮罩图层，并为其第一关键帧添加 stop（）停止语句，图层安排如

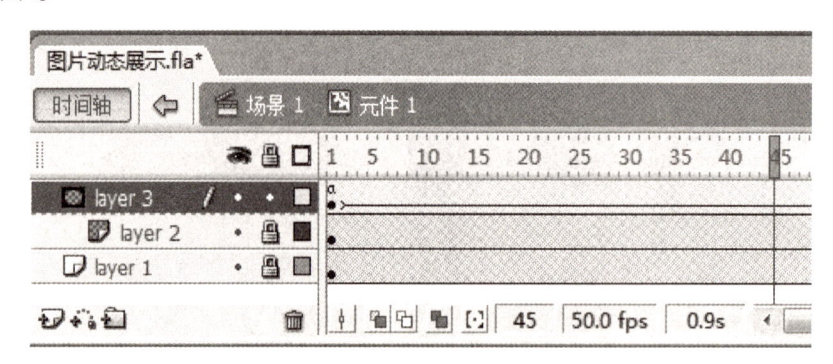

图 10.10 所示。

图 10.10　第一影片剪辑元件图层安排

（3）执行 "Ctrl"+"F8" 命令创建第二个无内容的影片剪辑元件 loadmc，其功能是用来载入影片剪辑。运用上述两个已经建立完毕的元件为基础，创建 bottom 元件是本工作的核心。把以上两个元件分别放置在 bottom 元件的两个图层中，且中心对齐放置。

（4）所有的影片剪辑元件创建完成存放在库中调用，在商品展示文件中建立商品的属性描述、商品促销信息、商品价格信息等基本展示内容，同时创建一个图层放置 ActionScript 代码，如图 10.11 所示。

图 10.11　商品属性描述的建立

（5）在 ActionScript 代码图层上编写影片剪辑元件动态控制代码，以及利用 ActionScript 与 XML 的交互通信功能，通过 XML 调用外部图片。XML 是用于标记电子文件使其具有结构性的标记语言，可以用来标记数据、定义数据类型，是一种允许用户对自己的标记语言进行定义的源语言。XML 是标准通用标记语言（SGML）的子集，非常适合 Web 传输。XML 提供统一的方法来描述和交换独立于应用程序或供应商的结构化数据。ActionScript 中用于处理 XML 数据的主要有两个类：XML 和 XMLList。XML 表示单个 XML 元素，可以是包含多个子元素的 XML 文档，也可以是文档中的单值元素。XMLList 表示一组 XML 元素。本节中 XML 加载外部图像如图 10.12 所示，其代码设计如下：

```
<? xml version = "1.0" encoding = "utf-10"? >
<data >
<pic name = "1" url = "pic/1.jpg"/>
<pic name = "2" url = "pic/2.jpg"/>
<pic name = "3" url = "pic/3.jpg"/>
<pic name = "4" url = "pic/4.jpg"/>
<pic name = "5" url = "pic/5.jpg"/>
<pic name = "6" url = "pic/6.jpg"/>
</data >
```

以上商品图像文件存放于指定的文件夹中便于读取,ActionScript 处理 XML 数据的过程如下:

```
varpic_xml:XML = new XML();
varpic_loader:MovieClipLoader = new MovieClipLoader();
varpic_listener:Object = new Object();
pic_loader.addListener(pic_listener);
pic_xml.ignoreWhite = true;
pic_xml.load("pic.xml");
varnum = 0;
pic_xml.onLoad = function(ok) {
    if(ok) {
      total = pic_xml.firstChild.childNodes.length;
      attachBottom();
      loadPic();
    } else {
      trace("fail");
    }
};
```

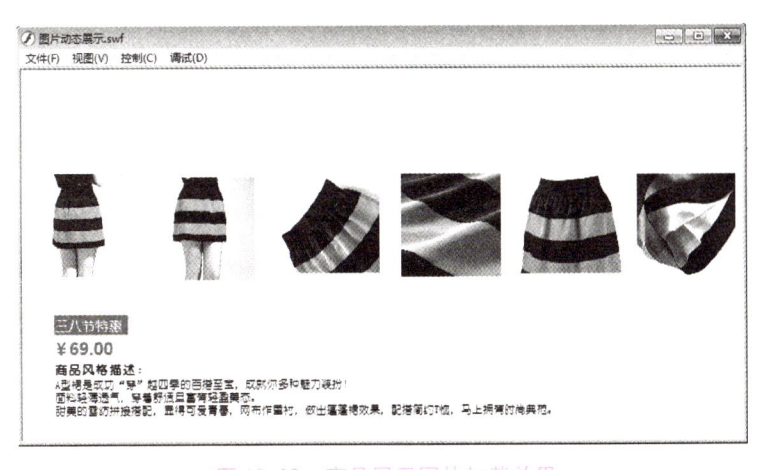

图 10.12　商品展示图片加载效果

（6）最后利用 ActionScript 中的 MovieClipLoader 类来按顺序加载准备好的商品整体与细部展示图片，利用对图像坐标（x，y）的简单数学计算，来控制图像的显示位置，如图 10.13 所示。其具体设计如下：

```
function attachBottom() {
    _root.attachMovie("pic_bottom", "pic_bottom" + num, num);
    _root["pic_bottom" + num]._x = random(Stage.width);
    _root["pic_bottom" + num]._y = random(Stage.height);
    _root["pic_bottom" + num].pic_mc._xscale = 18.5;
    _root["pic_bottom" + num].pic_mc._yscale = 18.5;
    _root["pic_bottom" + num].vx = Math.random() * 5 - 5;
    _root["pic_bottom" + num].vy = Math.random() * 5 - 5;
}
function loadPic() {
    pic_loader.loadClip(pic_xml.firstChild.childNodes[num].attributes["url"], _root["pic_bottom" + num].pic_mc);
    picDrag();
}
pic_listener.onLoadProgress = function(mc, loadedBytes, totalBytes) {
    var percent = Math.floor((loadedBytes / totalBytes) * 100);
    _root["pic_bottom" + num].myload.gotoAndStop(percent);
    if (percent == 100) {
        _root["pic_bottom" + num].myload._visible = 0;
    }
};
pic_listener.onLoadComplete = function() {
    if (num < total - 1) {
        num++;
        attachBottom();
        loadPic();
    }
};
```

（7）对于导入的图像，消费者浏览时可以运用鼠标移动拖曳商品各方向的展示图像，可以进行随意组合，设计具有游戏性质的交互体验效果，以增强消费者的兴趣，如图 10.14 所示。其具体设计如下：

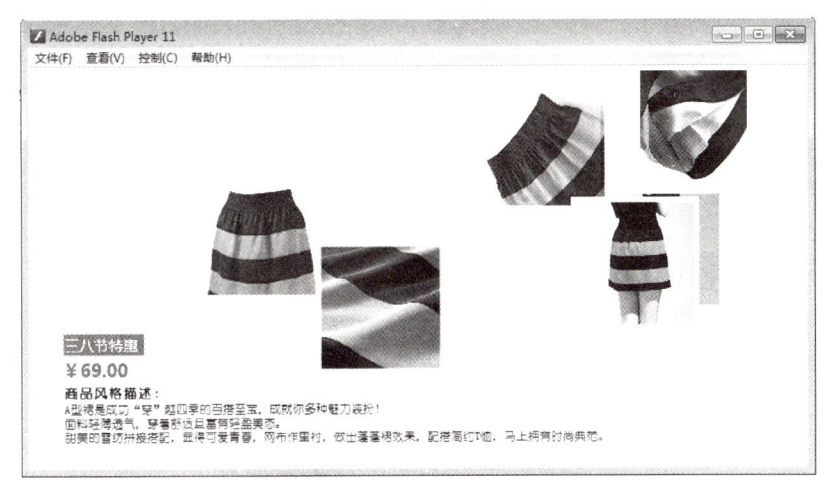

图 10.13　图像的显示位置控制

```
functionpicDrag() {
    for (i = 0; i < total; i ++) {
        temp1 = _root["pic_bottom" + i];
        temp1.onPress = function(){
            mx.behaviors.DepthControl.bringToFront(this);
            this._rotation = 0;
            useTween(this, 310, 310);
            this.vx = 0;
            this.vy = 0;
            oldX = this._x;
            oldY = this._y;
            this.startDrag();
        };
        temp1.onRelease = function() {
            this.vx + = (this._x - oldX) * easing;
            this.vy + = (this._y - oldY) * easing;
            oldX = this._x;
            oldY = this._y;
            this.stopDrag();
            this._rotation = this.child_rand;
            useTween(this, 110, 110);
        };
        tem1.onRollOut = function() {
            this.stopDrag();
        };
```

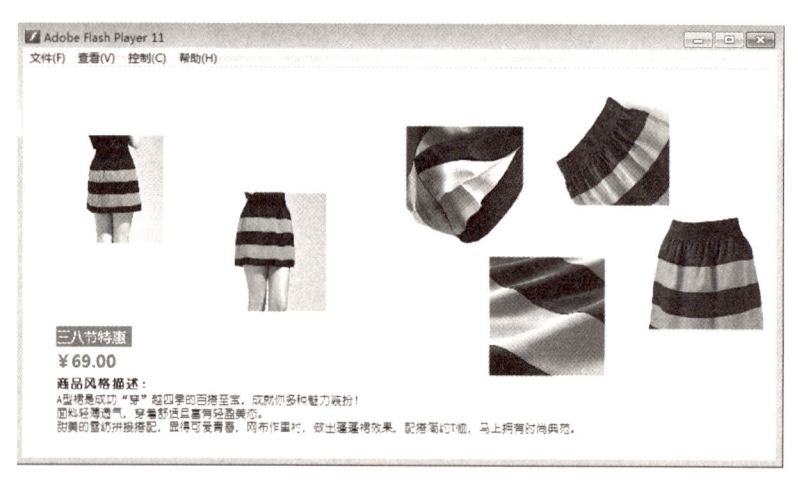

图 10.14　商品展示图片移动拖曳效果

（8）消费者在浏览商品图像的过程中，对于感兴趣的图像一般存在进一步观察意愿，本节的商品展示图像可以由消费者随意缩放，消费者点击鼠标就可以实现放大效果，如图 10.15 所示。其具体设计如下：

```
importmx.transitions.*;
importmx.transtions.easing.*;
functionuseTween(obj, endX, endY){
    myTween = new Tween(obj, "_xscale", Back.easeOut, obj._xscale, endX, 1, true);
    myTween = new Tween(obj, "_yscale", Back.easeOut, obj._yscale, endY, 1, true);
}
```

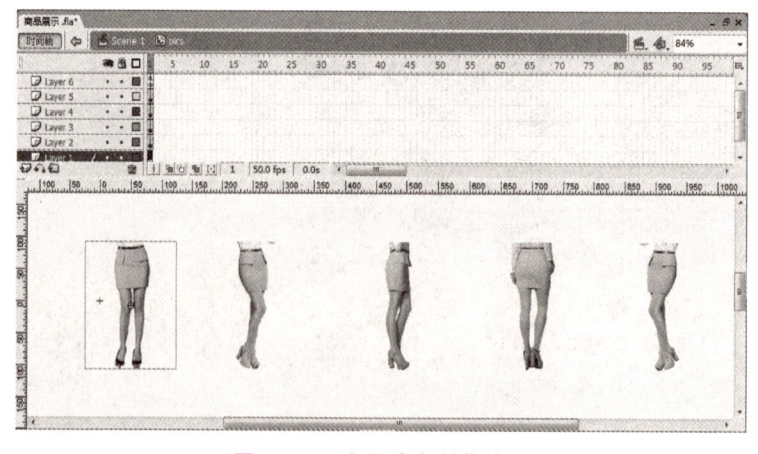

图 10.15　商品放大浏览效果

10.2.3　商品动态展示方法（三）

Flash 技术中元件具有强大的功能，上述关于商品动态展示的两种方法，主要是基于影片剪辑元件的方法，影片剪辑元件是 Flash 技术中用来动态控制商品展示图像的最佳方法，影片剪辑元件结合 ActionScript 语言与 XML 可以创造许多能吸引消费者注意力的商品展示方法，据有关专家预测，Flash 技术必将成为电子商务领域商品动态展示的有效方式，其实现途径简单方便而且兼容性强。以下为一种以鼠标滑过的方式来展示商品各个型号与细节的交互式处理方法。

（1）基于 Flash 技术的动态图像商品展示，其素材的准备与上一章静态图像的商品展示方法基本一样，需要预先进行拍摄，并经过 Photoshop 软件处理过之后方可运用。本节研究的是一款时尚女鞋的展示方法，包含能从最佳角度展示鞋子造型的四张图像，以及同一造型不同色彩的两张鞋子细节造型图像，经过图像处理，大小均为 350 像素×200 像素，并按从整体效果图到细部效果图展示的顺序对图像文件进行命名，如图 10.16 所示。

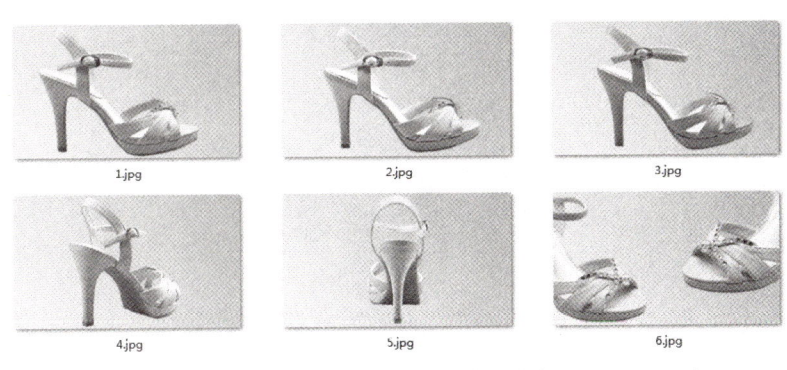

图 10.16　不同角度的素材准备

（2）在 Flash 中建立一个 450 像素×200 像素，白色背景，帧频率为 50fps 的商品动态展示文件。一般情况下 Flash 中新对象的建立均需建立在新的图层上，以方便工作与编辑图层中的对象。因此，先在新建立的图层上对文件界面进行线框分割，使右边为 100 像素，左边为 350 像素，尺寸数据设置要准确，如图 10.17 所示。

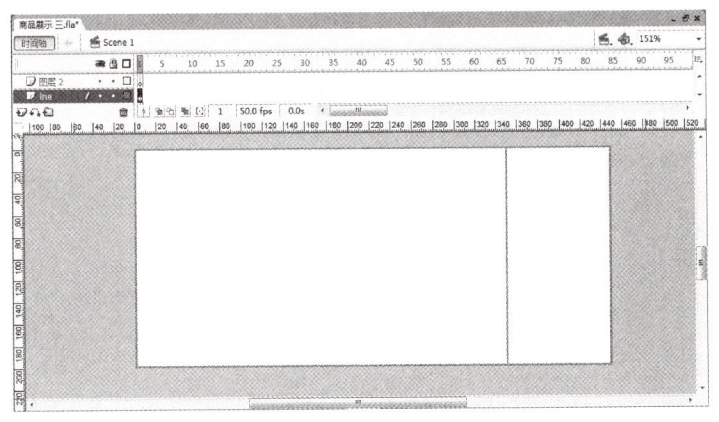

图 10.17　文件界面布局设计

（3）根据人体工程学原理，为了方便人机交互操作，文件左边部分用来放置商品展示图像，其大小正好与前面处理好的商品图像一致。右边区域放置交互的按钮元素，这是对展示界面结构的总体规划。

（4）Flash 交互动画的一般思维是影片剪辑元件里面套用多层影片剪辑元件，本展示课题的思路是将导入库的商品多角度六张 .jpg 图像，分别转化为影片剪辑元件，依次命名为 image1、image2、image3、image4、image5、image6。再以这六个影片剪辑元件为基础构建 image 影片剪辑。如图 10.18 所示，商品图像影片剪辑根据名称从上到下依次排列。

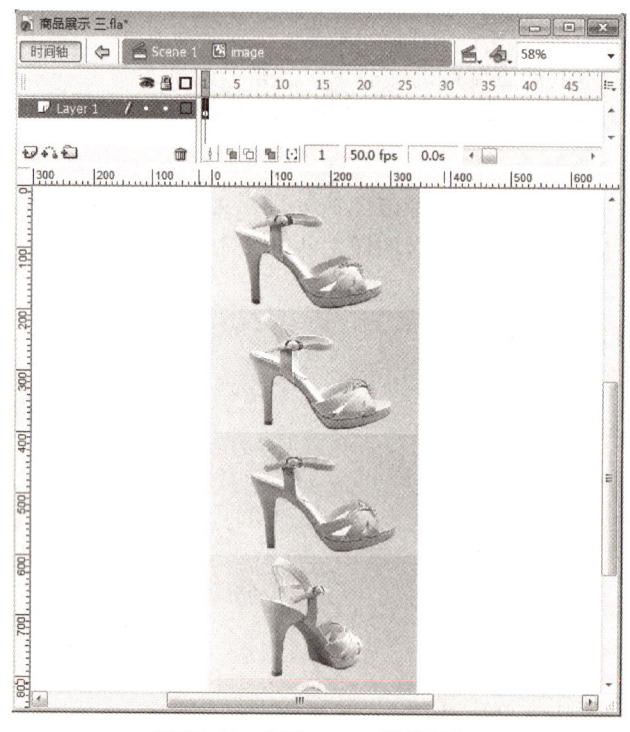

图 10.18　创建 image 影片剪辑

（5）建立一组静态文本影片剪辑，为第一层文字影片剪辑，文字内容为"01_ 钻饰凉鞋""02_ 钻饰凉鞋""03_ 钻饰凉鞋""04_ 钻饰凉鞋""05_ 钻饰凉鞋""06_ 钻饰凉鞋"，文本大小为 15，字体可以随意设计，对应的影片剪辑名称分别以 btn text1—btn text6 命名，如图 10.19 所示。在 Flash 中对元件的命名非常重要。

图 10.19　建立第一层文字影片剪辑

（6）构建第二层文字影片剪辑，以第一层文字影片剪辑为基础元件，制作从第一帧到第十帧的颜色渐变补间动画，相应的背景区域为 100 像素×40 像素，适当大于文本范围，颜色为透明填充，如图 10.20 所示，创建一组第二层影片剪辑，分别命名为 btn1—btn6。

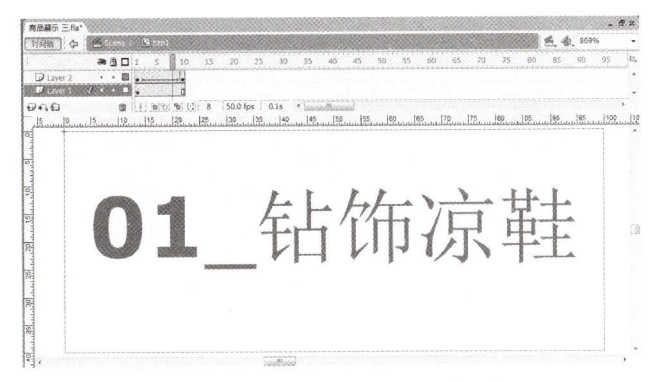

图 10.20　建立第二层文字影片剪辑

（7）建立第三层文字影片剪辑，以第二层文字影片剪辑为基础，进行从上到下有顺序的排列，建立第三层影片剪辑 btn1—btn6 组合，命名为 btnset，如图 10.21 所示。

图 10.21　建立第三层文字影片剪辑

（8）对左右两个区域分别建立大小为 350 像素×200 像素与 100 像素×160 像素的形状图形，分别对 image 影片剪辑与 btnset 影片剪辑进行遮罩处理，并用同样的影片剪辑制作方法，设计上下两个用来控制 btnset 上下移动的橘红色三角形 btngd 影片剪辑，把在属性面板中的实例名称分别命名为"up"与"down"，如图 10.22 所示。

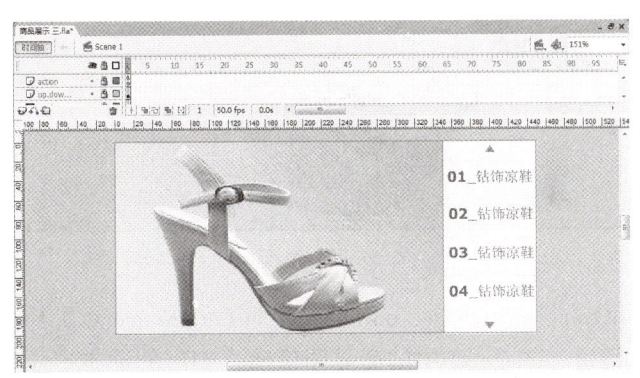

图 10.22　遮罩处理技术

(9) 最后添加 ActionScript 图层，进行图像动态控制设计。首先对 Image 影片剪辑与 Btn 影片剪辑的大小位置进行定位，如图 10.23 所示。其具体设计如下：

```
NumOf Image = 6;
link = new Array();
link[1] = "#";
link[2] = "#";
link[3] = "#";
link[4] = "#";
link[5] = "#";
link[6] = "#";
frame = new Array();
frame[1] = "_self";
frame[2] = "_self";
frame[3] = "_self";
frame[4] = "_self";
frame[5] = "_self";
frame[6] = "_self";
heightOfImage = 200;
heightOfBtn = 40;
topMarginOfBtn = 20;
topMarginOfImage = 0;
gap = 3000;
current1 = 1;
```

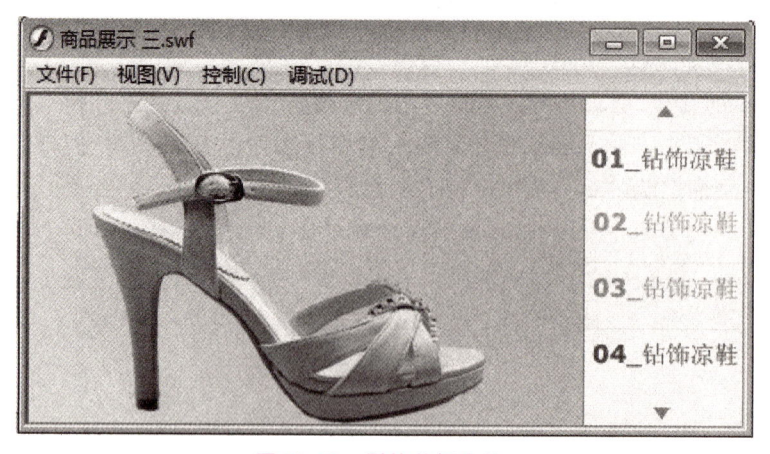

图 10.23　影片剪辑定位

(10) 运用 onRollOver、onRollOut、onRelease、onEnterFrame 对影片剪辑的控制功能实现随着鼠标在 btnSet 上滑过，imageSet 中的商品图像随之响应的动态展示效果，如图 10.24 所示。其具体设计如下：

```
for (i = 1; i < = numOfImage; i ++) {
    imageSet[i]._x = 0;
    imageSet[i]._y = (i - 1) * heightOfImage;
    btnSet[i].onRollOver = function() {
        current1 = Number(this._name);
        clearInterval(id);
    };
    btnSet[i].onRollOut = function() {
        id = setInterval(aa, gap);
    };
    imageSet[i].onRelease = function() {
        getURL(link[this._name], frame[this._name]);
    };
    btnSet[i].onEnterFrame = function() {
        if (this._name == current1) {
            this.nextFrame();
        } else {
            this.prevFrame();
        }
    };
}
this.onEnterFrame = function() {
    imageSet._y += (topMarginOfImage - heightOfImage * (current1 - 1) - imageSet._y)/4;
    btnSet._y + = (topMarginOfBtn + current2 * heightOfBtn - btnSet._y)/4;
};
```

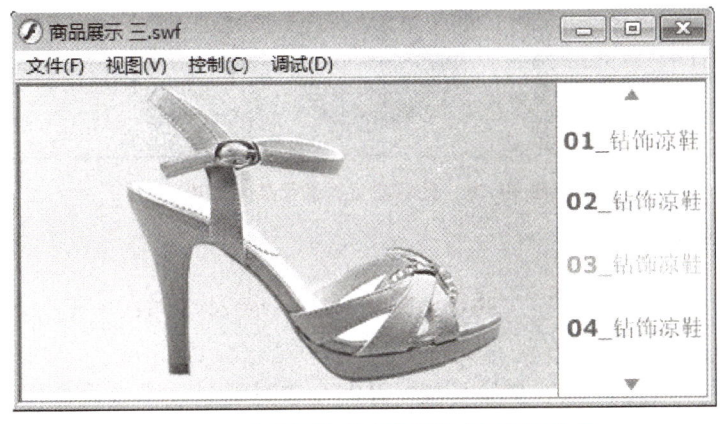

图 10.24　商品图像响应鼠标的交互展示效果

(11) 在初始的展示界面中，只显示了"01_钻饰凉鞋"到"04_钻饰凉鞋"，通过"up"与"down"实现 btnSet 组的上下滑动，如图 10.25 所示。其具体设计如下：

```
down.onRelease = function() {
    if (4 - numOfImage < current2) {
        current2 --;
    }
};
up.onRelease = function() {
    if(0 > current2){
        current2 ++;
    }
};
id = setInterval(aa, gap);
function aa(){
    if (4 - numOfImage < current2) {
        current2 --;
    }else{
    current2 = 0;
    }
}
```

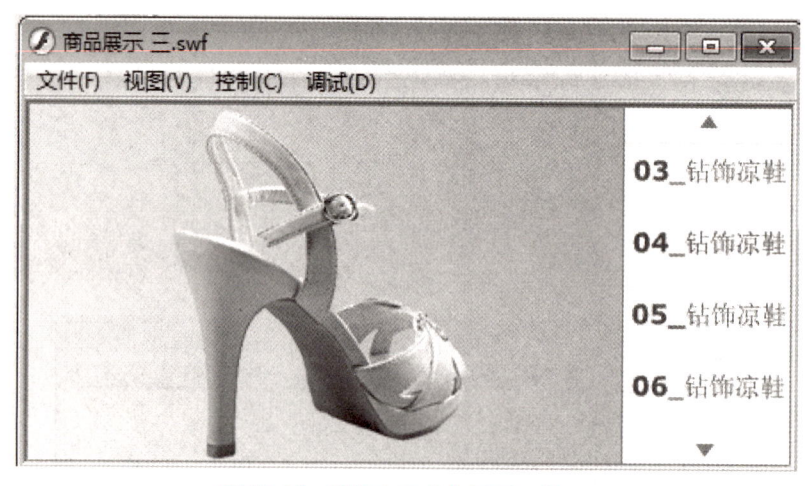

图 10.25　鼠标交互式商品展示效果

10.3　商品 360°动态展示方法

　　360°全景也称为三维全景、全景环视。360°全景是通过技术或设备模拟出一个可交互的、虚幻的三维空间场景，是一种运用数码相机对现有场景或事物进行多角度环绕移动拍摄后，获取一组关联的图像，利用计算机进行图像编辑处理后，利用加载播放程序来完成的一种三维事物展示技术。

360°全景展示的特征是具有一定的临场感，即有一种置身现场的感觉，浏览者可以根据自己的意愿与展示场景进行互动式操作，充分激发浏览者的兴趣和意向。

360°全景照相与动画技术的应用，可以划分为大范围场景展示和物体展示两类。事物360°全景展示的应用范围可以是商品展示、文物观赏、工艺作品展示等。在浏览360°全景相片的过程中，浏览者可以对图像进行放大、缩小、移动观看角度等操作。

随着电子商务的发展，各类商品展示的方式与技术也逐渐得到应用，笔者认为360°商品展示即将引发电商平台商品展示的3D化变革。国内已经有越来越多的电子商务企业认识到360°商品展示的重大价值，在京东商城、美西时尚、优众网、麦包包、新蛋网等电子商务平台网站上有时能看到360°商品展示的应用，但应用不多。对网络消费者来说，最理想的状态是能在网站上清楚看到产品各个角度的形态以及各部分细节，达到如见实物、身临其境的感觉。因此，对电子商务平台和广大经销商来说，使用360°技术开展商品展示是最佳的选择。360°全景技术具有以下优点。

（1）360°商品展示，能最大限度地减小消费者对商品的期望误差，从而提高商品成交率，减少退货量，大大提升消费者对商家的满意度及好评率。

（2）360°商品展示的交互性，使商品消费体验更具有魅力，不仅能够节省很多沟通成本，还能提高产品销量。

（3）使用360°商品展示，更能彰显网络销售企业的文化与实力，提高同行业内的竞争力。

（4）360°商品展示具有交互式的体验和真实的现场感，可广泛应用于家居饰品、工艺品、电子器材、数码产品、服饰服装、电器、机械、汽车等各个行业，应用广泛。

除了VR等虚拟现实技术外，Flash技术也能模拟出360°全景效果，而且文件较小，下载速度较快，比较适合于网络商品展示。对Flash技术的360°全景效果制作可以运用以下基本原理。

制作两个相同的影片剪辑，两个影片剪辑里都包含着一个序列的商品展示图像，商品展示图像序列与静态展示图像不同，要求连续拍摄商品实体四周的造型，图片序列具有连贯性，能360°描述商品的特征。在没有全景照相机等专业设备的条件下，一般的网络经销商可以运用数码相机的连拍模式，在固定数码相机的同时，通过选择商品，以获取商品的全景图像。运用Photoshop软件进行背景处理，选取12~20张商品不同方位的连续图像，为确保360°动画的流畅性，图像最少为12张，但图像数量越多其难度越大。应把编辑完毕的图像保存为PNG格式，图像背景透明，并对文件依次进行命名，完成图像的准备工作。360°商品图像的拍摄过程有一定的难度与技巧，是其应用的困难所在。

将编辑完成的图像导入Flash中，创建影片剪辑名称，图像连续横向排列在M. main影片剪辑中，以备用；在Flash中设计一个隐形按钮，用来侦测浏览者鼠标的动作；再用一个隐形的影片剪辑为系统提供当前鼠标位置。当浏览者拖拽鼠标时，隐形按钮根据其按下鼠标当时的x轴的数值产生两个变量，同时通知另一个隐形影片剪辑开始播放。第二个影片剪辑对鼠标的初始位置和现在位置进行比较，进行反向转动图片，从而产生360°环视浏览的效果。

创建一个影片剪辑元件，命名为M. Update，在M. Update影片剪辑内建立一个AS图层，在其时间轴上的第一帧设置stop（）语句；第二帧对movie1、movie2的X Position进行控制，其中360°为12张商品图像排列的宽度；第三帧对Variable进行控制，第二帧与第三帧的代码分别如下：

第二帧：

```
Begin Tell Target("../")
    Set Variable:"cur_x1" = GetProperty("/movie1",_x)
    Set Variable:"cur_x2" = GetProperty("/movie2",_x)
    If(cur_x1 < -3800)
        Set Property ("movie1", X Position) = cur_x2 +3600
    End If
    If(cur_x2 < -3800)
        Set Property ("movie2", X Position) = cur_x1 +3600
    End If
    If(cur_x1 >3800)
        Set Property ("movie1", X Position) = cur_x2 -3600
    End If
    If(cur_x2 >3800)
        Set Property ("movie2", X Position) = cur_x1 -3600
    End If
End Tell Target
```

第三帧：

```
Begin Tell Target ("../")
    Set Variable:"x" = GetProperty("/hidden", _x)
    Set Variable:"offset_x" = (start_x - x) /8
    Set Variable:"cur_x1" = GetProperty("/movie1", _x)
    Set Variable:"cur_x2" = GetProperty("/movie2", _x)
    Set Property("/movie1",X Position) = cur_x1 +offset_x
    Set Property("/movie2", X Position) = cur_x2 +offset_x
End Tell Target
Go to and Play
```

设计隐形鼠标按钮：创建一个按钮元件命名为Drag，"弹起""指针经过""按下"三个按钮元件帧均为空白关键帧，在"点击"关键帧绘制一个任意颜色的实心圆，作为鼠标反应区域。再创建一个名称为M.Hidden的影片剪辑，把按钮Drag导入，并在绘制区域内赋予Action动作：

```
On (Press)
    Begin Tell Target ("../")
        Set Variable:"start_x" = GetProperty("/hidden",_x)
```

```
            End Tell Target
            Begin Tell Target ("../update")
                Go to and Play (2)
            End Tell Target
      End On
      On(Release, Release Outside)
            Begin Tell Target("../update")
                Go to and Stop(1)
            End Tell Target
      End On
```

整体场景制作与商品展示图像定位：建立包含商品展示图像的影片剪辑，使 12 张商品图像按顺序排列在影片剪辑中，使图像贴近 Flash 绘图区域的最左边，并把影片剪辑命名为 M. main，回到 Flash 文件主场景中，建立图层 layer1 首先放置一个 M. main 影片，左边对齐场景边缘，在舞台上的实例名称命名为 movie1，接着再放置另外一个 M. main 影片，位置可以随意，舞台上的实例名称命名为 movie2。这时主场景内容制作完毕。

然后建立图层 layer2，把前面创建好的 M. Hidden 影片剪辑拖进场景的任意位置；新建 layer3 用来存放 M. Update 影片剪辑；最后创建图层 layer4，在第一个关键帧上赋予 Action 动作，对商品展示图像进行定位：

```
    Start Drag("/hidden", lockcenter)
         Set Property("/movie2", X Position) = GetProperty("/movie1",
_x) +3600
         Set Property("/movie2", Y Position) = GetProperty("/movie1",
_y)
         Stop();
```

10.4　商品 GIF 动画展示方法

GIF 图像文件分为静态 GIF 和动画 GIF 两种，扩展名为 . gif，是一种压缩位图格式，支持透明背景图像，适用于多种操作系统，图像文件"体型"很小，互联网上的很多小动画都是采用 GIF 格式。其实 GIF 是将多张图像保存为一个图像文件中，从而形成动画序列，最常见的就是通过一帧帧的动画图片串联起来的 gif 图，所以归根到底 GIF 仍然是图片文件格式，但 GIF 只能显示 256 色，而且动画流畅性相对较差。GIF 和 JPG 格式一样，这是一种在网络上非常流行的图形文件格式。GIF 动画图像的制作方法比较多可以用 Ulead GIF Animator 等专门的工具完成，也可以用 Photoshop 软件来制作，用 Photoshop 软件来制作也比较简单方便。具体如下：

（1）先运行 Photoshop 软件，在软件中打开动画制作素材，一组尺寸大小一致，内容在图片中的位置也基本一致的图像文件，如图 10.26 ~ 图 10.32 所示。

图 10.26　素材（1）

图 10.27　素材（2）

图 10.28　素材（3）

图 10.29　素材（4）

图 10.30　素材（5）

图 10.31　素材（6）

图 10.32　素材（7）

（2）在软件中创建一个新文件，文件大小应根据网店页面大小的需要进行设置，本书文件大小设置为 750 像素×545 像素，分辨率为 72 像素/英寸，如图 10.33 所示。

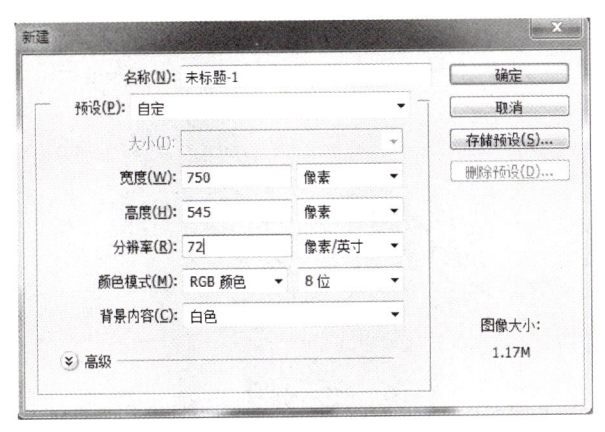

图 10.33　创建新文件

（3）把第一张图像放入动画，将素材（1）中的图像选取，运用移动编辑工具将图像移到新创建的文件中，并执行"Ctrl"+"T"自由变换命令对图像的大小进行调整，使图像缩小一半，如图 10.34 所示。

图 10.34　设置动画图像

（4）用上面同样的方法，依次将准备好的素材图像放入到动画文件中，并分别进行缩小 50% 的调整，图 10.35 所示为第二张图像的状态。

（5）图 10.36 所示为上面七张素材图像放入动画文件后的图层状态，其中"图层 1"放置的为第一张图即素材（1），"图层 2"放置的为第二张图即素材（2），依次类推，图层秩序不能混乱。

（6）在软件"窗口"菜单中选择"时间轴"，弹出时间轴面板，在面板中选择"创建帧动画"选项，如图 10.37 所示。

（7）在时间轴面板中点击"创建帧动画"按钮创建第一帧，接着继续点击时间轴最下面的"复制所选帧"命令，创建 7 个关键帧，如图 10.38 所示。

（8）选择时间轴上面的第一帧，在图层面板中，设置"图层可见性"，除了"图层 1"以外，其他图层都设置为不可见；同样的道理选择第二帧，设置"图层可见性"，除了"图层 2"以外，其他图层都设置为不可见；依次设置到第七个关键帧，如图 10.39 所示。

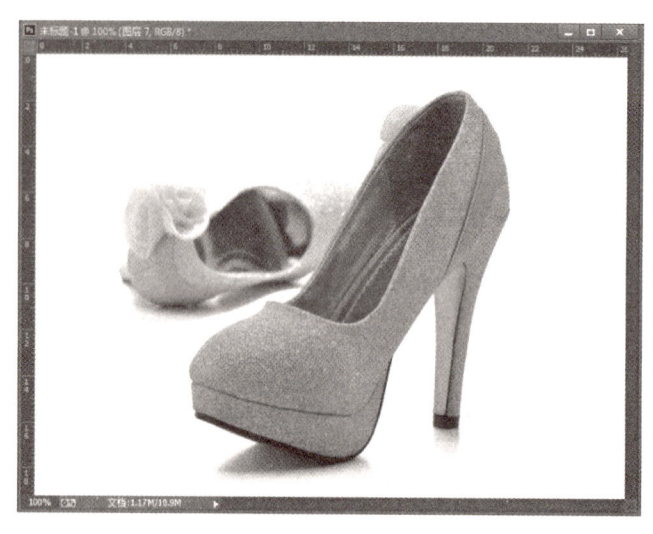

图 10.35　设置动画图像

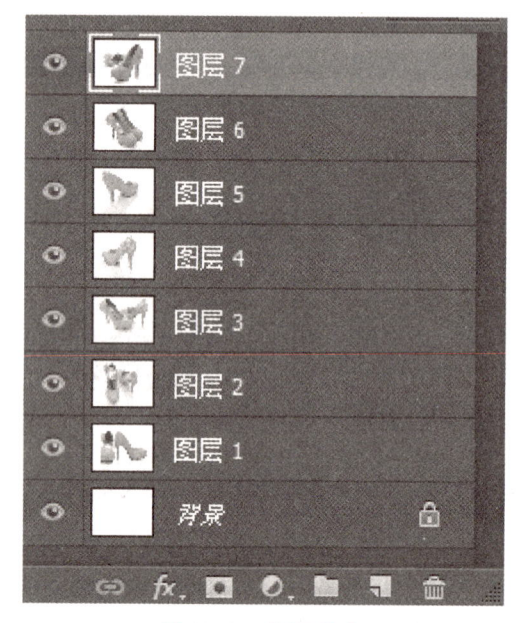

图 10.36　图层秩序

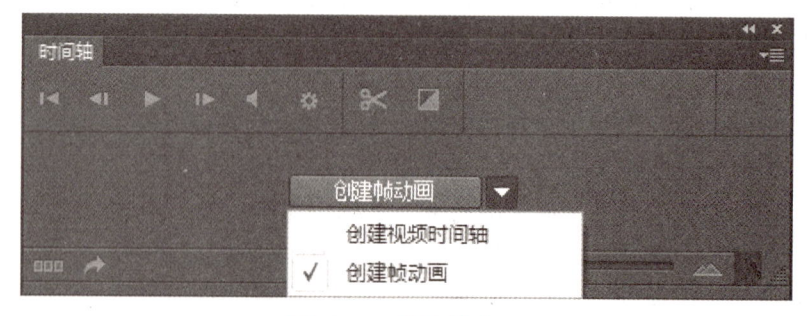

图 10.37　创建帧动画

图 10.38　创建关键帧

图 10.39　设置关键帧图层

（9）选择第一帧，在设置时间选项中选择"其他"，设置时间为 1.2 秒，依次类推分别设置其他关键帧的时间为 1.2 秒，同时选择播放循环选项为"永远"，如图 10.40 所示。

图 10.40　设置关键帧时间

（10）点击"转换为视频时间轴"按钮，将时间轴转化为视频时间轴状态，设置分辨率为 100%，如图 10.41 所示。

图 10.41　设置分辨率

（11）在视频状态时间轴中选择最后一张动画图片即"图层 7"，设置过渡效果"渐隐"，持续时间为 1 秒，如图 10.42 所示。

（12）执行"Alt"+"Shift"+"Ctrl"+"S"命令，把文件存储为 web 所用格式，在弹出的选项中进行设置相关参数，在指定仿色算法中选择"扩散"，颜色选项值设置为 256，动画循环选项设置为"永远"，如果选"一次"则动画只播放一个循环，如图 10.43 所示。

图 10.42 设置过渡效果

图 10.43 导出 GIF 动画

拓展阅读

全息投影技术

全息投影技术属于 3D 技术的一种，原指利用干涉原理记录并再现物体真实的三维图像的技术。而后随着科幻电影与商业宣传的引导，全息投影的概念逐渐延伸到舞台表演、展览展示等商用活动中。但我们平时所了解到的全息往往并非严格意义上的全息投影，而是使用佩珀尔幻象、边缘消隐等方法实现 3D 效果的一种类全息投影技术。

一、技术原理

全息投影技术也称虚拟成像技术，是利用干涉和衍射原理记录并再现物体真实的三维图像的记录和再现的技术。

第一步是利用干涉原理记录物体光波信息,此即拍摄过程:被摄物体在激光辐照下形成漫射式的物光束;另一部分激光作为参考光束射到全息底片上,和物光束叠加产生干涉,把物体光波上各点的位相和振幅转换成在空间上变化的强度,从而利用干涉条纹间的反差和间隔将物体光波的全部信息记录下来。记录着干涉条纹的底片经过显影、定影等处理程序后,便成为一张全息图,或称全息照片。

第二步是利用衍射原理再现物体光波信息,这是成象过程:全息图犹如一个复杂的光栅,在相干激光照射下,一张线性记录的正弦型全息图的衍射光波一般可给出两个象,即原始象(又称初始象)和共轭象。再现的图像立体感强,具有真实的视觉效应。全息图的每一部分都记录了物体上各点的光信息,故原则上它的每一部分都能再现原物的整个图像,通过多次曝光还可以在同一张底片上记录多个不同的图像,而且能互不干扰地分别显示出来。

二、技术特点

全息技术能记录物体光波振幅和相位的全部信息,并能把它再现出来。因此,应用全息技术可以获得与原物完全相同的立体像(从不同角度观察全息图的再现虚像,可以看到物体的不同侧面,有视察效应和景深感)。

全息图的任何局部都能再现原物的基本形状,物体上任意点散射的球面波可抵达全息干板的每个点或每个局部,与参考光相干涉形成基元全息图,也就是全息图的每点或局部都记录着来自所有物点的散射光。因此,物体全息图每一局部都可以再现出记录时所有照射到该点局部的物点,形成物体的像,也就是破损后部分全息图仍能再现物体的像。

作为光波信息的记录者,有无全息图是判断我们所接触的 3D 技术是否为全息技术的重要标准。

三、相关 3D 技术

当前已实现的 3D 技术(并非全息)主要为以下几种:

空气投影和交互技术:在美国麻省一位叫 ChadDyne 的 29 岁理工研究生发明了一种空气投影和交互技术,这是显示技术上的一座里程碑,它可以在气流形成的墙上投影出具有交互功能的图像。此技术来源海市蜃楼的原理,将图像投射在水蒸气液化形成的小水珠上,由于分子震动不均衡,可以形成层次和立体感很强的图像。

激光束投射实体的 3D 影像:这种技术是利用氮气和氧气在空气中散开时,混合成的气体变成灼热的浆状物质,并在空气中形成一个短暂的 3D 图像。这种方法主要是不断在空气中进行小型爆破来实现的。

360°全息显示屏:这种技术是将图像投影在一种高速旋转的镜子上从而实现三维图像。

边缘消隐技术:我们在春晚、演唱会、舞台上看到的"全息"技术基本就是此类技术,将画面投射到"全息"膜上或者反射到"全息"膜上,再利用暗场来隐藏起全息膜,从而形成图像悬浮在空中的效果。

旋转 LED 显示技术:这种技术利用了视觉暂留原理,通过 LED 的高速旋转来实现平面成像,但由于 LED 灯条在旋转时并非密不透风,观察者依然可以看到灯条后的物体,从而让观察者感觉画面悬浮在空中,实现类似 3D 的效果。

参 考 文 献

[1] 张华．基于交易成本理论的消费者网上购物意向实证分析［D］．哈尔滨：哈尔滨工业大学，2007（7）．
[2] 薛蝉娟．基于消费者网络购物行为的网络价销策略研究［D］．合肥：安徽大学，2012．
[3] 王兆杰．电子商务模式构成要素及影响因素分析［J］．经济师，2013（12）．
[4] 黄静．视觉心理学在室内设计中应用的研究［D］．成都：西南交通大学，2007．
[5] 许海．网页界面视觉设计艺术研究［D］．长沙：湖南师范大学，2007（3）．
[6] 兰岚．基于网页界面视觉艺术元素的分析与研究［D］．长沙：湖南大学，2009．
[7] 盘红华．基于网店转化率的用户体验优化策略［J］．电子商务，2014（6）．
[8] 曾慧敏．网店装修中的色彩设计［J］，大众科技，2009（9）．
[9] 翟彤．基于 Flash ActionScript 的虚拟现实的实现［J］．多媒体技术及其应用，2006（12）．
[10] 张枝军，等．图形图像处理技术［M］．北京：人民邮电出版社，2006．
[11] 张枝军，等．图形图像处理技术实训教程［M］．北京：北京大学出版社，2006．
[12] 张枝军，等．图形与图像处理技术［M］．北京：清华大学出版社，2011．
[13] 刘建堤．视觉营销及其演进探析［J］．经济研究导刊，2013（3）．
[14] 张文文．基于网络视觉营销下的消费者购买行为分析［J］．营销策略，2012（6）．
[15] 陈琳琳．视觉营销下的网店页面设计研究［D］．长沙：湖南师范大学，2013．
[16] 刘喜咏．视觉营销在网店装修中的应用［J］．商业经济，2011（11）．
[17] 戎姝霖．网络视觉营销下的消费者购买行为分析［J］．人民论坛，2011（7）．
[18] 中国电子商务研究中心．2013 年度中国电子商务市场数据监测报告．2014．
[19] 张枝军．基于网络消费者视角的商品数字化展示研究［M］．北京：北京理工大学出版社，2013．
[20] 张枝军．网店商品图像信息与视觉设计［M］．北京：北京理工大学出版社，2014．
[21] 王珊，等．网店视觉营销［M］．北京：电子工业出版社，2013．

以下为本书参考的相关网站：

[1] http://www.fsbus.com/danfanrumen/12429.html.
[2] http://wenku.baidu.com/.
[3] http://sucai.redocn.com/tupian/.
[4] http://image.baidu.com/.

[5] http://baike.baidu.com/.
[6] http://wenku.baidu.com/.
[7] http://baike.so.com/doc/.
[8] http://www.3lian.com/.
[9] http://www.taobao.com/.
[10] http://www.tmall.com/.
[11] http://ju.taobao.com/tg/brand_items.htm? spm = 608.2291429.102209b.d9.lgu7gA&act_sign_id = 4117295.
[12] http://item.taobao.com/item.htm? spm = a219r.lm893.14.56.T3f3X8&id = 39995592889&ns = 1&abbucket = 1#detail.
[13] http://huaban.com/pins/68346130/.
[14] http://www.uisdc.com/font-character-interpretation.
[15] http://www.uisdc.com/font-design-method.
[16] http://www.uisdc.com/chinese-typeface-infrastructure#rd.
[17] http://bbs.taobao.com/.
[18] http://www.freep.cn/zhuangxiu/html/.
[19] http://s.taobao.com/search? initiative_id = tbindexz_20150121&spm = 1.7274553.1997520841.1&sourceId = tb.index&search_type = item&ssid = s5 - e&commend = all&q = 运动鞋男冬&suggest = 0_3&_input_charset = utf - 8&wq = 运动鞋&suggest_query = 运动鞋&source = suggest.
[20] http://detail.tmall.com/item.htm? spm = a230r.1.14.1.s7zLew&id = 40527285607&ad_id = &am_id = &cm_id = 140105335569ed55e27b&pm_id = &abbucket = 1.
[21] http://bbs.tao66.com/thread - 2546 - 1 - 1.html.
[22] http://wenku.baidu.com/view/53ea1757f01dc281e53af03f.html? re = view.
[23] http://www.sina.com.cn/.
[24] http://wenku.baidu.com/view/146ed8254b35eefdc8d333ba.html.
[25] http://baike.baidu.com/link? url = IkKYjcqEveuiwS_T25RpUcEnWHJnuB8Q_UytRDYMX8zFf7y_nLJd38oFivieygEXCUCwO3hJJ0Q4yLQBaA3OC.
[26] http://www.suning.com/.
[27] http://zuanshi.taobao.com/web/new_hand.html.
[28] www.redocn.com.
[29] http://bbs.paidai.com/.
[30] http://baike.baidu.com/view/7641.htm.
[31] http://space.flash8.net/bbs/thread - 260389 - 1 - 1.html.
[32] http://hi.baidu.com/mayongqing/blog/item/725a2d7bc20aadfe0ad187b9.html.
[33] http://www.hong-digital.com/works.asp? cid = 9.
[34] http://www.flashline.cn.
[35] http://baike.baidu.com/view/4686630.htm.
[36] http://www.jd.com/.

[37] http://blog.sina.com.cn/s/blog_64e1661d0101mcvw.html.
[38] http://www.3lian.com/edu/2013/09-26/98948.html.
[39] http://baike.baidu.com/link? url = qJS3VMaL2pb7q - lsMm_26kTfchxJo6ZjnyfPPJajdy5dF5 p_4OQEwlwoqnyUNxKIAILaKNCZymrpRBuB0s7s1rTf_Zukvs2ULa-SxpO9jKIa.